Martina Meuth
Bernd Neuner-Duttenhofer

PIEMONT
UND
AOSTA-TAL
Küche, Land und Leute

Kulinarische Landschaften
Droemer Knaur

Die Deutsche Bibliothek – CIP-Einheitsaufnahme

Piemont und Aostatal : Küche, Land und Leute / Martina Meuth; Bernd Neuner-Duttenhofer. – 1. Aufl. – München : Droemer Knaur, 1996
(Kulinarische Landschaften)
ISBN 3-426-26853-1
NE: Meuth, Martina; Neuner-Duttenhofer, Bernd

Photos von Martina Meuth

1. Auflage 1996

Gestaltung und Herstellung: Horst Schöck, Schramberg
Reproduktion: Fotolito Longo, Bozen
Umschlaggestaltung: Atelier Höpfner-Thoma, München
Umschlagphotos: Martina Meuth
Autorenphoto (Seite 6): Wulf Harder
Karte: Esslinger Repro, Bochingen
Satz und Druck: Appl, Wemding
Aufbindung: Großbuchbinderei Sigloch, Künzelsau
Printed in Germany
ISBN 3-426-26853-1

2 4 5 3 1

Inhalt

Vorwort

Martina Meuth verliebte sich in Tagliarin mit Trüffeln, Gnocchi, Risotto mit Spargel, Käse der Langhe, Aostataler Schinken, Barbaresco, Barolo, Barbera und Dolcetto.
Bernd Neuner-Duttenhofer verfiel Carne cruda mit Trüffeln, Bollito misto, Spargel mit Käse, Aostataler Butter, Würsten der Langhe, Barolo, Barbaresco, Barbera und Moscato.
So haben sie in Harmonie genossen, was in diesem Buch photographiert, protokolliert und beschrieben ist

Piemont – klingt das nicht ein wenig magisch, edel, verführerisch? Hat die Werbung für die Kirsche diesen Klang benutzt – oder hat sie ein Klischee geschaffen? »Wo genau liegt überhaupt Piemont?« wurden wir oft gefragt von Leuten, die zwar die Kirschen kannten, aber dennoch keine geographische Vorstellung hatten. Wer von Deutschland aus in die Toskana oder an die Adria reist, fährt halt an Piemont ganz oben im Nordwesten vorbei ... Nur die Weinfreunde wissen Bescheid: Barolo, Barbaresco und Barbera sind bei uns bekannter als in Italien selbst. Gaja und Giacosa, Conterno, Altare und Bologna sind Namen, die deutschen, schweizerischen, amerikanischen und japanischen Weinliebhabern geläufiger sind als den Italienern. Denen gilt Piemont als das Preußen Italiens, die Menschen dort als nüchtern, strebsam, zuverlässig und obendrein noch pünktlich. Kein Wunder, finden sie, daß es der König von Piemont und der Piemontese Cavour waren, die es schafften, Italien im letzten Jahrhundert zu einigen.

Piemont – das Land am Fuße der Berge. In einem weiten Bogen umspannen die Westalpen mit den höchsten Bergen Europas diese größte Provinz Italiens. Fast die Hälfte des Landes ist alpin, in die andere Hälfte teilen sich die hier noch schmale Poebene und die langgezogenen Hügelketten des Monferrato. Die gehen schließlich im Süden in den Apennin über, der das Land von Ligurien und dem Mittelmeer trennt.

Das Klima ist kontinental, im Sommer heiß, im Winter kalt und schneereich – allerdings ist auch hier in den letzten Jahren der Schnee ausgeblieben. Durch die vielen Berge ist das Wetter instabil, kann sich rasch ändern. Es gewittert, hagelt und regnet viel, oft heftig: Überschwemmungen sind nicht selten. Die schlimmste dieses Jahrhunderts suchte die Täler der Bormida, des Belbo und des Tanaro im Herbst 1994 heim, als wir gerade anfingen, an diesem Buch zu arbeiten. Wir haben die katastrophalen

Schäden gesehen – heute funktioniert fast alles wieder; denn die Leute haben tapfer sämtliche Kräfte aufgeboten, um alles rasch in Ordnung zu bringen. Aber wir haben viele Leute getroffen, denen immer noch die Tränen in die Augen schießen, wenn sie von den schrecklichen Stunden erzählen.

Aostatal – nicht Piemont, sondern eine eigene Provinz. Italienisch, aber ganz französisch: Man spricht den Savoyer Dialekt. Seit den Römern kontrollierten die Besitzer dieses gewaltigen Gletschertals die wichtigsten Pässe zwischen Italien und Westeuropa. Daher die vielen Burgen und Befestigungen, durch Jahrtausende war es eine der am meisten umkämpften Regionen Europas. Heute ist das umgekehrt – Montblanctunnel und Autobahn sorgen für raschen und reibungslosen Verkehr.

Piemont: Auch seine Geschichte wurde mehr von Frankreich als von Italien bestimmt. Aus Frankreich kamen im 11. Jahrhundert neue Herrscher, die Savoyer, in das Land. Die Grafschaften Saluzzo und Monferrato hielten noch rund 500 Jahre dagegen, aber sie waren geschwächt von den Plünderungen der Sarazenen: die Städte leer, die Äcker und Felder versteppt, Kirchen, Städte, Dörfer und Burgen zerstört. Die beharrlichen Savoyer gründeten ihr Reich zu beiden Seiten der Alpen, das erst endete, als sie 1860 Savoyen und Nizza an Frankreich abtraten, um Könige Italiens werden zu können. Die Geschichte dieses Hauses, dem 1713 die Königswürde zugesprochen wurde, ist wirr und voll von herrschsüchtigen und intriganten Ehefrauen und Müttern aus Frankreich, starken Vettern und schwachen Söhnen, Streitsucht und Kriegslust, fanatischem Katholizismus und Bigotterie.

Die katholische Kirche reglementierte seit der Gegenreformation das Leben der Menschen in unvorstellbarem Maße, unterstützt vom absolutistischen Herrscherhaus. Zu parieren hatten die Schäflein, Fron und Kriegsdienst zu leisten! Allenthalben rufen Wallfahrtskirchen zum Gebet, die Idee des »Sacro Monte« wurde geboren: Man baute für die Bevölkerung, die ja nicht lesen konnte, ganze Legenden und Bibelauszüge auf, um sie vom rechten katholischen Glauben zu überzeugen. Und doch: Die katholische Kirche hatte auch immer Verständnis für die Freuden auf Erden – der aus dem Monferrato stammende Don Bosco, Gründer des Salesianerordens und Beschützer der Waisen, baute selbst Wein an – und gar

keinen schlechten: den roten »Malvasia di Castelnuovo Don Bosco«.
Piemont war bis in jüngste Zeit armes, ärmstes Bauernland. Liest man die Romane von Cesare Pavese, glaubt man sich in eine andere Zeit versetzt – und doch entstanden sie in der Mitte unseres Jahrhunderts. Erst seit den fünfziger und sechziger Jahren wurden die Dörfer mit befestigten Straßen verbunden und mit fließendem Wasser versorgt. Da setzte auch schon die Landflucht ein, die Städte boten mehr Chancen – Verwaltung, aufblühende Handwerksbetriebe, Industrie: Turin mit Fiat und Metallverarbeitung, Ivrea mit Olivetti-Büromaschinen und -Computer, Alba mit Ferrero, dem größten Süßwarenhersteller der Welt, Biella als Zentrum für hochwertige Stoffe, Omegna und Crusinallo als Sitz der Topfhersteller.

Piemont ist dennoch die Provinz mit der vielfältigsten und ertragreichsten Landwirtschaft Italiens: In der Poebene werden Getreide, Mais und Futtermittel angebaut, die Sesia wässert bei Novara und Vercelli riesige Reisfelder, bei Cuneo dehnen sich endlose Obstplantagen, im Hügelland des Monferrato gedeihen die berühmten Weine.
Weinland ist Feinschmeckerland, sagt Paul Bocuse. Mit Piemont hat er recht: Nirgendwo gibt es so viele Genießer, verständige Esser, ambitionierte Lebensmittelproduzenten und Winzer wie hier. Feinschmeckerei scheint geradezu ein Charakterzug der Piemontesen zu sein! Und herzhaft wird zugelangt! Weniger als vier Vorspeisen werden fast schon als unanständig angesehen ... Dicke Menschen gelten nicht als krank, sondern werden als lebensfroh verehrt.

Prototyp des hemmungslos genießenden Piemontesers war Giacomo Bologna, der Schöpfer des »Bricco dell'Uccellone«, jenes im Barrique ausgebauten Barbera, der die Welt mit beispiellosem Erfolg eroberte. »Der Wein überträgt seine Seele in den, der ihn trinkend würdigt«, lautete sein Motto – Giacomo Bologna hätte eigentlich nur aus Seele bestehen dürfen, war aber ein durchaus schwergewichtiger Mann. Ein barocker Genußmensch par excellence, der bei seinem Tode längst zu einer Kultfigur geworden war.
Er hatte einen großen Freundeskreis, aber die liebsten waren ihm die »seigiornisti«, mit denen er sich zwei-, dreimal im Jahr zusammenfand, um sechs Tage lang »Bacchus und Cerere zu huldigen«. Da wurde geschmaust und gezecht, daß es eine Lust war. Heute findet das Ge-

lage nur noch einmal im Jahr statt. Den Bruder und Wirt Carlo Bologna (siehe Seite 45/46), den Bäcker Mario Fongo (Seite 50/53), Beppe Borgatta und Piero Barbero erlebten wir an einem Abend – wir verstanden danach das Verhältnis der Piemonteser zum guten Essen um einiges besser.
Piero bearbeitet ein Spargelfeld, winzig klein, nur 1000 Quadratmeter – alles, was er erntet, bringt er Carlo: 30 Kilometer ist er gefahren und übergibt sechs wunderschöne Bund Grünspargel von so unglaublich guter Qualität, daß sie eine Weltreise wert wären (Bild Seite 48/49). Von Beruf ist er Maurer, baut Holzkohleöfen und flicht im Winter Weidenkörbe. Sein Spargelfeld bringt geringen Ertrag, aber er düngt trotzdem nur wenig, und zwar mit Stallmist und nur im Herbst. Er läßt seine Pflanzen den hohen Mineralgehalt des Bodens ausbeuten, der den Spargel elegant, schlank und würzig schmecken läßt: Ökologie ohne Ideologie.
Beppe, der in Canelli eine Bar betreibt, war für einen Karton mit zwölf frischen Ziegenkäschen in Murazzano – fast drei Stunden dauerte die Fahrt. Carlo lädt Piero und Beppe natürlich zum Essen und Trinken ein. Ihnen ist das der rechte Lohn für ihre Mühe – wie allen Freunden, die immer auf der Suche nach dem perfekten Produkt sind: Wenn sie etwas gefunden haben, genießen sie es gemeinsam und diskutieren darüber. Zum Beispiel über die Bestrebungen, den Bauern zu verbieten, ihren Käse auf traditionelle Art aus Rohmilch herzustellen, weil hier bakterielle Gefahren lauern könnten. Wir kennen die Diskussion – die EG-Forderungen stoßen hier auf komplettes Unverständnis: »Es weiß doch jeder, daß Industriekäse tot ist, ein frischer Bauernkäse hingegen die reinste Medizin!« Sie schimpfen über den »Dreck«, den die Lebensmittelindustrie in die Supermärkte pumpt, singen das Hohelied der kleinen Produzenten: »Für alle, die etwas Gutes suchen, gibt es immer Leute, die Gutes machen – auch gegen das Gesetz!« ist ihr Urteil, um dessen *italianità* wir sie aus tiefstem Herzen beneiden.
Der Wein während des Essens: Jeder Schluck wird mit Bedacht genommen, geprüft, kurz beurteilt. Nichts geschieht nebenbei, die Sinne sind geschärft: In Piemont wird wach genossen! Sie kommentieren den 90er »Bricco dell'Uccellone« – schlürfen, schwärmen und poetisieren: »Das ist das Konzentrat der Selektion, das Beste der Trauben, der Rebstöcke, des Bodens . . . die Liebe, das Opfer, die Weihe . . . die Symbiose von Arbeit und Erde . . . der Wein, der Trüffel und Heu vermählt. . .« Und kritisieren knapp: »Die Flasche hätte eine halbe Stunde früher aufgemacht werden

und in eine Karaffe dekantiert werden müssen. Den Wein so ungelüftet und hart zu trinken, ist Mord!«
Genuß, das wissen nicht nur sie, sondern alle Menschen im Piemont, ist niemals Zufall, wird nicht geschenkt. Genießen muß man lernen, wie man das Bittere lieben lernen muß. »Wirklicher Genuß entsteht nur aus ständiger kritischer Auseinandersetzung mit dem Produkt und der Zubereitung«, konstatiert Beppe, und Carlo ergänzt: »Man kann nicht sonntags genießen und werktags schlampig gekochten Schrott essen.«
Die Piemonteser sind deshalb nicht nur begnadete Esser, sondern durchweg glänzende Theoretiker und oft geradezu wandelnde Lexika für gute Produkte. Jeder hat ein paar Lieblingsrestaurants, kennt hervorragende Metzger, Bäcker, Käsehändler, geht auf Märkte, sammelt Wildsalate, Kräuter und Pilze, sucht Trüffeln; schwört auf seine Winzer.

»Ein echter Feinschmecker muß ganz verschiedene Dinge können«, doziert Piero: »In der Not mit dem Einfachen zurechtkommen, im entsprechenden Augenblick aber ein Vermögen ausgeben, weil er sich etwas gönnen will.«
Dann diskutieren sie über den Luxus: »Luxus leistet sich im Piemont jeder – ohne das Gute kann man nicht leben. Luxus sind nicht nur Trüffeln. Luxus ist auch die korrekte, oft aufwendige Zubereitung. Luxus ist nicht überflüssig, Luxus ist Genuß . . .« In der Pause, die Mario entstehen läßt, spürt man die anderen über diese Schwierigkeiten nachsinnen. »Oder ist Genuß Luxus? Auf jeden Fall ist Genuß eine Kunst! Gehört zur Kultur der Menschheit! Denn«, fährt er fort: »Genießen kann nur der Mensch. Und das«, seufzt Beppe, »ist keine leichte Sache!«

Nein, keine leichte Sache: Das haben wir auf unseren Reportagereisen zu allen Jahreszeiten immer wieder erfahren. Vielgängige Abendessen und schon mittags mehrstündiges Tafeln erforderten eine gute Konstitution. Wir haben immer rasch ein paar Kilo zugelegt und nicht herausgefunden, wie die schlankeren Piemontesen sich aus der Affäre ziehen – denn wir fanden sie stets von einem gewaltigen Appetit gesegnet. Schließlich kamen wir zu dem Schluß, daß es vielleicht am Wein liegt, der ihr Essen reichlich begleitet. Wir finden diese Feststellung tröstlich, erheben unser Glas auf Piemont, das schöne Land, seine gute Küche und die so erfrischend natürlichen, herzlichen Menschen. Ihnen allen sei Dank: Salute!

FRÜHLING

Lago Maggiore: Garten der Isola Bella

»Al Sorriso«: Angelo Valazza

Turin: die schönsten Cafés

Carcóforo: heile Kinder-Katzen-Welt

Gorgonzola: Schimmel bringt Würze

Orta S. Giulio: Traum eines Städtchens

Frühlingsgaben: Kräuter und Blüten

Zart: grüner Spargel in brauner Butter

Von Sprossen und Kräutern, Reis und Risotto, höfischer Kunst, bürgerlichen Cafés und bäuerlichen Traditionen

Oase der Stille: der Ortasee

Während sich an den Gestaden der berühmten oberitalienischen Seen Villen und Gärten, Parks und Promenaden zu einer Kulturlandschaft von einzigartigem Reiz aneinanderreihen, haben am Ortasee die bewaldeten Ufer mit verstreuten Dörfern ihr ursprüngliches Aussehen bewahrt (siehe vorhergehende Seite) – eine »graue Perle im grünen Schrein«, so nannte Balzac den geradezu überirdisch still ruhenden See. Seit dem ausgehenden Mittelalter, als die von den Römern am Ostufer gebaute Straße von Genua zum Simplon, die Septimia, an den Lago Maggiore verlegt wurde, verirrten sich nur noch wenige Reisende hierher.

Im 4. Jahrhundert hatte der heilige Julius eine Kirche auf der kleinen Insel in der Mitte des Sees gegründet, die seither seinen Namen trägt. Auf dem ihr zugewandten Sporn des Ostufers entwickelte sich die Stadt Orta San Giulio, ein Ensemble von ganz besonderem Reiz, heute beherrscht vom Tourismus mit vielen Souvenirläden. In den Restaurants sitzt man ruhig mit herrlichem Blick. Das Wohnzimmer der Stadt, der Marktplatz, wird an drei Seiten von Palazzi mit Laubengängen gesäumt, öffnet sich zum See und der Insel, die greifbar nah und doch wie entrückt erscheint; mit dem Boot ist man in wenigen Minuten drüben. Die mächtige Basilika stammt aus dem 12. Jahrhundert, das strenge Priesterseminar aus dem Barock. Ein Rundweg führt an kleinen Palazzi mit hübschen Gärten vorbei.

See und Stadt kamen erst 1817 zu Piemont – davor gehörten sie den Bischöfen von Novara. Die ließen zwischen 1591 und 1757 oberhalb von Orta eine Wallfahrtsstätte errichten, einen Sacro Monte: Zwanzig Kapellen in verschiedenen Baustilen, in denen in dramatisch bewegten Bildern mit lebensgroßen Figuren aus Terrakotta, Gips und illusionistischer Malerei die Geschichte des Heiligen Franz von Assisi erzählt wird – Hände weisen den richtigen Weg. Ein stilles, stimmungsvolles Ensemble von Kunst und Natur in einem lichten, artenreichen Wald.

»Al Sorriso«: Das Lächeln von Soriso

Nur wenige Kilometer entfernt vom tosenden Tourismus an Ortasee und Lago Maggiore und den Industriezentren des Sesiatals, liegt auf einem der Vorberge der Alpen das Städtchen Soriso. Einst war es die kleinste Republik Italiens – friedlich, frei und unabhängig von den großen, sich dauernd bekämpfenden Städten und Bistümern in der Poebene. Ein architektonisches Juwel, verschont von den Sünden der Neuzeit, weil abseits aller Interessen gelegen.
Heute ist das anders. Die frische, saubere Bergluft und die himmlische Ruhe haben ihren Reiz – es führt nur eine Stichstraße herauf. Der Niedergang des Städtchens ist gestoppt, die Bürgerhäuser mit den charakteristischen Arkaden

Mit weiblichem Charme bringt Luisa eine freundliche Atmosphäre ins Haus, kümmert sich auch um Blumen und Garten

wurden sorgfältig restauriert: Hier oben wohnt, wer unten gut verdient.
Die Kirche auf dem höchsten Punkt, rundum von einem breitbogigen Laubengang (Bild Seite 20/21) umzogen, bewacht die Häuser ihrer Gemeinde wie eine Glucke ihre Küken. Eines davon ist das Restaurant »Al Sorriso« – ein Wortspiel, denn das zweite »r« macht aus dem Ortsnamen ein »Lächeln«: Das Reich von Luisa und Angelo Valazza.
Freundlich und geordnet ist hier alles, modern und luxuriös, effizient, blitzsauber, angenehm weitläufig – auch ein paar Gästezimmer mit herrlichem Ausblick: Die sechs Jahre, die Angelo in Frankfurt und London verbracht hat, haben ihre Spuren hinterlassen. Er ist für den Service zuständig, stets gelassen, aufmerksam und hält sich doch im Hintergrund. Sein norditalienisches Temperament ist zurückhaltend. . .

Luisas Tun ist von lebhaften Ausbrüchen begleitet, wie das in der Küchenhektik üblich ist. Angelo hatte schon als Junge von einem Mädchen aus Soriso geträumt. . . Liebe auf den ersten Blick! Sie heirateten und machten aus der kleinen Bar, die er nach seiner Heimkehr im nahen Borgomanero eröffnet hatte, ein renommiertes Restaurant. Luisa, eigentlich Lehrerin, arbeitete im Saal mit. 1981 war genug Geld verdient, und sie kauften sich das ersehnte Haus in Soriso. Jetzt war ein Koch zu teuer, und so ging sie, die nie professionell kochen gelernt hatte, als absolute Autodidaktin an den Herd – zunächst allein. Heute arbeitet sie mit drei Gehilfen und gilt als eine der besten

In der praktischen Anrichte zwischen Küche und Restaurant (Bild Seite 20) lagert Angelo den Weinvorrat für den täglichen Bedarf

Köchinnen Italiens. Ihr Können erschmeckt man sofort – sie kocht eine regional geprägte, durch Präzision und Phantasie verfeinerte Bauernküche mit internationalen Einflüssen. Wildgemüse, Kräuter, Pilze und Früchte suchen Sammler für sie. Ausgefallenere Zutaten werden auf dem Mailänder Markt beschafft, aber die Karte und ein aktuelles Menü spiegeln die Jahreszeiten wider.
Angelos Leidenschaft sind der Käse und der Wein. Regelmäßig besucht er Käseproduzenten – er kennt alle guten des Piemont. Der bemerkenswerten Weinkarte, deren moderate Preise bester italienischer, französischer und internationaler Weine zu beherztem Zuspruch einladen, entsprechen feine Riedelgläser. Überhaupt ist alles vom Besten, sorgen schöne Stoffe, viele Blumen und ein schmeichelndes Licht für Wohlbefinden: »Al Sorriso« eben!

1

ZUPPETTA DI PISELLI

ERBSENCREMESUPPE

Für vier Personen:
1 Zwiebel, 2 EL Butter,
300 g feinste, junge Erbsen,
$^1/_8$–$^1/_4$ l Hühner- oder Gemüsebrühe,
Salz, Pfeffer, 1 Hauch Cayennepfeffer
Garnitur:
200 g winzig kleine Tintenfischchen,
Salz, 1 EL Olivenöl, 1 Knoblauchzehe,
3 EL Tomatenwürfel, Pfeffer,
Brunnenkresse

Die feingewürfelte Zwiebel in der heißen Butter andünsten. Die Erbsen zufügen, mit Brühe bedecken, salzen und pfeffern. Zugedeckt 10 bis 15 Minuten köcheln. Die Suppe fein pürieren und mit Cayennepfeffer abschmecken.
Tintenfische in Salzwasser einige Minuten ziehen lassen. Dann im heißen Öl schwenken, das mit gewürfeltem Knoblauch aromatisiert ist. Tomatenwürfel zufügen, mit Salz und Pfeffer würzen.
Die Suppe in Tellern oder Tassen anrichten, jeweils etwas von den Tintenfischchen in die Mitte setzen und mit Brunnenkresse dekorieren.

2

INSALATINA DI CONIGLIO ALLA MODA DI SORISO

KANINCHENSALAT NACH ART DES HAUSES

Für vier Personen:
1 Kaninchenrücken, 2 EL Olivenöl,
Salz, Pfeffer, zwei Hände voll verschiedener Frühlingssalatblätter
Vinaigrette:
1 hartgekochtes Eigelb,
2 EL Zitronensaft, 1 TL Senf, Salz,
Pfeffer, 3–4 EL Olivenöl

Die Rückenfilets vom Kaninchenrücken auslösen und im heißen Olivenöl rundum anbraten. Salzen, pfeffern und zugedeckt etwa zehn Minuten neben dem Feuer garziehen lassen.
Inzwischen die Salatblätter auf Vorspeisentellern verteilen.
Für die Vinaigrette das Eigelb durch ein Sieb streichen und mit den übrigen Zutaten aufschlagen. Die Salatblätter mit einem Teil davon benetzen. Die Kaninchenfilets schräg in Scheiben schneiden und auf dem Salatbett anrichten, mit der restlichen Vinaigrette überziehen.

3

RAVIOLONI VERDI CON CAPRINO

GRÜNE RAVIOLI MIT ZIEGENKÄSE

Die leuchtend grüne Farbe bekommt der Nudelteig durch eine sogenannte Spinatmatte. Dafür wird roher Spinat im Mixer püriert, durch ein Sieb gepreßt und der entstandene Saft im Wasserdampf erhitzt. Hierbei gerinnen die grünen Farbpartikel und verbinden sich zu einer grünen Masse. Man mischt sie beim Anrühren von Nudelteig unter die Eier.

Für vier bis sechs Personen:
Ziegenkäsefüllung:
1 weiße Zwiebel, 1 Knoblauchzehe, 2 EL Butter, 1 Handvoll Kräuter (Rucola, Kerbel, glatte Petersilie, Dost, Bärlauch), 100 g Ziegenfrischkäse, 2 EL geriebener Parmesan, 50 g junger Murrazzanokäse, 1 Ei
Außerdem:
1/2 Portion Nudelteig (siehe Seite 169)
100 g Butter, Dost (wilder Majoran)

Gehackte Zwiebel und Knoblauch in Butter andünsten, die zerkleinerten Kräuter zufügen. Unter Rühren dünsten, bis sich alles gut verbunden hat, salzen und pfeffern. Die Masse pürieren, dabei das Eigelb mitmixen. Den Teig hauchdünn ausrollen. Jeweils einen Teelöffel Füllung in Abständen auf die Teigfläche setzen. Rundum mit Eiweiß einpinseln. Mit einer zweiten Teigplatte abdecken, Ravioli ausradeln. In Salzwasser kochen, kurz abtropfen. Mit heißer Butter beträufeln und mit Dostblättchen garnieren.

2

3

FETTUCCINE CON CIME DI LUPPOLO, ASPARAGI SELVATICI E GAMBERI ROSSI

BANDNUDELN MIT HOPFENSPROSSEN, WILDEM SPARGEL UND GARNELEN

Für vier Personen:
250 g hausgemachte Bandnudeln, Salz, 1 Zwiebel, 2–3 Knoblauchzehen, 2 EL Butter, 1 EL Olivenöl, 3 Tomaten, je 120 g Hopfensprossen und wilder Spargel, 200 g ausgelöste, rohe Garnelen, Pfeffer, 1 EL frisch geriebener Parmesan

Die Nudeln in reichlich Salzwasser bißfest kochen.
Unterdessen feingewürfelte Zwiebel und Knoblauch in Butter und Olivenöl andünsten, dann die gehäutete, entkernte und gewürfelte Tomate zufügen. Ebenso die geputzten, in Stücke geschnittenen Hopfensprossen, den Spargel und nach etwa fünf Minuten auch die Garnelen. Salzen, pfeffern, nur noch zwei Minuten dünsten und mit dem geriebenen Käse würzen. Die gekochten Nudeln tropfnaß untermischen und sofort servieren.

Der Frühling beschert ein üppiges Angebot von wilden Kräutern, Gemüsen und Blüten. Im Korb links hinten Löwenzahn, der in Vorspeisensalaten verwendet wird; davor wilder Spinat, gut als Gemüsebeilage, für Suppe oder als Füllung für Ravioli. Hinten rechts die jungen Triebe des Taubenkropfleimkrauts, die besonders gut im Risotto schmecken. Davor von rechts eine Kleeblüte (Luisa dekoriert auch gerne mit Schnittlauch und Borretsch), dann Brennesseln (für Suppe, Sauce, Beilage, Füllungen), Dost (wilder Majoran) und Bachkresse. Ganz vorne wilder Spargel. Nicht auf dem Bild, aber im Frühling stets in der Küche: Hopfensprossen, wilde Rauke und Bärlauch. Die weißen und hellvioletten Blüten der Robinie (Scheinakazie) und die Sternchen des Holunders werden in einen leichten, mit Weißwein aromatisierten Teig (siehe Seite 93), ausgebacken und mit Puderzucker bestäubt als Dessert serviert

BUE PIEMONTESE CON MIDOLLO

PIEMONTESER OCHSE MIT SEINEM MARK

Für zwei Personen:
1 Stück aus der Mitte des Filets à 400 g,
2 EL Olivenöl, Salz, Pfeffer,
2 schöne, gut zwei Zentimeter starke Scheiben Ochsenmark,
1 Glas Rotwein, 1/8 l Fleischglace (konzentrierter Fond), 2 EL Butter
Karottenflan:
500 g Möhren, 75 g Butter,
3 Eier, Salz, Pfeffer, Cayennepfeffer

Das Fleisch im heißen Öl rundum insgesamt höchstens zwei Minuten scharf braten, dann salzen, pfeffern und zwischen zwei Tellern warm stellen, damit das Stück langsam durchziehen kann. Die Markscheiben – sie sollten gut gewässert worden sein, damit sie schön weiß sind – kurz über Dampf garen. Auf dem Fleischteller nachziehen lassen.

Für die Sauce das Bratfett aus der Pfanne wegkippen, den Satz mit Wein und Fond loskochen. Einige Minuten sprudelnd um die Hälfte einkochen, die eiskalte Butter mit dem Schneebesen einschwenken, bis die Sauce glänzt.

Für den Karottenflan die Möhren putzen, zerkleinern und in Butter weich dünsten. Im Mixer pürieren, dabei die Eier mitmixen. Die Masse mit Salz, Pfeffer und Cayennepfeffer würzen. In Soufléförmchen füllen und im Wasserbad im Backofen bei 200 Grad in 25 Minuten stocken lassen.

Das Fleisch schräg in Scheiben schneiden und auf Tellern anrichten. Mit einem Teil der Sauce halb überziehen, den Rest getrennt dazu reichen.

Tip: Im »Sorriso« wird die Sauce gerne auch noch mit Trüffeln aromatisiert.

Die schwimmenden Gärten der Isola Bella

Die Borromäischen Inseln im Lago Maggiore waren jahrhundertelang eines der wichtigsten Ziele kunstsinniger Reisender – die übrigens nicht, wie viele vermuten, in der Lombardei liegen: seit 1743 gehört das Westufer des Sees zu Piemont. Vor allem die *Isola Bella* galt als Weltwunder. Das einst unscheinbare Städtchen Stresa wurde zum mondänen Ort, berühmt für luxuriöse Hotelpaläste und die kilometerlange Uferpromenade, von der aus man das Kunstwerk betrachtete, denn selbstverständlich wurden nur die erlauchtesten Gäste von den Borromäern empfangen. Heute läßt die Familie jeden als zahlenden Gast hinein, eine Flotte von Schiffen bringt ganze Scharen auf die drei Inseln. Die romantischste ist die *Isola Madre* mit einem kleinen Palast und Terrassengarten, dessen virtuose Anlage von den im milden Seeklima prächtig gedeihenden exotischen Pflanzen verdeckt wird. Die *Isola dei Pescatori*, als Insel der Fischer schon seit jeher besiedelt, bildet in ihrer Natürlichkeit den gewollten Kontrast zu der in manierierter Künstlichkeit gestalteten Palastinsel.

Um 1630 hatte Carlo III. Borromeo den Entschluß gefaßt, auf dem flachen Felsrücken im See eine Villa zu errichten. Bald wurde daraus ein Projekt typisch barocker Phantasie, nämlich Palast und Garten als architektonische Einheit anzulegen, wobei die Pflanzen nur dekoratives Beiwerk sind. Enorme Mengen von Steinen und Erde wurden auf die Insel geschafft, Hunderte von Handwerkern und Künstlern arbeiteten fast 40 Jahre, bis das Wunder fertig war: die Allegorie eines unbeweglich im See liegenden Schiffs, von unerhörtem Formenreichtum, in zehn Terrassen 37 Meter hoch aufgeschüttet, stolz gekrönt vom Wappentier der Borromäer, dem Einhorn.

Im Norden der Insel, die nach der Gemahlin Carlo III. Borromeo ursprünglich »Isola Isabella« hieß, woraus dann verkürzend und berechtigt Isola Bella wurde, liegt der stattliche Palast, in dessen Untergeschoß mit Muscheln reich verzierte Grotten als sogar im Sommer kühle Raumfluchten beeindrucken. Der Garten ist das perfekteste Beispiel für einen italienischen Barockgarten, der streng architektonisch aufgebaut ist: reich gegliederte Schaufassaden, dramatisch aufgebaute

Treppenanlagen, raumgreifende Terrassen mit relativierenden Balustraden, Tiefe erzeugende Laubengänge, geometrisch angelegte, mit Buchshecken eingefaßte Rabatten und sorgfältig gestutzte Büsche. Der perfekte Kontrast zur Naturkulisse des von den bewaldeten Bergen eingefaßten Sees und der volkstümlichen Fischerinsel. Majestätischen Pfauen gleich feierte die barocke Gesellschaft hier – dabei stets sich selbst inszenierend – ihre zeremonienreichen und prachtvollen Feste

Taranto: Schottland in Italien

Mitte des letzten Jahrhunderts beschloß der schottische Captain Neil Boyd Watson McEacharn, sein Leben statt im nebligen Schottland lieber im sonnigen Süden zu verbringen. Er kaufte sich – so etwas ging damals noch! – bei Intra am Lago Maggiore 20 Hektar Land, baute die Villa Taranto und ließ einen Park anlegen. Zunächst vollkommen anders, als das Italiener getan hätten: nicht von architektonischen Vorstellungen ausgehend, sondern vom Landschaftsgarten englisch-schottischer Prägung. In zwangloser Folge sollten sich Baumgruppen, Büsche und Blumenrabatten in die grünen Rasenflächen fügen, malerische Durch- und erhabene Ausblicke gestattend.

Doch, wie so häufig, kam es dann ganz anders: Das milde Klima eröffnete dem Captain ungeahnte Möglichkeiten, und so begann er, immer mehr und immer exotischere Gewächse anzupflanzen. Bis ihn das italienische Lebensgefühl schließlich doch eroberte: Ein künstliches Tal wurde gegraben, um ein paar Terrassen anlegen zu können, Wandelgänge errichtet und andere architektonische Elemente eingefügt: Pavillons, Glashäuser und Brunnen.

Heute, nach über hundert Jahren sorgfältigster Pflege und mit vielen inzwischen ausgewachsenen Bäumen, besticht der Park – oder besser: botanische Garten – durch die einmalige Verschmelzung britischer und italienischer Elemente. 20 000 Arten, darunter sehr ausgefallene Pflanzen, allein über 500 Varietäten von Rhododendren, beeindrucken den Besucher. Im Frühling blühen mehr als 100 000 Tulpen, leuchten in scheinbar sich beißenden, aber doch gut zusammenpassenden Farben Kaskaden von Azaleen, entfalten Päonien ihre großen, wie Seide und Porzellan schimmernden Blüten. Bunte Cinnerarien recken ihre Blütenpracht, die Glyzinien lassen violette Blütentrauben über Pergolen baumeln. Von März bis Oktober ändert sich der Charakter des Parkes ständig – die Palette reicht von den knalligen Frühlingsfarben bis zum fein abgestuften Herbstlaub. . .

Das Sesiatal: bäuerliche Bergidylle

Das sanft gewellte Hügelland südwestlich des Ortasees verändert seinen Charakter, sobald man bei Romagnano in das sich zur Ebene von Novara hin öffnende Sesiatal Richtung Norden fährt. Bald werden die Hänge steil und felsig. Varallo, der Hauptort des Valsesia, ist bereits alpin: Häuser mit abgeflachten Dächern, mit Holzläden und schmalen Holzbalkonen. Überragt wird der Ort von dem gewaltigen Sacro Monte, einem Bergheiligtum, das stolz auf einem jäh abfallenden Felssporn thront. Mit seinen 51 Kapellen eine ebenso großartige und eindrucksvolle wie eigenartige Anlage barocker Frömmigkeit!

Mit zunehmender Höhe ducken sich die Häuser immer flacher an die Flanken des anfangs noch lieblich grünen Tals. Die Bergwiesen und Laubwälder werden allmählich von Nadelgehölz abgelöst. Die mit grauen Granitplatten gedeckten Dächer sind nun großflächig und weit ausladend, damit Haus, Hof, Vieh und Vorräte darunter Schutz finden. Typisch die weit vorgebauten Holzkonstruktionen, um Holz und Heu zu trocknen: Häuser, wie man sie aus dem Wallis kennt.

Kein Wunder: Die Walser sind im 13. Jahrhundert hier am Fuß des Monte Rosa angesiedelt worden, um auch die Alpentäler an seiner Südseite urbar zu machen, und ihre Spuren finden sich heute noch. Nicht nur in der Architektur, auch in den oftmals deutsch klingenden Namen, zum Beispiel auf den Grabkreuzen in Alagna, dem letzten Dorf im Tal, hinter dem das Valsesia vor schroffen Felswänden endet.

Wer kurz nach Varallo rechts in das kleinere Sermenzatal abbiegt, erreicht weiter oben das Seitental des Wildbachs Egua. An dessen Ende wiederum liegt, völlig von Bergen umstellt, ein kleines Dorf: Carcóforo, die kleinste Gemeinde Italiens. Wäre da nicht der unverhältnismäßig große Parkplatz am Ortseingang, könnte man das Gefühl haben, die Neuzeit sei hier noch nicht angekommen. Um die Kirche am höchsten Punkt des Dorfes drängen sich die Häuser, als wollten sie sich an ihr wärmen. Die üppig gestapelten Holzvorräte unter den vorspringenden Dächern erwecken das Bild von friedlichen Abenden am Kamin in verschneiter Berglandschaft. Allerdings glitzert der graue Granit der Häuser und Dächer in der Frühlingssonne angenehm warm, wirkt gar nicht kalt und abweisend. Und das Wasser springt so eilig und vernehmlich rauschend in seinem steinreichen Bachbett, als nehme es Anlauf zu seinem Sturz ins Tal.

Carcóforo ist eine der 54 Etappen der sogenannten *GTA*, der *Grande Transversale delle Alpe*, einem Wanderweg, der vor gut zehn Jahren, den Pfaden der Walser folgend, eingerichtet wurde und sorgfältig ausgeschildert über die Alpen führt. Eine Etappe übrigens, die nicht nur Wandersleute glücklich macht.

Für den Besucher ist Carcóforo ein Dörfchen aus dem Bilderbuch. Im Frühling allemal, wenn die Wiesen mit dem ersten satten Grün prunken, die Kirschbäume blühen und die Hühner glücklich sind, wieder ordentlich im Boden scharren können, der einen endlosen Winter lang zugefroren war. Für die Bewohner indes ist die Idylle harte Arbeit. Die Bäuerin, in der einen Hand den Korb, mit dem sie aus dem Hühnerstall die Eier nach Hause trägt, mit der anderen einen Strohballen schulternd, als sei es nichts, ist eine alte Frau. Sie hat diese Arbeit ihr Leben lang getan. Aber schon ihre Kinder sind dazu nicht mehr bereit. Im Sommer füllt ein bißchen Tourismus den Parkplatz vor dem Dorf. Vor allem Anfang Juli, wenn die Alpenrosen blühen und die Berghänge wie einen pinkfarbenen Teppich überziehen. Im August, September und manchmal bis in den Oktober, herrscht Hochbetrieb – wenn hier oben die Sonne scheint und die Leute, die unten im Nebel ersticken, heraufkommen und am Wochenende die Farbenpracht genießen.

Zu Gast beim »Eichhörnchen«

Mehr als eine Stunde fährt man von der dicht besiedelten Poebene in das verwunschene Bergdörfchen Carcóforo hinauf – wenn man sich nicht gar als Wandersmann auf dem Walserpfad über die Gipfel nähert. Das Ziel, das Restaurant »Lo Scoiattolo« (Das Eichhörnchen), ist es allemal wert!

Schon der heimelige Platz auf dem zirbelholzgetäfelten Balkon des einfachen Walserhauses (nächste Seite) lockt zum Aufenthalt. Von hier betritt man die behagliche Wirtsstube: Unter einer dunklen, schrägen Balkendecke nur sechs Tische, liebevoll gedeckt, mit schöner Wäsche, guten Gläsern, anständigem Besteck. Schon der erste Augenschein macht klar: Dies ist alles andere als eine normale Dorfwirtschaft oder gar eine Berghütte für Wandersleute!

Pier Aldo Manetta, der Wirt mit dem melierten Schnauzer und dem verschmitzten Lächeln um die Augen, bringt sogleich frisches Brot und einen Teller mit marinierter Forelle herbei, um den allerärgsten Hunger schon mal zu lindern. Und diese Vorspeise zeigt bereits, daß hier nicht nur mit erstklassigen Produkten (eine echte Bachforelle aus dem Wildwasser), sondern auch mit Präzision gekocht wird. Der Fisch liegt nicht, wie leider oft, eher trocken und faserig in seiner Marinade, sein Fleisch ist saftig, zart und würzig. Und dann folgt eine Überraschung der anderen: Antipasti, Primi, Hauptgerichte – alles wird im Plural aufgetischt, drei bis vier Gerichte, jeweils in kleinen Portionen, bildschön auf einem großen Teller ange-

richtet. Aber keine Angst: Es handelt sich hier nicht um jenes filigrane Ikebana, das man von vielen feinen Häusern kennt, oft mehr Augenweide als Gaumenschmaus. Es sind vielmehr Gerichte, die ebenso einfach wie ungewöhnlich sind und die man garantiert nirgendwo sonst je serviert bekommt.
Ehefrau Mariangela hat das Kochen nicht professionell gelernt, ist Amateurin im besten Sinne. Ihre Küche wurzelt in den bäuerlichen Traditionen ihrer Heimat, ist voller Phantasie, geprägt von Ehrfurcht vor dem Produkt und der Liebe zum Detail, die keine Mühe scheut. Sie stammt aus San Giuseppe, einem winzigen Dorf jenseits des Lampone, dem Zweieinhalbtausender vor der Tür. Armut beherrschte ihre Kindheit dort und lehrte sie die Kunst, mit geringsten Mitteln wirklich großartigste Genüsse zu erzeugen.
Pier Aldo ist in Carcóforo geboren. Ohne Aussicht, zu Hause je ein Auskommen zu finden, ging er nach der Schule in die Schweiz. Doch schon nach fünf Jahren brachte Heimweh ihn zurück. Noch heute staunt er über seinen Mut, Anfang der siebziger Jahre hier ein Gasthaus zu eröffnen. Es war sehr mühsam, denn er konnte von den paar Fremden, die damals zufällig heraufkamen, kaum leben. Aber die besondere Gastlichkeit an diesem entlegenen Ort sprach sich allmählich herum.
Mariangela hatte zunächst im Service mitgearbeitet. Doch dann interessierte sie sich immer mehr für die Küche, dafür, was sich alles mit den Produkten, die die Natur hier bietet, anstellen ließ: all den Pilzen, den Früchten, Kräutern, Wildgemüsen, den Forellen, die ihr Mann mit der Fliege aus der Egua zog. Sie besorgte sich Bücher, um zu lernen, verließ sich dann jedoch zunehmend auf ihr eigenes Gespür. Beiden ist klar, daß ihr Wissen um die Produkte ihrer Heimat und ihre Erfahrung damit ihr Kapital, ein Luxus und das Besondere sind, weil es sich um Dinge handelt, die sich nicht beliebig reproduzieren lassen und die man selbst für viel Geld anderswo nicht kaufen könnte.
Nach 16 Jahren hatten beide so viel beiseite gelegt, daß sie den alten Holzschober vom Großvater als kleines Restaurant herrichten und entsprechend ausstatten konnten. Sogar zwei bescheidene Gästezimmer wurden ausgebaut. Die gestrengen Tester sämtlicher Gourmetführer kamen und stimmten allesamt, verblüfft von der Gradlinigkeit der Küche und der ungewöhnlichen Qualität, Lobeshymnen an. Das bringt inzwischen erfreulich viele Gäste an Sonn- und Feiertagen.
Aber wochentags bleiben sie auch heute noch oftmals aus. »Dann haben wir frei und gehen eben in die Pilze«, lacht Pier Aldo gut gelaunt und läßt sich's nicht verdrießen. Aber deshalb ist es auch unbedingt vonnöten, im »Scoiattolo« vorher anzurufen, um nachzufragen, ob die Eichhörnchen von Carcóforo nicht etwa beim Sammeln sind.

1

TROTA IN CARPIONE AL MOSCATO

FORELLE IM MOSCATOSUD

Ungefähr vier bis fünf Tage sollen die Forellen in ihrem Sud baden, bevor man sie serviert, damit sie vom Aroma durchdrungen werden. Sie halten dann aber auch durchaus noch, gut zugedeckt und im Kühlschrank, einige Tage länger.

Für vier Personen:
4 kleinere Portionsforellen à 250 g, Salz, Pfeffer, Mehl zum Wenden, 2 EL Öl, 2 EL Butter zum Braten
Moscato-Marinade:
$^{1}/_{8}$ l Weißweinessig, $^{3}/_{8}$ l Moscato [aromatischer, lieblicher Sekt (siehe Seite 165)]
1 dicke Möhre, 1 Zwiebel, 3 Selleriestangen, 1 TL Wacholderbeeren, 2 Lorbeerblätter, 2 EL Rosinen, einige Salbeiblätter, Salz

Die Forellen innen salzen und pfeffern, in Mehl wenden, alles überschüssige Mehl gut abschütteln, und im heißen Öl anbraten. Das Öl aus der Pfanne wegkippen, die Butter darin schmelzen und die Forellen darin fertig braten. In ein Gefäß betten, das die Fische bequem aufnimmt. Für den Sud Essig und Moscato aufkochen. In Streifen und Ringe gehobelte Möhre, Zwiebel und Sellerie sowie die übrigen Zutaten zufügen. Zehn Minuten köcheln. Diesen Sud mitsamt den Gemüsen über die Forellen gießen. Sie sollten vollständig bedeckt sein.
Zum Servieren die Forelle auf einem Bett vom Würzgemüse auf Tellern anrichten.

2

PIATTO DI ANTIPASTI

VORSPEISENTELLER

Auf dem Teller sind verschiedene Gerichte angerichtet:
Terrina di pollo – Hühnerterrine. Dafür wird eine Hühnerbrust quer aufgeschnitten, auseinandergeklappt und mit Würfeln von Mortadella, gekochtem Ei und verschiedenen Gemüsen belegt, schließlich aufgerollt, in Folie gewickelt und in heißem Wasser pochiert. Die Rolle wird kalt quer in Scheiben geschnitten und auf Salatstreifen angerichtet. Alsdann mit einer Sauce beträufelt, für die Olivenöl, Sardellen und Knoblauch gekocht und gemixt wurden – ähnlich wie eine *bagna cauda* (Rezept Seite 243). Zugedeckt ist die Terrine von einer sogenannten **Miaccia di formaggio**. Hübsch, delikat und blitzschnell gemacht: Geriebenen Käse in einer beschichteten Pfanne hauchdünn verteilen – sobald er schmilzt, verbindet er sich zu einer knusprigen **Käsematte**.
Ricotta mantecata – Kräuterquark mit verschiedenen Kräutern, Olivenöl, Kümmel und viel Pfeffer angemacht.
Terrina di verdure – Gemüsepastete im Teigmantel mit einem Klecks **Fonduta** (Rezept Seite 56). **Paté al aceto – Saure Pastete**, ein sehr altes Piemonteser Rezept: Rohes Rindfleisch wird mehrmals durch den Wolf gedreht, zur Rolle geformt in ein Tuch gewickelt und in Essig gegart. Es muß anschließend unter Öl mit vielerlei Gewürzen mindestens eine Woche lang marinieren.
Salame della doia – grobe Schweinswürstchen, die eingesalzen und unter Schmalz verborgen gereift wurden.

3

GNOCCHETTI DI BARBABIETOLA

ROTE-BETE-GNOCCHI

Diese Gnocchi ähneln mehr unseren (Mehl-)Nocken oder Spätzle, als den üblichen Gnocchi aus Kartoffelteig. Sie schmecken köstlich, lassen sich wunderbar vorbereiten, sogar einfrieren.

Für sechs Personen:
300 g Rote Bete, Salz, 4 Eier, ca. $^{3}/_{8}$ l Milch, 500 g Mehl, 50 g Butter, ca. $^{1}/_{8}$ l Milch, 200 g junger Toma (halbfetter Schnittkäse), Pfeffer

Die Rote Bete weich kochen, pellen und würfeln. Nur kurz auskühlen lassen, dann im Mixer fein pürieren, dabei salzen. Die Eier zufügen, das Mehl und so viel Milch einarbeiten, daß eine Art Spätzleteig entsteht. Diesen mit Hilfe einer Spätzlepresse oder -sieb in kochendes Salzwasser geben. An der Oberfläche schwimmende Gnocchi sind gar. Mit einer Schaumkelle herausheben und in heißem, klaren Wasser abspülen. Dafür ist es gut, eine große Schüssel bereit zu stellen.
Zum Servieren Butter, Milch und Käse in einer Pfanne zu cremiger Sauce schmelzen und die Gnocchi darin schwenken. Mit reichlich Pfeffer würzen.

4

RAVIOLI AL BURCOIN

RAVIOLI MIT WILDEM SPINAT

Der Spinat, der hier oben in den Bergen wild wächst, schmeckt viel intensiver als das uns vertraute Gartengemüse. Er gilt als besondere Spezialität. Mariangela Marone bereitet diese Ravioli nach etwa dem gleichen Rezept zu wie Luisa Valazza in Soriso (Seite 17). Und sie serviert sie mit würzigem Bratensaft als Sauce.

5

POLENTA CONCIA

POLENTA AUF GERBERART

Zuerst bereitet man eine Polenta wie üblich zu (siehe Rezept Seite 240), mit 250 g grobem, körnigem Maismehl, $^1/_2$ l Wasser und $^1/_2$ l Milch. Der Boden einer flachen Auflaufform wird dann mit einer Schicht Polenta bedeckt, darauf kommen verschiedene in Würfel geschnittene Käse – Gorgonzola, Toma sowie gelagerter Bergkäse – und reichlich Butterflöckchen, als oberste Schicht geriebener Bergkäse und Butter. Im Ofen gebacken bekommt der Auflauf eine herrlich duftende Kruste. Mit einem Salat auch gut als Zwischenmahlzeit!

1

PIATTO DI CARNI

FLEISCHTELLER

Auch auf diesem Teller sind wieder drei Gerichte zu sehen, die normalerweise einzeln als Hauptgericht serviert werden: **Vitello Valsesiana – Kalbfleisch nach Art des Sesiatals**. Eine Scheibe aus dem Filet, in Öl rasch auf beiden Seiten gebraten, mit reichlich frischen Thymianblättchen großzügig gewürzt und mit einem Schuß Weißwein abgelöscht. Eine Scheibe Käse obenauf schmilzt zu einer cremigen Sauce, wenn man das Fleisch zugedeckt nachziehen läßt.

Cotoletta di agnello – das **Lammkotelett** wird in grobem Maismehl und reichlich gehackten Kräutern (Salbei, Lorbeer, Rosmarin) gewendet, bevor man es in Öl nur so lange brät, daß es innen noch rosa ist. Maismehl und Kräuter geben dem Fleisch eine überraschende Kruste und ein wunderbares Parfum.

Coniglio al caffè – Kaninchen in Kaffeesauce, ein traditionelles Familienrezept: Ursprünglich nahm man bei Mariangela zu Hause zum Schmoren des Kaninchens den übriggebliebenen Morgenkaffee, weil man einfach nichts anderes hatte. Und es stellte sich heraus, daß er den etwas aufdringlichen Geschmack eines ausgewachsenen Kaninchens zum Verschwinden brachte. Daraus entwickelte sich ein spezielles Rezept: Das Kaninchen wird also geschmort wie üblich, dann halb mit Wein und Espresso abgelöscht. Übrigens verwendet Mariangela nur die Keulen zum Schmoren, aus dem Rücken bereitet sie einen Salat – ganz ähnlich wie der im Restaurant »Al Sorriso« in Soriso (Rezept Seite 16).

2

PIATTO DELLE DOLCE

DESSERTTELLER

Panna cotta – Gekochte Sahne mit Heidelbeersauce. Das typische Piemonteser Dessert ist hier von besonders zarter Konsistenz: Mariangela verwendet auf einen Liter Sahne nur zwei Blatt Gelatine. Das funktioniert allerdings nur, wenn man sehr kleine Portionsförmchen nimmt. In einer größeren Form könnte das Gelee seine Form nicht halten.
Crostata di rabarbaro – Rhabarberkuchen. Auf einem flachen Mürbteigboden dick eingekochte Rhabarbermarmelade als Belag. Der Teig ist besonders mürbe, bröckelt sehr, aber schmeckt umwerfend gut: 150 g Mehl, 150 g Stärke, 200 g Butter, 100 g Puderzucker und 4 hartgekochte, durch ein Sieb gedrückte Eigelb.
Torta di farina gialla – ein duftiger **Rührkuchen aus Maismehl**. Je 180 Gramm Zucker und Butter sowie 3 Eier geduldig und lange rühren, sodann 180 g Maismehl, ein halbes Tütchen Backpulver, eine Handvoll gemahlene Walnüsse und einen Eßlöffel Honig einarbeiten. In einer kleinen Springform backen. Mit einem **Zabaglione di Moscato**, einem **Moscato-Sabayon**, servieren: Dafür 2 Eigelb mit 2 EL Zucker im Wasserbad heiß und dick aufschlagen, schließlich 2 Eischalen voll Moscato zufügen.
Mousse al cioccolato – auch die **Schokoladenmousse** bereitet Mariangela nach einem ganz einfachen Rezept: 2 Eigelb und 2 EL Zucker heiß und dick schlagen, 100 g geschmolzene Schokolade unterrühren und zum Schluß, unter die abgekühlte Creme, die beiden steifgeschlagenen Eiweiß ziehen.

2

Gorgonzola: kraftvoll oder lieber zart?

Tatsächlich ist dies weniger eine Frage des Geschmacks als der Weltanschauung. Denn es schmecken ja beide Sorten wunderbar! Franco Paltrinieri, der Käsemacher aus Pratosesia, läßt jedoch keinen Zweifel daran, daß er den milden Gorgonzola, der heute mehr in Mode ist, nicht ganz ernst nimmt. Zu wenig ausgeprägt, etwas für ungeschulte Gaumen, findet er. Der wahre Gorgonzola ist nicht von der vornehmen Blässe wie die beiden Hälften in seiner Hand, sondern von kraftvollen, dunklen Adern reich durchmasert, so daß man den herzhaften Geschmack schon sieht. Salomonisch produziert er selbstverständlich beide Typen. Schließlich macht der milde weitaus weniger Mühe, muß nicht so lange reifen und läßt sich obendrein leichter verkaufen.

In jedem Fall braucht man pro Laib rund 100 Liter Milch. Weil Gorgonzola eine jener Käsesorten ist, für die die qualitätsbewußten, traditionsverhafteten Italiener eine Herkunftsbezeichnung geschaffen haben, DOC, also *Denominazione di Origine Controllata*, wie für den Wein, ist nicht nur die Produktionsweise präzise vorgeschrieben, sondern auch, woher die Milch bezogen wird. Darüber hinaus macht Paltrinieri seinen Milchlieferanten sehr detaillierte Vorgaben zu Futter und Viehhaltung, damit er wirklich gute Milch bekommt. Das Prinzip ist eigentlich dasselbe wie immer: Abendmilch wird mit der Morgenmilch vermischt, auf 32 Grad Celsius erwärmt und mit Lab versetzt. Zugleich wird jetzt jedoch mit jenen Penicillinpilzen geimpft, die für die blauen Adern im Käse verantwortlich sind. Der Bruch wird geschnitten, in Formen gefüllt und abgetropft. Zwei Tage später werden die weißen Käselaibe in das Reifelager transferiert. Hier werden sie 60 Tage lang immer wieder behandelt: gesalzen, umgürtelt, gewaschen, gebürstet und mit jenen Löchern versehen, die dafür sorgen, daß die Blauschimmelpilze den ganzen Käselaib durchblühen können. Dann wird der Laib – oder einzelne Teilstücke – in Goldfolie gehüllt und zu den Feinschmeckern in alle Welt geschickt.

Es versteht sich, daß peinlichste Sauberkeit eine Grundvoraussetzung ist

Mit großen weißen Leinentüchern wird der Käsebruch aus der Molke gehoben

Sie müssen jeden Tag nach Gebrauch gründlich ausgewaschen werden

Die Käseformen sind heutzutage aus leicht zu reinigendem Plastikmaterial

Nach getaner Arbeit wird auch alles Handwerkszeug säuberlich gereinigt

Der frische Käsebruch muß zunächst einen Tag lang in der Form abtropfen

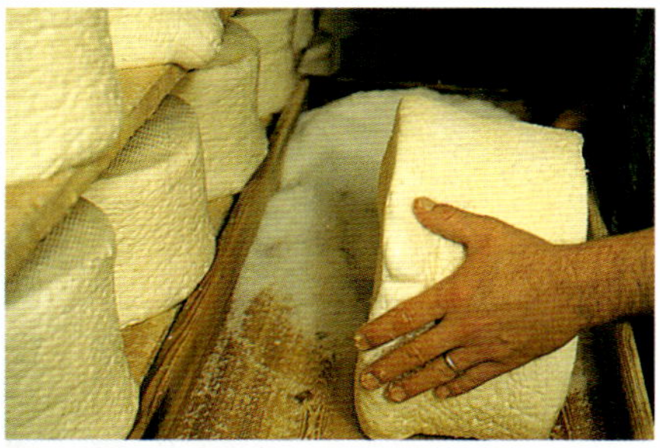

Danach wird der Käselaib rundum und sehr gleichmäßig mit Salz eingerieben

Das Salz soll den Käse nicht nur würzen, sondern ihm auch Wasser entziehen

Schließlich wird der Käse mit einer Manschette aus dünnen Holzleisten umgürtet

Darin bleibt er in Form und kann trotzdem atmen. Jetzt muß der Käse gären

Nach 14 Tagen stanzt eine Maschine dem Käse zahlreiche Löcher in die Oberfläche

Nach weiteren 14 Tagen wird auch die andere Seite des Käselaibs gelocht

Der langsam reifende Käselaib wird einmal jede Woche mit Salzwasser gebürstet

Die Holzmanschette wird ein zweites Mal umgebunden. Jetzt wird der Laib ins . . .

. . . Reifelager transferiert. Hier herrschen 4 Grad Celsius und 99 % Luftfeuchtigkeit

Mit diesem Gerät wird der mehr als zehn Kilo schwere Laib quer durchgeschnitten

Mit einem kleinen Bohrer läßt sich eine Probe nehmen, ohne daß der Käse leidet

Gorgonzola: der klassische mit kräftigem Geschmack (links) und der eher milde

Sanfter Risotto und bitterer Reis

Gelte es, die größten aller kulinarischen Schöpfungen zu prämieren, gehörte der Risotto an die Spitze. Diese unter Kennern unbestrittene These ruft oft Verständnislosigkeit hervor. Denn viele haben noch nie einen mustergültigen Risotto erlebt. Tatsächlich ist es schwierig (auch in Italien!), Risotto zu bekommen, wie er sein soll: cremig und sanft, würzig, kernig und voller Geschmack, die Körner zwar mit dem Gaumen spürbar, aber miteinander zu neuer Konsistenz verschmolzen. »All'onda« (*onda:* Welle) nennen die Piemontesen diesen Zustand und beschreiben damit plastisch, wie der Reis, weil er mit der Kochflüssigkeit eine innige, harmonische Bindung eingegangen ist, im Teller wogt, wenn man ihn rüttelt.

Perfekt gelingt Risotto natürlich nur mit dem richtigen Reis. Eine Rundkornsorte muß es sein, deren Stärkeschicht sich im Kochsud auflöst und mit ihm verbindet, dessen Kern jedoch weiterhin bißfest bleibt. Im Gegensatz zum in Asien geschätzten, für Risotto jedoch völlig ungeeigneten Langkornreis, der gleichmäßig von außen nach innen durchgart und zu formlosem Brei wird.

Im größten Reisanbaugebiet Italiens, in der Ebene von Vercelli und Novara, werden hauptsächlich Arborio, Roma und Baldo, zunehmend auch die Spitzensorten Carnaroli und Rosa Marchetti angebaut, die zwar weniger Ertrag bringen, dafür gut verkäuflich sind.

Die endlosen, wasserüberfluteten Felder, die im Frühjahr von jenem unbeschreiblichen Grün leuchten, das für junge Reispflanzen so charakteristisch ist, sind von den ordnenden Linien eines perfekten Kanalsystems gegliedert. Es wird vom sauberen Wasser gespeist, das die Sesia aus den Bergen heranschafft. Heute bewältigt eine Handvoll Menschen mit ihren Maschinen, was noch in den fünfziger Jahren eine mühsame Schufterei war. Heerscharen von Lohnarbeiterinnen kamen dafür aus dem armen Süden, wo es kein Auskommen für sie gab. Unvergessen der Film »Bitterer Reis«, der das harte Leben jener Frauen schilderte, die, mit gebeugtem Rücken im Wasser stehend und von den Stechmücken gepeinigt, vom Pflanzen und Unkrautjäten bis zur Ernte alles von Hand verrichten mußten.

Die Fischer lieben das saubere Wasser, das die Sesia führt – für das Reisanbaugebiet ist es ein Segen. Mittendrin der Ort, der der wichtigsten Reissorte seinen Namen gab. Die Reisfelder werden so lange geflutet, bis die empfindlichen Pflänzchen hoch genug gewachsen sind, um Krankheiten und Kälte zu widerstehen. Mit groben Profilen kann sogar ein Traktor darin fahren. Seit man mit chemischen Spritzmitteln spart, sind die Reiher wieder da, weil sie genügend Frösche finden

1

RISOTTO ALLE CIME DI LUPPOLO

RISOTTO MIT HOPFEN-SPITZEN

Mancherorts findet man sie wild, die jungen Triebe der Hopfenpflanze, deren erste zwanzig Zentimeter noch zart sind und so angenehm bitter und würzig. In Hopfengegenden kann man den Bauern fragen, ob er es erlaubt, ein paar Hopfenspitzen zu ernten. Falls nicht: nach demselben Grundrezept läßt sich auch wunderbar ein Risotto mit jungen Brennnesselspitzen zubereiten.

Für vier Personen:
1 weiße Zwiebel oder 2 Schalotten, 2 EL Butter, 200 g Risottoreis, $^1/_4$ l Weißwein, Salz, Pfeffer, ca. 1 l Hühner- oder Gemüsebrühe, eine Handvoll Hopfenspitzen (oder junge Brennesseltriebe), 60 g Butter, 60 g frisch geriebener Parmesan

Zwiebel oder Schalotten fein würfeln und in der Butter andünsten. Den Reis mitdünsten, bis er von Butter überzogen glänzt. Mit Wein ablöschen und köcheln, bis er fast verdampft ist. Salzen und pfeffern. Heiße Brühe angießen – und zwar immer so viel, daß der Reis gerade eben davon bedeckt ist. Die Brühe muß heiß sein, damit der Reis ständig köchelt, und man sollte immer wieder rühren, damit nichts am Topfboden ansetzt.
Zum Schluß die Hopfen- oder Brennesseltriebe fein hacken und mit der Butter und dem Parmesan in den Risotto einarbeiten. Dieser sollte so flüssig wirken, daß er regelrecht in den Teller fließt – notfalls mit einem Schuß Brühe verdünnen.

2

RISOTTO AGLI ASPARAGI

SPARGELRISOTTO

Für vier Personen:
500 g grüner Spargel, 1 weiße Zwiebel, 1 EL Butter, 200 g Risottoreis, $^1/_4$ l Weißwein, Salz, Pfeffer, 60 g frisch geriebener Parmesan, 60 g Butter

Den Spargel großzügig schälen. Die Schalen mit einem Liter Wasser bedeckt eine halbe Stunde auskochen. Die Spargelstangen in zentimeterkurze Stücke schneiden. Die Spitzen beiseite legen.
Die Zwiebel fein würfeln, in der heißen Butter andünsten. Den Reis hinzuschütten und so lange mitdünsten, bis alle Körner von Butter überzogen glänzen. Mit Wein ablöschen. Sobald kaum mehr Flüssigkeit im Topf steht, die Spargelstücke unterrühren. Etwas Spargelsud angießen (zuvor durch ein Sieb filtern!). Den Reis leise köcheln, dabei immer wieder so viel Sud zufügen, daß die Oberfläche gerade eben knapp bedeckt ist. Immer wieder umrühren, damit nichts am Topfboden ansetzt. Mit Salz und Pfeffer würzen. Fünf Minuten, bevor der Reis gar sein wird, die Spargelspitzen unterrühren.
Die Reiskörner sollten weich sein, aber im Innern noch einen kleinen festen Kern aufweisen. Dann Parmesan und Butter unterrühren, falls nötig auch noch einen Schuß Brühe. Der Risotto sollte so flüssig sein, daß er auf den Teller fließt.

3

RISOTTO AGLI SPUGNOLI

MORCHELRISOTTO

Wer im Frühjahr Glück hat und sie findet, nimmt frische Morcheln dafür. Getrocknete sind tröstlicherweise das ganze Jahr über verfügbar. Sie schmecken zwar anders, aber ebenfalls köstlich.

Für vier Personen:
100 g Sahne, $^1/_4$ l Wasser, 25 g getrocknete Morcheln, 2 Schalotten, 2 EL Butter, 200 g Risottoreis, $^1/_4$ l Weißwein, Salz, Pfeffer, ca. $^3/_4$ l Hühnerbrühe, 60 g Butter, 60 g frisch geriebener Parmesan, Petersilie

Sahne und Wasser aufkochen, über die Morcheln gießen und sie darin eine Viertelstunde einweichen. (Das Sahnefett gibt den Pilzen etwas ihrer natürlichen Geschmeidigkeit zurück.) Die Flüssigkeit durch einen Kaffeefilter gießen. Die Pilze unter fließendem Wasser auswaschen, damit keine Sandkörnchen ins Essen geraten, und grob hacken.
Die feingehackten Schalotten in der Butter andünsten, die Pilze zufügen und auch den Reis. Mit Wein ablöschen, salzen und pfeffern. Nach und nach zuerst die Einweichflüssigkeit, dann Brühe angießen und leise köcheln, bis der Reis gar ist. Schließlich Butter, Parmesan und feingehackte Petersilie unterrühren.

1
2
3

Wein der Römer: Ghemme und Gattinara

Beiderseits des Flusses Sesia ziehen sich von den Voralpen zwei Hügelketten in die Poebene: die Endmoränen des in der letzten Eiszeit heruntergewachsenen Monte-Rosa-Gletschers. Es ist ein karger Boden, Granit und Serpentin, wenig Lehm und kaum Humus – bestens für die Produktion hochwertiger Weine geeignet. Das wurde schon früh erkannt; es gibt hier mehr Spuren römischen Weinbaus als anderswo. Doch der Gletscher hat sehr ungleichmäßig abgelagert: In jeder Gemeinde sind die Böden anders, weshalb man seit jeher auf die örtliche Herkunft Wert legt: im Westen der Sesia die *Colli Vercellesi* mit *Gattinara*, *Lessona* und *Bramaterra*, im Osten die *Colli Novaresi* mit *Boca*, *Ghemme*, *Sizzano* und *Fara*.

Im letzten Jahrhundert galten die aus der Nebbiolotraube, hier Spanna genannt, gekelterten Weine dieser Region mehr als Barolo und Barbaresco. Auf allen Weltausstellungen um die Jahrhundertwende errangen sie die Medaillen. Das hat die Winzer satt und selbstgerecht gemacht, und sie haben nach dem Krieg den Anschluß verpaßt.

Auch wollten schwarze Schafe vom großen Namen profitierten und panschten billige süditalienische Provenienzen zu teurem »Gattinara«. Da war der Name weg, die Märkte gingen verloren, die Arbeit im Weinberg wurde vernachlässigt und die Kellertechnik nicht modernisiert. Viele Winzer gaben auf, verdienten ihr Geld lieber in der Industrie. Es wurde nur noch wenig Nennenswertes produziert, und das ging in die örtliche Gastronomie.

Vor einigen Jahren aber begannen eine Handvoll Betriebe wieder Qualität zu produzieren, allen voran die Familie Arlunno in Ghemme. Ihr mit 24 Hektar für diese Gegend großes Weingut »Anticchi Vigneti di Cantalupo« produziert in einem blitzsauberen, hochmodernen Keller eine ganze Reihe herausragender Weine. Natürlich liegt das Schwergewicht auf dem Nebbiolo: Es gibt ihn als Rosé, als Jungwein, aus dem Eichenfaß, als normalen *Ghemme* oder Lagenwein – *Collis Carellae* und *Collis Breclemae*.

Im Herzen der Kleinstadt Ghemme liegt eine besondere Art von Castello: die von engen Straßen durchzogene Fluchtburg der Einwohner, in die sie sich während der Kriege mit ihren Vorräten zurückzogen. Im Wappen der Stadt prangen natürlich Weintrauben

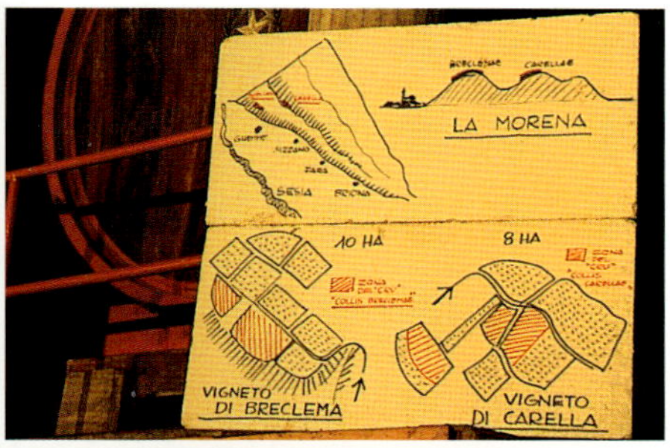

Links: Der bärtige Alberto Arlunno zeichnet für die Arbeit im Weinberg verantwortlich, sein Vetter Giulio kümmert sich um die Vermarktung, und gemeinsam erledigen sie die Arbeit im Keller. Oben: Eine Schautafel zeigt den unterschiedlichen Aufbau der Moränenböden in den Lagen Breclema und Carella

Oben: Die traditionelle Art, die Nebbiolorebe zu ziehen, sieht man immer seltener – mit einem mittleren und zwei ausladenden Hauptstämmen bekommt man zwar einen hohen Ertrag, aber keine gute Qualität. Doch »für einen guten Wein braucht man die besten Trauben! Dann muß man im Keller nur noch darauf achten, diese Qualität nicht zu vernichten«, sagt Alberto lachend. Aus diesem Grunde haben sie, als sie sich Ende der 70er Jahre zu einem Neuanfang entschlossen, alle Weinberge neu bepflanzt und ziehen die enger gesetzten Rebstöcke nach der Guyot-Methode am Draht (Bild unten). Stark angeschnitten tragen die Reben nur wenige, aber konzentrierte Trauben

Legende und Realität: Die Bolognas

»Behandle die Barbera wie eine edle Rebsorte, dann bekommst Du auch einen edlen Wein« – so lautete die Erkenntnis des legendären Giacomo Bologna, der mit der Kreation des im Barrique ausgebauten Barbera »Bricco dell'Uccellone« eine Revolution einleitete: Nun erkannten auch andere Winzer, daß es im Piemont neben der Nebbiolo-Traube für Barolo und Barbaresco eine zweite Rebsorte für absolute Spitzenweine gibt, eben die Barbera. Das hatte man ihr eigentlich nicht zugetraut – bis dahin setzten die meisten Winzer auf hohen Ertrag und füllten schwächliche Alltagsweine ab, die mit wenig Tannin und frischer Säure anspruchslose, aber zu einfachen und herzhaften Gerichten passende Begleiter abgaben. Giacomo Bologna, ein durch Weinhandel wohlhabend gewordener Genußmensch von in jedem Sinne barockem Format, ahnte in der Barbera Großes. Er hatte deshalb in seinem Heimatort Rocchetta Tanaro einen Weinberg gekauft, nach dem er den Wein auch benannte, und brachte ihn 1982 bewußt als *Vino da tavola* heraus, analog den gerade Furore machenden großen Rotweinen der Toskana.

Als der großzügige, stets aus vollem Herzen genießende Mann nur sieben Jahre danach starb, hatte er mit vielen Anekdoten für sein Fortleben gesorgt. Seine Nachfolge anzutreten war eine schwierige Aufgabe. Doch Anna, die Witwe, hatte schon immer die Buchhaltung gemacht und Tochter Raffaella, die einen Großteil seines von Charme begleiteten Charismas geerbt hat, kam soeben von der Weinbauschule. Mit Bruder Giuseppe im Vertrieb haben sie es geschafft, haben allen Unkenrufen getrotzt und das Niveau der Weine sogar

Der »Bricco dell'Uccellone« reift in Barriques, den 225 Liter fassenden Eichenfässern – hier nicht, wie sonst üblich, aus der grobporigen, aromatischen Allier-Eiche, sondern aus dichterer, weniger parfümierter Elsaß-Eiche. Schnurgerade werden die Fässer ausgerichtet! Oben: Anna und Raffaella Bologna, rechts die Trattoria »I Bologna« sowie Carlo und Mariuccia Bologna mit Sohn Beppe

Bricco dell'Uccellone
Bricco dell'Uccellone
Bricco dell'Uccellone

noch anheben können. Und mit dem großartigen Neubau der Kellerei ist ihnen um die Zukunft nicht bange.
Auch Giacomos Bruder Carlo, Wirt der Trattoria »I Bologna«, ist ständig auf der Suche nach dem wahren Geschmack guter Produkte. Mit seinen Freunden durchstreift er das Land, um würzige Würste, fruchtige Konfitüre, einen optimalen Käse, spezielles Fleisch zu finden, eine neue Trattoria zu entdecken (siehe Seite 9–11). Gutes Essen ist seine Lebensaufgabe, man sieht's ihm an.
Das Menü wechselt täglich, gilt für alle Gäste, wenn sie sich nicht etwas Besonderes vorbestellt haben: Zunächst fünf, sechs oder acht Vorspeisen ganz nach Marktangebot, dann folgen zwei Primi, ehe Carlo zwei oder drei Hauptgerichte zur Wahl vorschlägt. Schließlich gibt es noch mehrere Desserts. . .
In der Küche ergänzen sich die bodenständig kochende, die lokalen Spezialitäten zubereitende Marriuccia und ihr Sohn Beppe, der internationale Erfahrung mitbringt und auch Neues ausprobiert – warum sollte man die Piemonteser Küche nicht mit ungewohnten Ideen anreichern und raffiniert verbessern, so wie Giacomo das mit seinem Barberawein vorgemacht hat?

Zum Einstimmen gibt es ein paar Scheiben luftgetrocknete Roh- und frische Kochsalami von phantastischer Qualität, hergestellt von Berruti, einem kleinen Wurstmacher in Rochetta Palafea. Die intensiv duftenden Holunderblüten kann man auch als Gewürz mitessen. Der kernige, feste, in Rosmarin gereifte Rückenspeck von glücklichen Schweinen, hergestellt vom Metzger Brarda in Cavour, wird hauchdünn aufgeschnitten und am liebsten mit fruchtigen Melonenschnitzen serviert

GNOCCHI DI PATATE CON SALSICCE

KARTOFFELGNOCCHI MIT WÜRSTCHENSAUCE

Nur mit der richtigen Kartoffelsorte geraten Gnocchi duftig und locker: Sie müssen mehlig sein und ihre Ernte möglichst bereits einige Monate zurückliegen. Junge Kartoffeln sind noch zu wasserhaltig und ihre Stärke ist nicht ausgeprägt. Am besten sind große Kartoffeln.

Für sechs Personen:
1 kg Kartoffeln, ca. 200 g Mehl,
2 Eigelb, Salz
Würstchensauce:
1 Zwiebel, 3 Knoblauchzehen,
2 EL Olivenöl, 300 g frische, grobe Schweinswürstchen, 1 kleine Dose geschälte Tomaten, 1 EL Tomatenmark, Salz, Pfeffer, 1 TL Origano

Die Kartoffeln kochen, heiß pellen und durch eine Presse auf die Arbeitsfläche drücken. So weit abkühlen lassen, bis man den Kartoffelschnee gut berühren kann. Mit einem Teil des Mehls bestäuben, die Eigelb in die Mitte setzen und salzen. Alles rasch mit den Fingerspitzen zu einem Teig kneten, falls er klebt, etwas mehr Mehl einarbeiten. Auf keinen Fall zu viel kneten, weil der Teig sonst immer wieder klebrig wird und die Gnocchi zu fest werden.

Für die Würstchensauce Zwiebel und Knoblauch fein hacken, in heißem Öl in einem flachen Topf andünsten. Die Würstchenmasse aus dem Darm hineindrücken und mitbraten. Sobald sie krümelig geworden ist, Tomaten samt Saft und Tomatenmark zufügen. Mit Salz, Pfeffer und Origano würzen. Zugedeckt eine halbe Stunde köcheln.

Vom Gnocchiteig zentimeterdicke Stücke abschneiden, diese zu Röllchen formen und mit einer Gabel Streifen hineindrücken. Die Gnocchi in reichlich Salzwasser fünf Minuten kochen, bis sie oben schwimmen. Mit einer Schaumkelle herausheben, unter die Sauce mischen und zusammen mit frisch geriebenem Parmesan servieren.

1

FEGATO DI CONIGLIO ALL'ACETO BALSAMICO

KANINCHENLEBER MIT BALSAMESSIG

Natürlich kann man nach diesem Rezept auch schöne Hühner-, Gänse- oder Entenlebern, sogar Kalbsleber zubereiten.

Pro Person:
ca. 120 g Kaninchen- oder andere Leber, 2 EL Olivenöl, Salz, Pfeffer, 2 EL Balsamessig

Die Leber sorgfältig putzen und von allen Häuten und Sehnen befreien. Wenn nötig in Scheiben oder mundgerechte Stücke schneiden – sie sollten, das ist wichtig, jeweils gleich groß und dick sein, damit sie gleichmäßig gar werden. Im heißen Öl rasch auf beiden Seiten braten, dabei salzen und pfeffern. Mit Balsamessig beträufeln und neben dem Feuer fünf Minuten ziehen lassen, bis die Stücke durch und durch rosa sind. Dabei immer wieder wenden damit die Leberscheiben schön gleichmäßig nachziehen und sich mit Balsamico tränken können. Die Bolognas servieren dazu gedünstete Zucchini, die mit Tomatenwürfeln und Basilikum angemacht sind.

2

CREMA DI MASCARPONE CON SALSA DI CIOCCOLATO

MASCARPONECREME MIT SCHOKOLADENSAUCE

Im Piemont gibt es Eier mit besonders gelbem Eigelb, dank spezieller Fütterung mit Carotin: Dadurch bekommen Desserts und Nudelteig eine auffällig leuchtende, fast schon künstliche Farbe.

Für vier Personen:
2 Eigelb, 3 EL Zucker, 250 g Mascarpone
Schokoladensauce:
100 g bittere Schokolade, $^1/_8$ l Espresso

Eigelb und Zucker dick und cremig schlagen, den Mascarpone unterrühren. In kalt ausgespülte Portions- oder Soufflé-förmchen füllen und mindestens über Nacht kalt stellen. Zum Servieren aus den Förmchen stürzen und auf der Schokoladensauce anrichten.
Für die Sauce die Schokolade im Espresso behutsam auflösen und kalt stellen. Vor dem Servieren mit dem Handmixer noch einmal kräftig aufschlagen.

1

2

3

4

5

ASPARAGI CON UOVA

SPARGEL MIT EI

Den Spargel in Salzwasser bißfest kochen und auf feuerfesten Portionsplatten anrichten. Ein Ei darüber aufschlagen, mit zerlassener Butter begießen und mit etwas Parmesan bestreuen. Die Platten für wenige Minuten in den 220 Grad heißen Ofen schieben, bis das Eiweiß gerade eben zu stocken beginnt.

5

3

PARFAIT DI FRAGOLE CON SALSA DI FRAGOLE

ERDBEERPARFAIT MIT ERDBEERSAUCE

Für vier bis sechs Personen:
800 g reife Erdbeeren, 100 g Zucker, 3 Blatt Gelatine, $^1/_4$ l Sahne

Die Erdbeeren putzen – nur wenn unbedingt nötig waschen, weil sie im Wasser ihren Duft einbüßen. Die Früchte mit dem Zucker mixen und anschließend durch ein Sieb streichen. Die Hälfte davon als Sauce beiseite stellen. Unter die andere Hälfte die eingeweichte und dann im Wasserbad oder mit der Mikrowelle aufgelöste Gelatine rühren. Für eine Stunde kalt stellen, bis die Gelatine anzieht. Erst jetzt die steifgeschlagene Sahne vorsichtig unterziehen.
Die Masse in Portionsförmchen füllen und einige Stunden im Kühlschrank endgültig fest werden lassen.
Zum Servieren das Parfait mit einem in heißem Wasser angewärmten Messer rundum von der Förmchenwand lösen, den Boden kurz in heißes Wasser tauchen – es läßt sich dann mühelos aus dem Förmchen stürzen. Auf Teller anrichten und mit Erdbeersauce umgießen.

4

TEGOLINE DI MANDORLE

MANDELZIEGEL

Ein herrliches Gebäck, das sich in gut schließenden Blechdosen einige Zeit aufbewahren läßt – falls es nicht schon gleich aufgegessen wird.

Für ca. 70 Stück:
je 100 g Mehl, Zucker und Butter, 4 Eiweiß, 4 Eigelb, 125 g Zucker, 125 g Butter, 250 g Mandelblättchen

Zunächst Mehl, Zucker, Butter und Eiweiß mit dem Handrührer zu einer homogenen Masse rühren.
Weiterhin Eigelb, Butter und Zucker dick und schaumig schlagen, zum Schluß die Mandeln einarbeiten.
Beide Teige eine Stunde bei Zimmertemperatur ruhen lassen. Dann miteinander mischen. Auf mit Backpapier belegte Bleche mit einem Eßlöffel Teigkreise verstreichen. Im 200 Grad vorgeheizten Backofen etwa 8 bis 10 Minuten backen. Noch heiß über Flaschen oder ein Nudelholz legen, damit das Gebäck die nötige Wölbung bekommt und wie Piemonteser Dachziegel aussieht.

Von bösen Schwiegermüttern und einem Bäcker mit Erfindungsgeist: Mario Fongo

Sie sind sehr dünn, wunderbar knusprig, krachen appetitlich zwischen den Zähnen, duften würzig nach Olivenöl und schmecken einfach köstlich. Die fast halbmeterlangen *lingue di suocera* von Mario Fongo sind längst über die Grenzen Piemonts hinaus berühmt und eine beliebte Abwechslung zum normalen Brot oder den Grissini geworden. Man findet das zart-mürbe Gebäck nicht nur im Brotkorb vieler Restaurants, sondern begegnet ihm auch häufig bei Weinproben. Wenn beispielsweise Piemonteser Winzer im Ausland ihre Weine präsentieren, reichen sie gern Fongos »Schwiegermutterzungen« dazu. Diese haben leider einen Nachteil: Sie machen süchtig! Liegen Lingue auf dem Tisch, kann man mit dem Knuspern nicht mehr aufhören. . .

Mario Fongo, der gewichtige Bäcker aus Rocchetta Tanaro (siehe auch Seite 9ff), ein Genießer von hohen Graden, hat das eigentlich genial einfache, aber handwerklich doch aufwendige Rezept entwickelt, Ehefrau Victoria dem Gebäck seinen Namen gegeben. »Es sind doch immer die Schwiegermütter, die so lange Zungen haben«, lacht sie. Aber man spürt, sie meint es durchaus ernst. »Die bringen doch immer den bösen Ton und machen alles kaputt.« Immerhin tröstlich, daß eine doch wohl eher unerfreuliche Erfahrung mit einem so angenehmen und vergnüglichen Genuß kompensiert werden konnte.

Mario Fongo hat sogleich ein perfektes Ausstattungskonzept mit entsprechender Verpackungsidee erschaffen: In Cellophan gehüllt bleibt das Gebäck ein halbes Jahr frisch, stabile, elegante Kartons bewahren die fragile Ware vor Bruch. Der Erfolg ist für ihn Bestätigung: Die neue Backstube, vor gut sechs Jahren mit blitzenden Schornsteinen aus Edelstahl vor den Toren der Stadt errichtet, muß bereits erweitert werden.

TIRÀ

RÜHRKUCHEN MIT ZITRONENDUFT

Dieser Kuchen gehört auf die Festtafel, wenn die Volljährigkeit gefeiert wird. Victoria Fongo schwört, daß man es schmecken würde, wenn man ihn nicht auf die alte, hergebrachte Weise anrührte, nämlich mit der ganzen Hand, ohne Rührlöffel oder gar mit einer Maschine.

Für eine Form von 24 cm Durchmesser und mit einem Schornstein in der Mitte:
5 Eier, 300 g Butter, 300 g Zucker, 300 g Mehl, 2 EL Brandy, abgeriebene Schale einer ganzen Zitrone

Die Eier mit der zimmerwarmen, weichen Butter zu einer dicken, hellen Creme rühren, nach und nach den Zucker untermischen. Erst wenn er sich vollkommen aufgelöst hat und nichts mehr knirscht, das Mehl, den Brandy und die Zitronenschale zufügen. So lange rühren, bis der Teig wie Salbe wirkt. In eine gebutterte Form füllen und in den 230 Grad heißen Ofen schieben. Nach fünf Minuten auf 180 Grad herunterschalten und den Kuchen etwa 35 bis 40 Minuten backen.

In der Backstube wird nahezu alles von Hand gemacht. Nur um den Teig anzurühren, benutzt man eine Rührmaschine. Nachdem der Teig gegangen ist, wird er portioniert – die Menge haben hier alle Mitarbeiter längst im Griff. Außerdem ist es nicht schlimm, wenn eine Zunge mal länger oder kürzer ist. Verkauft wird nach Gewicht und nicht nach Zentimetern. Zunächst wird das Teigstück dünn ausgerollt, dann werden mit einer Stachelwalze Dellen in die Teigplatte gedrückt. Das ist nötig, damit der Teig unterschiedlich aufgehen kann und dadurch beim Backen die charakteristischen Buckel entstehen. Bevor die Teigzungen, gut mit Mehl bestäubt, auf einem Blech in den Ofen geschoben werden, müssen sie noch einmal kurze Zeit gehen, damit sie mürbe werden. Ihre Knusprigkeit rührt übrigens vom Öl her, mit dem der Teig angesetzt wird. Natürlich nimmt Mario Fongo ein gutes Olivenöl wegen des Geschmacks, aber auch, weil es das Gebäck länger frisch hält

Die Kunst ist, die Zungen exakt so lange zu backen, daß sie appetitlich gebräunt und knusprig sind. Zu hell gebacken sind sie nicht rösch genug, auch halten sie nicht lange, sondern werden vorzeitig weich. Aber wenn man nicht aufpaßt, sind die dünnen Teigfladen schon innerhalb eines kurzen Augenblicks zu dunkel oder gar verbrannt. Die goldbraunen Schwiegermutterzungen werden schließlich mit einer weichen Bürste von überschüssigem Mehl gesäubert und dann sorgfältig verpackt. 100 bis 150 Kilogramm verlassen am Tag die Backstube. Dafür sind etwa 2500 Teigstücke zu portionieren, auszurollen, zu bemehlen, einzudellen – jedes einzeln und von Hand, welch eine Arbeit! Aber unser »Panaté«, wie man im Piemonteser Dialekt zum Bäcker sagt, hat natürlich noch mehr im Angebot. Selbstverständlich produziert er Brot, auch süßes und salziges Kleingebäck sowie Croissants und all die anderen Stückchen, die man in Italien zum Frühstücks-Cappuccino schätzt. Kuchen sind dagegen mehr Victorias Bereich, die aber auch die Backstube in Schwung hält, wenn der rastlose Mario wieder unterwegs ist; beispielsweise um besonders wichtigen Kunden die Schwiegermutterzungen höchstpersönlich vorbeizubringen. Da kann es sein, daß er mit seinem Vielventiler sechs Stunden Richtung Süden brettert und am selben Tag wieder zurück. Selbst seine Frau fragt sich da oft, »wie Mario das macht: Immer mit Volldampf, immer voller Energie und immer neue Ideen!« Victoria pustet sich die blonden Haare aus der Stirn und sieht auf einmal neben diesem Faß von einem Mann sehr zerbrechlich aus. Im nächsten Augenblick jedoch, wenn sie die Kiste mit den frisch gebackenen, noch ofenwarmen und duftenden Kuchen packt und hinüber zu ihrem Wagen trägt, spürt man wieder, daß die zarte Person durchaus, und zwar mit nicht zu unterschätzender Zähigkeit, zulangen kann. Die fünf Minuten Fahrt von der Backstube bis zum Laden mitten im Ort macht sie mehrmals täglich, um immer wieder Nachschub heranzuschaffen und um mal hier, mal dort nach dem Rechten zu sehen. »Il Panaté« steht über der Ladentür, und der Verkaufsraum ist so winzig, daß der Bäckermeister selbst ihn mit seiner eindrucksvollen Statur fast schon gänzlich ausfüllen könnte . . .

»Violetta«: Einkehr in der Wagnerei

Immer schon hat dieses Haus *Violetta* geheißen. Und so war es, als Maria Lovisolo und ihr Mann aus der Wagnerei des Großvaters vor mehr als 35 Jahren ein Gasthaus machten, keine Frage, wie man es wohl nennen könnte. Die großen und kleinen Leiterwagen, die hier produziert wurden, brauchte niemand mehr, seit die Menschen auch auf dem Land sich Autos und Zugmaschinen leisten konnten. Dabei waren die Modelle bildschön, eines von ihnen

kann man noch heute im Hof besichtigen, Maria und ihr Sohn Carlo lehnen sich auf dem Photo dagegen. Der sinnigerweise veilchenblaue Anstrich ist inzwischen dekorativ verblaßt.

Auf der Suche nach einer neuen Existenz kam die Familie schnell auf die Idee mit dem Gasthaus, denn Maria hatte immer schon gern gekocht, und alle Gäste liebten ihre Küche. Kein Wunder: Maria bietet etwas Besonderes! Ihre Gerichte sind von seltener Klarheit, ungewöhnlicher Perfektion, eindeutig im Geschmack, entschieden in der Zusammenstellung, und ihre Zubereitung ist von immer wieder verblüffender, geradezu genialer Einfachheit – Hausfrauenküche eben, in des Wortes allerbestem Sinn. Heute wird Mutter Maria von Carlos Frau Silvana in der Küche tatkräftig unterstützt.

Carlo kümmert sich um den Saal und, mit ganz besonderem Eifer, um den Wein. Natürlich hat er alles, was im Piemont gut und teuer ist, in seinem Keller liegen. Sein Augenmerk gilt jedoch dem lange unterschätzten Barbera d'Asti, von dem er eine große Auswahl interessanter Flaschen bieten kann.

MANZO AFFUMICATO

GERÄUCHERTES RINDFLEISCH

Ein Beispiel dafür, wie schnell und einfach eine Vorspeise fertig ist: Das geräucherte Fleisch kauft man beim Metzger, er soll es gleich auf der Maschine in hauchdünne Scheiben schneiden. Zu Hause werden diese auf Teller drapiert. Zitronenscheibe dazu und eine Spur von goldgelbem Olivenöl darüberträufeln. Beides dient übrigens nicht nur zur Dekoration, sondern auch als Würze. Wer mag, mahlt noch ein wenig frischen Pfeffer darüber – fertig. Ein solcher Teller läßt sich auch herrichten, wenn man sehr knapp mit der Zeit ist. Wichtig ist nur: Das Fleisch muß von einem anständigen Metzger und allererste Qualität sein.

CARNE CRUDA CON FORMAGGIO FRESCO

ROHE FLEISCHRÖLLCHEN MIT FRISCHKÄSE

Eine Variante zur allgegenwärtigen Lieblingsvorspeise der Piemontesen (siehe auch Seite 99): In diesem Fall wird das Fleisch nicht fein gehackt, sondern in dünne Scheiben geschnitten. Frischkäse, möglichst von der Ziege, in zweifingerstarke Streifen schneiden und jeweils in eine Fleischscheibe einwickeln. Diese Rollen mit einem scharfen Messer in mundgerechte Happen schneiden und auf einem Bett von in feine Streifen geschnittenen Salatblättern anrichten. Erst unmittelbar vor dem Servieren mit Salz, Pfeffer und Olivenöl würzen.

LINGUA DI VITELLO CON SALSA DI VERDURE

KALBSZUNGE MIT GEMÜSESAUCE

Eine Vorspeise, die sich bequem vorbereiten läßt. Die Zunge muß bereits am Vortag gekocht und kalt gestellt werden, damit sie sich auf der Aufschnittmaschine in dünne Scheiben schneiden läßt.

Für sechs bis acht Personen:
1 Kalbszunge, 1 TL Pfefferkörner,
1 Lorbeerblatt, Salz, 1 große Möhre,
1 dicke Lauchstange, 3 Selleriestengel,
1 große Zwiebel, 3 Knoblauchzehen,
1 rote Paprikaschote, 2 EL Olivenöl,
2 Thymianzweige, Pfeffer, 2 Sardellen
(Anchovis), 1 EL Kapern, 2–3 EL Essig

Die Zunge mit Pfefferkörnern und Lorbeerblatt in einem Topf aufsetzen, mit Wasser bedecken, salzen und zum Kochen bringen. In leise siedendem Wasser etwa eineinhalb Stunden gar ziehen lassen, bis sie sich mit einer Nadel leicht durchstechen läßt.

Inzwischen Möhre, Lauch, Sellerie und Zwiebel putzen. Je ein Drittel davon zur Zunge in den Topf füllen. Den Rest fein würfeln und mit gehacktem Knoblauch, fein geschnittenem Paprika und Thymian in einem zweiten Topf im heißen Öl langsam andünsten. Mit einer Schöpfkelle Zungenbrühe ablöschen, salzen, pfeffern und zugedeckt etwa eine halbe Stunde köcheln. Sardellen und Kapern zufügen. Alles im Mixer pürieren oder durch die Gemüsemühle drehen. Die dickliche Sauce mit Essig säuerlich abschmecken. Sie wird kalt zur dünn aufgeschnittenen Zunge serviert.

SFORMATO DI ASPARAGI CON LA FONDUTA

SPARGELFLAN MIT KÄSESAUCE

Für vier bis sechs Personen:
1 kg grüner Spargel, Salz, 3 Eier, 150 g frisch geriebener Parmesan, Pfeffer, Muskat, eventuell ein Schuß Milch, etwas Butter für die Förmchen
Käsesauce (Fonduta):
250 g Fontinakäse, 1/4 l Milch, 2 EL Butter, 4 Eigelb, Salz, Pfeffer und eventuell Muskat

Den Spargel putzen, in Stücke schneiden und in Salzwasser weich kochen. Abgießen, im Mixer pürieren und durch ein Sieb streichen. Das Spargelpüree mit Eiern und Käse verquirlen, dabei mit Salz, Pfeffer und Muskat würzen. Ist diese Masse zu fest, mit einem Schuß Milch oder Sahne verdünnen.

In gebutterte Soufflé- oder Portionsförmchen füllen, diese in eine Bratenform setzen und so viel heißes Wasser angießen, daß die Förmchen bis knapp unterhalb ihres Randes darin stehen. In diesem Wasserbad im 200 Grad heißen Backofen auf der unteren Schiene etwa 20 Minuten stocken lassen.

Für die Sauce den Käse in Scheiben schneiden oder raspeln, in der heißen Milch auf mildem Feuer langsam schmelzen lassen, dabei die Butter einrühren. Einzeln die Eigelb einarbeiten. Es sollte eine sanfte Käsecreme entstehen, die nicht zu heiß werden darf, weil sie sonst gerinnt. Mit Salz (sparsam), Pfeffer (mutig) und Muskat (ganz nach Belieben) würzen.

Die Flans aus den Förmchen stürzen, mit Sauce umgießen und heiß servieren.

TAGLIATELLE AI FUNGHI

BANDNUDELN MIT PILZSAUCE

Auch im Frühling kann Maria Lovisoli Waldpilze im Sugo servieren, die sie im Herbst eingefroren oder in Öl eingemacht hat. Wer auf solche Vorräte nicht zurückgreifen kann, nimmt statt dessen Champignons.

Für vier bis sechs Personen:
Pilzsauce:
300 g Pilze, 1 Zwiebel, 3 Knoblauchzehen, 2 EL Olivenöl, 1 kleine Dose geschälte Tomaten oder 1 Paket frisches Tomatenpüree, Salz, Pfeffer, 2 Thymianzweige, 2 Nepitellazweige (Katzen- oder römische Minze), 1 Glas Rotwein, ca. 1/4 l Gemüse- oder Fleischbrühe
Außerdem:
250–400 g schmale möglichst hausgemachte Bandnudeln, Salz

Die Pilze putzen, in Scheiben schneiden und mit der feingehackten Zwiebel und winzig klein gewürfeltem Knoblauch im heißen Öl andünsten.

Das Tomatenfleisch zufügen, salzen, pfeffern, auch die Kräuter und den Rotwein zugeben. Ohne Deckel leise etwa eine halbe Stunde köcheln, ab und zu einen Schuß Brühe angießen und umrühren, damit nichts ansetzt.

Die Nudeln in reichlich Salzwasser bißfest kochen. Abgießen und sofort mit der Pilzsauce anrichten.

RAVIOLI AL BURRO E SALVIA

RAVIOLI MIT SALBEIBUTTER

Hier sind die Ravioli mit einer zarten Kräuter-Geflügel-Farce gefüllt. Für den Teig gilt das Rezept von Seite 169.

Für sechs Personen:
Kräuter-Geflügelfüllung:
100 g Spinat, ca. 100 g gemischte Kräuter: Petersilie, Borretsch, junger Löwenzahn, Sellerieblätter, Salz, 250 g gebratenes oder gekochtes Hühnerfleisch (auch Reste), 2 EL Semmelbrösel, 100 g geriebener Käse, 2 Eier, Salz, Pfeffer
Außerdem:
1/2 Portion Nudelteig, 1 Ei oder auch nur 1 Eiweiß zum Bepinseln, 75 g Butter, eine Handvoll junger Salbeiblätter

Spinat und Kräuter in Salzwasser zusammenfallen lassen, gut ausdrücken und zusammen mit dem Hühnerfleisch durch den Fleischwolf drehen oder im Mixer zerkleinern. Semmelbrösel, Käse und Eier untermischen, salzen und pfeffern.

Den Teig mit der Nudelmaschine oder von Hand portionsweise zu durchscheinend dünnen Teigplatten ausrollen. Teelöffelweise Füllung in regelmäßigen Abständen darauf setzen, die freie Teigfläche mit verquirltem Ei oder Eiweiß einpinseln. Mit einer zweiten Teigfläche abdecken und überall rund um die Füllung gut festdrücken. Mit einem Teigrädchen oder Messer Ravioli ausschneiden. In reichlich Salzwasser zwei bis drei Minuten kochen. Die Butter erhitzen, die Salbeiblätter kurz darin schwenken und über die Ravioli gießen.

PETTO DI FARAONA FARCITO

GEFÜLLTE PERLHUHN-BRUST

Für vier bis sechs Personen:
2 Perlhühner, 2 EL Olivenöl, 2 Möhren, 1 Zwiebel, 2 Knoblauchzehen, Salz, Pfeffer, 4 Weißbrotscheiben vom Vortag, Milch zum Einweichen, 1 Ei, 500 g Spinat, 1 Glas Weißwein, 1/4 l Geflügelfond, 2 EL Butter

Die Perlhuhnbrüste so vom Knochen lösen, daß die Haut völlig intakt daran bleibt. Das Fleisch der Keulen ablösen und im heißen Öl anbraten, dabei gehackte Möhre, Zwiebel und Knoblauch zufügen. Salzen, pfeffern und zugedeckt gar schmurgeln. Alles im Mixer zerkleinern, dabei das in Milch eingeweichte Weißbrot und das Ei mitmixen.
Die Perlhuhnbrüste mit der Hautseite nach unten auf ein Stück Alufolie betten, so daß sie eine Fläche bilden. Die vorbereitete Farce darauf verteilen. In Salzwasser blanchierten Spinat gut ausdrücken und als Längsstreifen in die Mitte setzen. Mit Hilfe der Folie die Perlhuhnbrust zu einer Rolle wickeln, aber nicht in die Folie einhüllen. Die Rolle vielmehr zuerst mit der Nahtstelle nach unten in einer Pfanne in heißem Öl anbraten und dann rundum bräunen. Mit Wein und Fond ablöschen. Bei mittlerer Hitze etwa 45 Minuten sanft gar schmoren.
TIP: Die Rolle läßt sich besser in exakte Scheiben schneiden, wenn man sie über Nacht kalt stellt. Die Scheiben werden dann im Schmorsud oder in der Mikrowelle wieder aufgewärmt. Für eine Sauce den Schmorsud mit etwas Butter aufmixen und kräftig abschmecken.

LA FINANZIERA

INNEREIENRAGOUT

Es ist gar nicht so einfach, diese typische Piemonteser Spezialität regelmäßig auf der Karte zu haben. Denn die Innereien, die man dafür braucht, bekommt man nun mal nicht in großen Mengen: Rückenmark, Hirn, Bries und Nieren vom Kalb, eigentlich gehören auch noch Hahnennieren (-hoden) und Hahnenkämme dazu. Im »Violetta« gibt es bei der Beschaffung keine Schwierigkeiten: Die Tochter arbeitet in einer Metzgerei und damit sozusagen an der Quelle …

Für vier bis sechs Personen:
200 g Kalbsbries, 200 g Kalbshirn, 300 g Kalbfleisch (Hals), 1 Lorbeerblatt, 1 TL Pfefferkörner, 1 Bund Suppengrün, Salz, 200 g Kalbsniere, ca. 1/2 m Rückenmark (vom Kalb) am Stück, 2 EL Butter, 100 g Champignons, 1 EL Mehl, 1/4 l trockener Weißwein, 50 g Cornichons, 1 EL Kapern, Pfeffer, 1–2 EL Weißweinessig

Bries und Hirn unter kaltem, laufendem Strahl wässern. Das Bries mit dem Kalbfleisch, Lorbeerblatt, Pfefferkörnern und Suppengrün aufsetzen, mit Wasser bedecken und salzen. Langsam zum Kochen bringen, dann unter dem Siedepunkt ziehen lassen: Das Bries etwa eine halbe Stunde, das Fleisch wird erst nach einer Stunde gar sein. Bries und Kalbfleisch sorgfältig putzen und häuten, Bries in Röschen teilen, das Kalbfleisch gut zentimetergroß würfeln.
Inzwischen auch Hirn, Niere und Rückenmark sorgfältig putzen, häuten und in Würfel oder Scheiben schneiden. Portionsweise in heißer Butter kurz anbraten. Herausheben und warm stellen.
Die feingeschnittenen Champignons im verbliebenen Fett andünsten. Mit Mehl bestäuben und durchschwitzen. Schließlich mit Wein und einem halben Liter des Kochsuds ablöschen und eine halbe Stunde einkocheln. Feingewürfelte Cornichon, Kapern, Fleisch und Innereien einrühren, die Sauce mit Salz, Pfeffer und Essig abschmecken. Heiß servieren.

SEMIFREDDO DI TORRONE

HALBGEFRORENES VOM TORRONE

Das süße Eiweißkonfekt mit Mandeln und Haselnüssen ist sicher eine der wichtigsten Spezialitäten des Landes (siehe Seite 146/147). Ein begeisterndes Dessert ist daraus wirklich blitzschnell und kinderleicht gemacht:

Für sechs bis acht Personen:
250 g Torrone, 600 g Sahne

Torrone im Mixer zerkleinern. Die Sahne steif schlagen und behutsam damit mischen. In eine mit Klarsichtfolie ausgelegte Kastenform füllen und im Gefrierschrank fest werden lassen. Zum Servieren stürzen, in gut fingerdicke Scheiben schneiden und anrichten.
TIP: Mit geschmolzener Schokolade kreuz und quer Linien darüberträufeln und mit Puderzucker bestäuben. Eine hübsche Idee: Im »Violetta« wird der Teller mit kleinen Veilchen dekoriert.

Das Lob der Dicken: »La Posta dei Grassoni« in Cavour

Das beschauliche Landstädtchen Cavour liegt am Westrand der südpiemontesischen Ebene unter einem gewaltigen Felsbrocken, der *Rocca*, die schon als keltische Fluchtburg diente. Bereits 1242 vom Staufer Friedrich II. den Savoyern verliehen, gaben diese es 1771 an die adlige Familie Benso – und der Name wurde weltbekannt: Graf Camillo Benso di Cavour war die zentrale Figur der Einigung Italiens, der italienische Bismarck sozusagen. Und so besitzt jedes noch so kleine Städtchen Italiens eine Via oder Piazza Cavour.

Geprägt ist das für die Gegend typische Stadtbild von barocken Laubengassen, kleinen Plätzen und Palästen. Mittendrin das stattliche Gasthaus der alten Poststation, seit 1790 im Besitz der Familie Genovesio. In den letzten Jahren wurde das Gebäude von Grund auf renoviert, bietet zwar kleine, aber mit alten Möbeln hübsch eingerichtete Zimmer mit modernen, funktionellen Bädern. Die Zimmer liegen an einem Innenhof, in dem man im Sommer auch angenehm sitzen kann.

Obwohl die Post gewiß keine kleine Trattoria ist und über mehrere Gasträume verfügt, sollte man sich anmelden, denn die Küche von Vater Francesco Genovesio erfreut sich größter Beliebtheit im Ort, so daß die Tische vor allem am Abend oft ausgebucht sind – eine gute Empfehlung! Es gibt die klassischen Piemonteser Gerichte, wobei natürlich das jahreszeitliche Angebot die Speisekarte bestimmt. Sohn Giovanni und Tochter Antonella kümmern sich mit Verve um den Service.

Man merkt, daß die ganze Familie (Mutter Giuliana betreut Empfang und Hotel) Freude an ihrer Arbeit hat – und das wiederum macht den Aufenthalt für den Gast zum Vergnügen.

Derzeit überlegt die Familie, eine Veranstaltung wieder aufleben zu lassen, die der Großvater begründet hatte und die der »Post« ihren Beinamen »der Dicken« eingebracht hat: den heute, im Zeitalter von Schlankheit und Fitneß etwas merkwürdig erscheinenden Wettbewerb des schwersten Gastes, der für sein Gewicht prämiert wurde und sich natürlich auch umsonst satt essen konnte. Das war damals ein internationales Ereignis, die Dicken kamen sogar aus Paris und New York angereist. Die gewaltige Waage existiert noch, das große Wiegen könnte sofort beginnen. . .

ANTIPASTI CON INSALATA DI MELE

VORSPEISENTELLER MIT APFELSALAT

Natürlich werden die Vorspeisen, die hier auf einem Teller versammelt sind, nacheinander serviert. Hausgemachte Würste und luftgetrockneter Schinken, mit Streifen von Rucola garniert, Hühnerlebercreme, Schinkenpaste, marinierte Paprika und Apfelsalat:

Für sechs Personen:
1 Eigelb, 1 TL Senf, 1 Knoblauchzehe, ca. $^1/_8$ l Olivenöl, Salz, Pfeffer, Zitronensaft, Cayennepfeffer, 1 Möhre, 2 säuerliche Äpfel, 3–4 Stengel Bleichsellerie, 1 weiße Zwiebel

Das Eigelb im Mixer oder mit dem Handrührer dick und cremig schlagen, dabei den Senf und die Knoblauchzehe zufügen. Nach und nach das Olivenöl einarbeiten. Die Mayonnaise mit Salz, Pfeffer, Zitronensaft und Cayennepfeffer säuerlich und würzig abschmecken.
Möhre und Äpfel schälen, deren Kerngehäuse herausschneiden. Auf dem Gemüsehobel in feine Streifen hobeln und sofort in etwas Zitronensaft wenden. Sellerie und Zwiebel ebenfalls in feine Streifen schneiden. Alles zusammen mit der vorbereiteten Mayonnaise anmachen. Vor dem Servieren etwas durchziehen lassen. Nach Belieben mit Minze oder glatter Petersilie garnieren.

An den Wänden des großen, einfach und gemütlich eingerichteten Speisesaals hängen Bilder der früheren »Concorsi dei Grassoni«. Der stattliche Wirt selbst, der »nur« 130 kg wog, hätte niemals gewinnen können: Gewichtigster jemals angetretener Gast war eine Matrone von gewaltigen 227 kg, der dickste Mann brachte lediglich 182 kg auf die Waage.
Die südpiemontesische Poebene zeigt dasselbe Erscheinungsbild wie in der Lombardei oder der Emilia: weite Felder, abgegrenzt von Gräben, gesäumt von Reihen von Pappeln, Maulbeerbäumen und Korbweiden: Es liegt immer eine leichte Melancholie über dem Land . . .
Der Spargel wird hier auf eine sehr einfache, aber überaus köstliche Art serviert: In Salzwasser recht weich gekocht, mit reichlich brauner Butter übergossen und mit Parmesan bestreut. Dazu schmeckt dann tatsächlich ein frischer, fruchtbetonter Rotwein besser als ein Weißer!

Staffarda: Ein Kloster als Zeitzeuge

Zwischen Cavour und Saluzzo liegt die ehemalige Zisterzienserabtei Staffarda, eine der schönsten und vor allem vollständigsten Klosteranlagen Piemonts. Paradoxerweise war es gerade der Niedergang, der sie erhalten hat: 1690 verlor Vittorio Amadeo II. in der Nähe eine Schlacht gegen die Franzosen, in deren Verlauf Staffarda beschossen und geplündert wurde.
Danach trachtete man nur noch, das Bestehende zu erhalten; die Glanzzeiten der 1122 von den Saluzzer Markgrafen gestifteten Abtei, die mit über 200 Ländereien im späten Mittelalter zu den reichsten des Landes gehörte, waren vorbei. Der ehemalige Reichtum zeigt sich aber in den Bauten des 12. und 13. Jahrhunderts. Großartig die weite Kirche selbst, die in ihrer Mischung aus zisterziensischer Klarheit des Raumes einerseits und lombardischer Weite und Farbgebung andererseits beeindruckt.
In Staffarda kann man jedoch besichtigen, was sonst meist nicht mehr vorhanden ist: die Dreiteilung in einen äußeren Hof für die Pilger, den inneren Hof für die Laienbrüder und die Klausur mit dem Kreuzgang für die Mönche. Der erste Hof wird begrenzt von der *Forestiera*, der um 1230 gebauten Fremdenherberge, deren Erdgeschoß mit seiner majestätischen Säulenhalle als Speisesaal diente; heute finden hier Konzerte statt. Gegenüber die kleine Klostergaststätte, in der man ausgezeichnet essen kann und die für ihre Maisplätzchen berühmt ist. Dahinter der Bereich der Laienbrüder, wozu eine eindrucksvolle, wuchtige Markthalle und das Backhaus gehören. Schließlich, man muß um das Gebäude außen herumgehen, öffnet sich der erstaunlich große, als Garten gestaltete Klosterhof. Zwei Seiten des Kreuzgangs sind leider nicht mehr erhalten. Der Kapitelsaal, ein quadratischer Raum mit neun von vier Säulen getragenen Rippengewölben wirkt außerordentlich harmonisch, wenn auch ein wenig vernachlässigt. Aber das tut dem Reiz des ebenso interessanten wie romantischen Ensembles keinen Abbruch.

Der ungewölbte Kreuzgang, um 1250 erbaut, weist mit seinen Zwillingssäulen und Crochetkapitellen frühgotische Züge auf

Die Klostergaststätte preist ihre Plätzchen aus Mais (hier mit dem Dialektwort melica *bezeichnet) aus eigener Produktion an*

1

MELICOTTI

MAISPLÄTZCHEN

Für ca. 50 Stück:
200 g Maismehl, 200 g Weizenmehl, 1 Prise Salz, abgeriebene Schale einer Zitrone, 200 g Butter, 200 g Zucker, 5 Eier

Beide Mehlsorten durchsieben, damit sie aufgelockert werden, dabei mischen. Mit Salz und Zitronenschale würzen. Die zimmerwarme Butter mit dem Handrührer hell und schaumig rühren, dabei den Zucker und nach und nach die Eier zufügen. Die Mehlmischung einarbeiten, aber nicht mehr lange rühren. Den Teig in einen Spritzbeutel mit glatter Tülle füllen. Auf ein mit Backpapier belegtes Blech Streifen von etwa zehn Zentimetern Länge setzen. Die Plätzchen im 160 Grad heißen Backofen 10 bis 15 Minuten golden backen.

2

MELICOTTI CON NOCCIOLE

MAISPLÄTZCHEN MIT HASELNÜSSEN

Für ca. 50 Stück:
150 g Haselnüsse, 2 Eiweiß, 100 g Zucker, 1 Prise Salz, 50 g Maismehl

Die Haselnüsse auf einem Blech ausbreiten und im 220 Grad heißen Backofen etwa 15 Minuten rösten.
Inzwischen die Eiweiß steif schlagen, dabei die Salzprise zufügen und langsam den Zucker hinzurieseln lassen. Zum Schluß das Maismehl einarbeiten. Unter diese Teigmasse die Haselnüsse mischen. Eßlöffelweise Häufchen in größeren Abständen auf ein mit Backpapier belegtes Blech setzen, dabei darauf achten, daß die Nüsse gerecht auf die Plätzchen verteilt sind. Im 220 Grad heißen Ofen etwa 10 Minuten backen.

Turin: die ideale Stadt

Turin – da denkt man vielleicht an Fiat und Fußball, aber nicht an italienisches Lebensgefühl, eher an Arbeit und Streik als an *dolce far niente*.
Torino – die Stadt des Vermouths und der Aperitifs. Die Reklamen von Cinzano, Martini & Rossi, Carpano, Gancia und anderen prägen das Stadtbild.
Torino – die Stadt der Gianduja, des Nougats und der Schokolade, der Süßigkeiten und der Pralinen, der Törtchen und des Kleingebäcks: Als ob sich Paris und Wien zusammengetan hätten!
Turin – das ist die Stadt gewordene Geschichte vom Aufstieg und Glanz des Hauses Savoyen, das sich eine der prächtigsten Barockresidenzen Europas errichtete. Daß die großartige, als städtebauliches Ideal verwirklichte Geschlossenheit Turins mit den genialen Einzelschöpfungen Guarinis, Alfieris und Juvarras kaum Eingang ins deutsche Kunstbewußtsein fand, hat mit der Lage Turins am Rande unserer Wege nach Italien und seiner französischen Prägung zu tun. Goethe wäre nicht im Traum auf den Gedanken verfallen, auf einer Italienreise Turin zu besuchen.
Aber Friedrich Nietzsche war 1888/89 da: Er lobt »Kost und Luft, Wasser und Speisengänge«, schwärmt von den »grissini, den ganz dünnen Brotröhrchen, die Turinischer Geschmack sind«, schätzt die »aristokratische Ruhe in allem, die Noblesse ... Was für ernste und feierliche Plätze! Und der Palaststil ohne Prätension; die Straße sauber und ernst – alles viel würdiger, als ich es erwartet hatte! Die schönsten Cafés, die ich sah. Die Arkaden haben bei einem solchen Wechselklima etwas Notwendiges; nur sind sie großräumig, sie drücken nicht. Abends auf der Pobrücke: herrlich! Jenseits von Gut und Böse!«
Bummelt man durch die Stadt mit ihren über 20 Kilometern *Portici*, den Laubengängen, so eröffnen sich immer wieder überraschende Durchblicke auf Paläste, Innenhöfe und Plätze mit dramatisch bewegten Standbildern. Die Cafés und Buchhandlungen breiten sich in den Lauben aus, die Menschen sind auffallend höflich, lächeln freundlich. Das Einkaufen in den schönen, alten Geschäften macht besonderen Spaß.
1861 wird Turin nach der Einigung Italiens durch die Savoyer dessen Landeshauptstadt, doch nur für vier Jahre. Dann zieht die Regierung nach Florenz, kurz darauf nach Rom. Das Königshaus verläßt seine Residenz, Turin hat seine

Fortsetzung auf Seite 67

Oben die Kirche S. Christina an der Piazza San Carlo, darunter die Galleria Subalpina, daneben die weiten Arkaden der Via Roma und der Palazzo Carignano von Guarini

Rechts das eindrucksvolle »Caval d'Brons«, das bronzene Reiterstandbild von Emanuele Filiberto I. auf der schönen, harmonischen Piazza San Carlo (siehe auch Seite 68/69)

CINZANO

Das noble »Caffè Mulassano« an der Piazza Castello – unter den Arkaden kann man auch draußen sitzen. In die Arkadenbögen der Piazza San Carlo fallen die Schatten der Laternen, die nachts für eine warme Beleuchtung sorgen. Auf der Piazza stolzieren mit geschwellter Brust einige Gardisten des Präsidenten, begleitet von vielen Ah's! und Oh's! der hübschen Turinerinnen

Im »Caffè Baratti & Milano«, an der Piazza Castello und der Galeria Subalpina gelegen, treffen sich die elegantesten Damen der Stadt (oben links). Reich stuckiert das »Caffè Platti« am Corso Vittorio Emanuele II., der mit seinen Platanen an Aix-en-Provence oder Marseille erinnert. Auch herausgeputzt: die städtische Polizei, vor dem »Stratta« an der Piazza San Carlo

10.000
15.000

Fortsetzung von Seite 62
Bestimmung verloren. Es sucht neue Inhalte, öffnet sich der Industrialisierung. Mit der Gründung der Automobilfabrik Fiat (**F**abbricazione **i**taliana **a**utomobili **T**orino, die Abkürzung = lat. »es werde«) legt Giovanni Agnelli 1899 die Basis für die stürmische Entwicklung Turins zum zweiten Industriezentrum Italiens nach Mailand. Die Agnellis werden die neuen Fürsten Turins. Als nach dem Krieg sich die Einwohnerzahl innerhalb von 20 Jahren durch den Zuzug von Süditalienern auf 1,2 Millionen verdoppelte, schuf das enorme Probleme. Die Unruhen von '68 erschütterten die Stadt. Als zudem die Autoindustrie in die Krise kam, verschärfte sich die Situation. Die Roten Brigaden taten sich in Turin besonders hervor, die Arbeitskämpfe waren überaus hart. Doch scheint Turin heute in den Bereichen Dienstleistung und Kommunikation mit Erfolg neue Ziele anzustreben.

Auf der Piazza della Repubblica ist Markt. Am Samstag ist natürlich besonders viel los: Da wird geschrien und gehandelt wie in Neapel oder Palermo – kein Wunder, die vielen aus dem Süden zugezogenen »Gastarbeiter« haben ihre Gewohnheiten mitgebracht und das Turiner Leben südlicher gemacht. Lebendige Hühner hat man hier freilich schon immer verkauft, denn Huhn ist das Lieblingsfleisch der Turiner. Vielleicht ein Relikt aus der Zeit, als die Bresse, heute bekannt für Frankreichs bestes Geflügel, noch den Savoyern gehörte. . . Das Angebot ist überwältigend (zehn verschiedene Sorten Schnecken, in allen Farben und Größen!), die Qualität hoch, die Preise unglaublich niedrig – und es wird nicht nach Handelsklassen gefragt oder nach Augenschein gekauft, sondern alles wird genauestens geprüft, gedrückt, berochen und verglichen: Markt als sinnliches Vergnügen!

Von Turiner Eßgewohnheiten un

Innerhalb einer Stunde erreichen die autoverliebten Turiner neunzig Prozent aller Piemonteser Restaurants. So treibt es sie an den Abenden und Wochenenden hinaus: In der Provinz ißt man besser und billiger. Und weil man vergleicht, hat es die Turiner Gastronomie überhaupt nicht leicht.
Sie setzt daher mehr auf Gäste, denen der Rahmen wichtiger ist als die Qualität der Speisen. Turin hat das Glück, über eine ganze Reihe Restaurants mit nobler Ausstattung zu verfügen – etwa das prächtige »Ristorante Cambio« gegenüber dem Palazzo Carmignano, wo die Abgeordneten des ersten italienischen Parlaments zu speisen pflegten. Die Atmosphäre vermittelt auch heute noch den Eindruck, als könne jeden Moment Graf Benso di Cavour eintreten.

nem Spitzenrestaurant: »Balbo«

Das »Ristorante Balbo« ist kein luxuriös, aber ein sehr angenehm eingerichtetes Restaurant, doch hierher geht in erster Linie, wer exquisit essen will. Patron und Küchenchef ist Luigi Caputo, ein engagierter Verfechter der italienischen Küchentraditionen. Er gehört einer Gruppe von Köchen an, die es sich zur Aufgabe gemacht hat, Können und Repertoire der italienischen Küche in die Welt zu tragen – nicht durch sterile Rezepte, sondern konkrete Arbeit. In seiner Küche lernen junge Köche aus dem In- und Ausland, wie man richtig kocht – ohne Krampf, ohne Zopf, ohne verdrehten Schnickschnack. »Natürlich muß ein Koch kreativ sein – aber wenn er Nudeln mit Marmelade servieren will, darf er nicht zu mir kommen!« sagt Luigi zum Gaudium seiner Mitarbeiter. Nun: Seine Küche ist gewiß nicht langweilig und handwerklich von absoluter Perfektion. Vor 25 Jahren hat er mit einem Partner das Restaurant übernommen, benannt nach dem einst benachbarten, im Krieg zerstörten Teatro Balbo. Der Name ist geblieben, der Partner inzwischen ausgestiegen und so betreibt Luigi das Restaurant mit seiner Ehefrau Maria Salvà. Und zwar mit größtem Erfolg!

Die Anlage der Piazza San Carlo von ebenmäßigen Barockfassaden über umlaufenden Arkaden umgeben, erfährt durch die beiden Kirchen, die die Via Roma flankieren, eine optisch dramatische Steigerung. Leider stören parkende Autos die Weite des Platzes, was die Turiner aber wenig zu kümmern scheint

INSALATINA DI MARE

MEERESFRÜCHTESALAT

Ein frühlingsfrischer Salat aus verschiedenen Meeresfrüchten, vom in schmale Streifen geschnittenen Kalmar (Tintenfisch) über kleine Garnelen, ausgelöste Muscheln bis zum stattlichen Scampo, der als genießbare Dekoration den Teller schmückt. Dazu alles, was es gerade an zartem jungen Gemüse auf dem Markt gibt: Erbsen, aus der Haut gelöste Dicke Bohnen, Spargelspitzen, gehäutete Tomatenachtel. Ein exaktes Rezept läßt sich hier nicht geben, weil sich die Zutaten nach dem Angebot richten. In jedem Fall sind die Meeresfrüchte in einem Sud gegart, die Gemüse gargekocht und mit einer leichten Vinaigrette angemacht.

1

ROTOLO DI ANGUILLA IN CARPIONE

MARINIERTE AALROULADE

Eine Vorspeise, die sich wunderbar vorbereiten läßt und deshalb ideal ist für Gäste. Den Aal läßt man sich am besten bereits vom Fischhändler säuberlich filieren, also von der Mittelgräte sowie der schwer abziehbaren Haut befreien.

Für vier bis sechs Personen:
1 Aal von 800–1000 g, Salz, Pfeffer,
2 Thymianzweige, 2 weiße Zwiebeln,
1 Möhre, 2 Stengel Bleichsellerie,
1 Lauchstange, 4 EL Olivenöl,
5–6 Salbeiblätter, 1 Knoblauchzehe,
1 Lorbeerblatt, ca. 1/2 l Moscato
(lieblicher, aromatischer Sekt),
2 EL Pinienkerne, 2 EL Sultaninen,
Schnittlauch und Kerbel

Die Aalfilets mit einem Fleischklopfer schön flach klopfen. Die Innenseite salzen, pfeffern und mit gehackten Thymianblättchen bestreuen. Die Filets sich leicht überlappend nebeneinanderlegen, so daß sie eine Fläche bilden. Von der Breitseite her aufrollen. Die Rolle fest in Alufolie wickeln, in eine Gefriertüte packen und alle Luft heraussaugen oder -drücken. In einem Topf mit Wasser, das knapp unter dem Siedepunkt bleiben sollte, eine halbe Stunde ziehen und schließlich darin abkühlen lassen.

Für die Marinade Zwiebeln und Möhre schälen, Sellerie fädeln, das Weiße vom Lauch waschen. Alles in hauchdünne Scheiben oder Ringe schneiden. In der Hälfte des Öls andünsten, dabei gehackten Salbei, Knoblauch und das Lorbeerblatt zufügen. Wein angießen, Pinienkerne und Rosinen hineinstreuen, einige Minuten köcheln und abkühlen lassen.

Zum Servieren die Gemüsestreifen als Bett dekorativ auf Vorspeisentellern anrichten, Schnittlauch in Stücken und Kerbelblättchen dazwischenstreuen, mit dem restlichen Olivenöl beträufeln. Die Aalrolle in zentimeterbreite Scheiben schneiden und daraufsetzen.

2

RISOTTO CON ASPARAGI E GAMBERI DI FIUME

RISOTTO MIT SPARGEL UND FLUSSKREBSEN

Für vier bis sechs Personen:
1 Zwiebel, 2 EL Butter,
250 g Carnaroli-Reis, 1 Döschen Safran,
1 Glas Weißwein, 1 EL Brandy,
ca. 1 l Gemüsebrühe, Salz, Pfeffer,
100 g grüne Spargelspitzen, 80 g Butter,
150 g ausgelöste Flußkrebsschwänze,
100 g frisch geriebener Parmesan

Die sehr fein gewürfelte Zwiebel in der heißen Butter andünsten. Den Reis zufügen und mitdünsten, bis er überall von Fett überzogen glänzt. Den Safran unterrühren, sobald alles gelb leuchtet, mit dem Wein und Brandy ablöschen. Erst wenn diese Flüssigkeit absorbiert ist, etwas Brühe nachgießen. Etwa 20 Minuten leise köcheln, dabei immer wieder so viel Brühe nachgießen, daß der Reis bedeckt ist, und rühren, bis die Reiskörner fast gar sind. Mit Salz und Pfeffer würzen.

Inzwischen Spargel putzen und in Scheibchen schneiden, in einem Löffel Butter kurz dünsten. Die Krebsschwänze zufügen, mit Salz und Pfeffer würzen. Beides zum Schluß in den Risotto rühren, erst dann die restliche Butter und den Käse einarbeiten.

Den Risotto noch eine Minute ziehen lassen, aber noch sehr heiß servieren. Wichtig ist, daß er nicht trocken wirkt, sondern cremig, fast sogar flüssig – *»all'onda«*, sagt man im Piemont, weil er »wie eine Welle« fließen soll.

3

TAGLIATA DI FASSONE

STEAK VOM FASSONERIND

Das Fleisch der Piemonteser Rinder ist berühmt, die allerbeste Qualität liefert der *fassone*, eine Rasse, die nur hier gezogen wird. Das Fleisch ist heller, als wir das von Rindfleisch gewöhnt sind, von einer unglaublich zarten Struktur und verblüffend intensivem Wohlgeschmack. Luigi Caputo läßt es daher so natürlich wie nur möglich: Die zweifingerstarke Scheibe aus dem Entrecôte wird mit Öl eingepinselt und dann auf dem Grill ganz kurz gegart, so daß das Fleisch innen noch fast roh ist. Er schneidet das Steak quer zur Faser in schmale Scheiben und richtet diese auf einem Bett von gemischten Salatblättern an – ein ebenso purer wie großartiger Genuß!

2

3

4

4

SFORMATO GIANDUJA CON SALSA ALLA MENTA

SCHOKOLADENSOUFFLÉ MIT MINZESAUCE

Für vier bis sechs Personen:
150 g bittere Schokolade, 5 Eigelb, 120 g Zucker, 130 g Butter, 50 g Mehl, 5 Eiweiß, 1 Prise Salz
Minzesauce:
1 Strauß frische Minze, 1/4 l Milch, 2 Eigelb, 50 g Zucker, grüner Minzelikör

Die Schokolade schmelzen. Die Eigelb mit dem Zucker dick und schaumig rühren, dabei flöckchenweise die zimmerwarme Butter, die Schokolade und das Mehl untermischen.
Eiweiß mit der Salzprise zu weichem Schnee schlagen und vorsichtig unter die Schokoladenmasse heben. In mit Butter ausgepinselte Portions- oder Soufflé-förmchen verteilen. Im 225 Grad heißen Backofen 4 Minuten backen, bis das Soufflé außen fest geworden ist.
Die Minze einen Tag in der Milch ziehen lassen. Eigelb und Zucker im Wasserbad aufschlagen, die kochend heiße Minze-Milch zufügen und erneut erhitzen, bis die Sauce dick wird. Mit Likör parfümieren und färben, kalt rühren. Eiskalt zum heißen Soufflé servieren.

SOMMER

Von grünen Alpenweiden ins flirrende Licht. Zeit des Reifens, des Reisens und der leichten Küche

Delikat: Schnecken mit Aprikosen

Aperitif: Kraftvoller Weißwein

Handgemacht: Grissini

Sonnenreif: aromatische Himbeeren

Idyllisch: Durchblick in Barolo

Traditionsbewußt: Mühle in La Morra

Grasgrün: Nebbiolo im Werden

Kunterbunt: Tajarin mit Sommergemüse

Gran San Bernardo: Hunde und Kühe

Der Große Sankt Bernhard verbindet das Wallis mit dem Aostatal, also die Schweiz mit Piemont. Die Römer haben ihn um Christi Geburt als Verbindungsweg zwischen Mediolanum (Mailand) und Augusta Raurica (Augst bei Basel) ausgebaut. Seit der Mitte des 11. Jahrhunderts steht auf dem fast 2500 Meter hohen Paß, den auch Heinrich IV. auf dem Weg nach Canossa überquerte, das berühmte Hospiz, gegründet vom heiligen Bernhard von Aosta, um den von Wetterunbill überraschten Reisenden Schutz zu geben – eine Alpenüberquerung war damals kein leichtes Unterfangen! Das Hospiz erlangte Weltruhm mit der Zucht von speziellen, großen und kräftigen Hunden, den Suchhunden zur Rettung Verschütteter bei Lawinenunglücken: den Bernhardinern. Die Zucht besteht noch, heute jedoch dominieren kitschige Plüschtiere.

Auch die Kühe auf den Almen südlich des Passes sind eine spezielle Zucht: Sie gehören nicht zu den modernen, schweren, auf Hochleistung getrimmten Milchproduzenten, sondern zu den hier traditionellen kleineren Rassen, welche die weichen, schon unmittelbar nach der Schneeschmelze von Blumen übersäten Wiesen nicht beschädigen.

Freilich geben sie viel weniger, dafür aber sehr würzige Milch. Daraus entsteht einmal der schmelzend weiche (daher der Name) *Fontina*, der als Almkäse aus der frisch gemolkenen Rohmilch hergestellt wird. Den mehr oder wenig harten Bergkäse, die *Toma*, ebenfalls ein Rohmilchkäse, bereitet man aus teilentrahmter Milch, aus der restlichen Sahne wird köstliche Butter.

In den abgelegenen Bergdörfern sind Baustil und Gebräuche erhalten geblieben, haben sich viele Traditionen bewahrt

Die Kuhherden sind relativ groß, die Lebensbedingungen in den Hütten bescheiden. Viele Sennen kommen aus Sardinien

Die Pflege alter Rezepte: Reiz der Armut

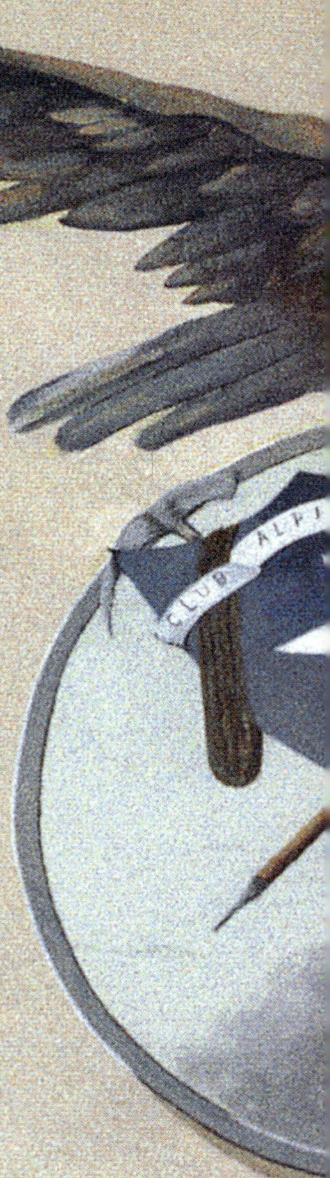

Die »Locanda La Clusaz«, zwölf Kilometer oberhalb von Aosta Richtung St. Bernhard, hat jahrhundertelang »Hôpital de la Cluse« geheißen, bereit die Reisenden am Paßweg aufzunehmen. So sieht es der Abbé Frutaz 1897: »Der Pfad, eingekrallt in den Fels, macht eine plötzliche Biegung und eine Brücke wölbt sich über den Abgrund, durch den im Winter die Lawinen ins Tal stürzen. Der Reisende beschleunigt unwillkürlich seine Schritte, um dieser fürchterlichen Einsamkeit, über der die Gedanken des Todes kreisen, rasch zu entkommen – wenn er nach ein paar Schritten die hellen Mauern von La Cluse entdeckt, kehrt das Vertrauen in seine Seele zurück, und er fühlt sich dem Leben wiedergegeben!«

Kehrt der Reisende unserer Tage hier nach weniger dramatischer Anreise ein, erwartet ihn ein mit Gastfreundschaft und Liebe geführtes Haus. Maurizio und Seri Grange, die gerade aus den Fenstern schauen, lieben ihre Heimat und wollen sie dem Gast nahebringen. Neben täglich wechselnden Gerichten bieten sie ein feststehendes Menü mit Spezialitäten des San-Bernardo-Tals und des benachbarten Valpellina, zubereitet nach alten Hausrezepten, ausschließlich aus Zutaten der Region. Einfache Gerichte, die ihren Luxus aus der Armut, der rar gewordenen Qualität des unverfälschten Naturprodukts beziehen: Im Herbst und Winter wird geschlachtet – Maurizio macht seine Würste, Schinken und den Speck selbst. Die unerhört würzig und kaum glaublich voll schmeckende Butter liefern die Sennen vom San Bernardo, den Käse holt Maurizio überall aus dem Aostatal, das Brot wird aus heimischem Roggen nach alter Art gebacken. Und der Wasserkrug auf dem Tisch wird frisch aus der eigenen Quelle gefüllt – ihretwegen steht das Haus hier, obwohl es drei Monate im Jahr ohne Sonne ist!

Maurizio Grange liebt den Wein seines Aostatals, pflegt beste Verbindungen zu den Winzern und kann daher höchst seltene Spezialitäten anbieten – es lohnt sich, seine Vinothek zu besuchen! Wer zu tief ins Glas schaut, nimmt eines der zwölf hübschen Zimmer – er wird nicht durch Straßenlärm gestört, denn sie gehen nach hinten raus!

PANCETTA CON CASTAGNE

SPECK MIT HEISSEN KASTANIEN

Hauchdünne Scheiben vom luftgetrocknetem, würzigen Rückenspeck – sie schmecken umwerfend gut zu den dampfend heißen, fast süßen, mehligen Kastanien. Und dazu die aromatische Butter aus der Milch von den glücklichen Kühen vom Gran San Bernardo ... Mit besten Zutaten eine wahrhaft urige Mahlzeit von verblüffendem Reiz.

Für sechs bis acht Personen:
500 g getrocknete Kastanien,
Bauernbutter, lange gelagerter,
fetter Rückenspeck

Die Kastanien dreifingerhoch mit Wasser bedecken und so lange auf mildem Feuer köcheln, bis sie butterweich geworden sind. Sie sollen jedoch möglichst noch ihre Form behalten. Die Kastanien dampfend heiß servieren, dafür den Speck gut gekühlt. Jeder Gast nimmt sich Butter nach Belieben und würzt kräftig aus der Pfeffermühle. Dazu paßt ein frischer Weißwein aus dem Aostatal.

Im November wird das Roggenbrot gebacken, im Holzofen des Backhäuschens nebenan. Der Vorrat muß dann ein ganzes Jahr lang reichen. Im Laufe der Zeit wird es natürlich bröckelhart und kann nur noch mit einem Spezialschneider gebrochen werden. Es schmeckt wunderbar würzig, fast süß

1

SEUPA À LA VALPELLINENTZE

KÄSESUPPE MIT BROT

Für sechs Personen:
1 Wirsingkopf (ca. 800 g), Salz,
75 g Butter, 500 g Fontinakäse in
halbzentimeterdicken Scheiben,
1 Baguette (auch altbackene Scheiben),
1 l Fleischbrühe

Den Wirsing in Blätter teilen und in Salzwasser fünf Minuten vorkochen. Dicke Rippen entfernen. Wer die schöne Farbe erhalten möchte, schreckt die Blätter danach eiskalt ab. Eine feuerfeste Form dick mit Butter ausstreichen, Wirsing, Weißbrot in Scheiben und Käse abwechselnd hineinschichten, die oberste Schicht sollte Brot sein, das dick mit Butter bestrichen wurde. Mit Brühe auffüllen und für 20 Minuten in den 180 Grad vorgeheizten Ofen stellen. Brodelnd heiß zu Tisch bringen!

2

CARBONADA DI MANZO

GESCHNETZELTES

Für vier Personen:
800 g Rindfleisch (aus der Huft),
2 EL Mehl, 3–4 EL Butter,
1 große Zwiebel, ca. 1/4 l Rotwein,
Salz, Pfeffer

Das Fleisch in dünne Scheiben schneiden, diese auf Streichholzschachtelgröße kürzen. Mit Mehl bestäuben und in einer großen Pfanne, am besten portionsweise, damit die Scheiben alle Bodenkontakt haben, in der heißen Butter anbraten. Wieder herausheben und im selben Bratfett die feingehackte Zwiebel andünsten. Das Fleisch wieder zufügen und auf milder Hitze 20 Minuten schmoren, dabei immer wieder einen Schuß kräftigen Rotwein (Donnaz oder Chambave) angießen sowie salzen und pfeffern.
Im »La Clusaz« serviert man dazu Blattspinat, Salzkartoffeln und Polentaschnitten (Rezept Seite 240).

3

TORTA DI NOCI VALDOSTANA

WALNUSSKUCHEN

Verblüffend, wo man diesem Kuchen überall begegnet: Er gilt im Engadin als Spezialität und wird auch im Schwarzwald gern gebacken – eben überall dort, wo Walnüsse gedeihen.

Für eine Form von 26 cm Durchmesser:
Mürbteig:
350 g Mehl, 250 g Butter, 200 g Zucker,
1 Ei, 1 Prise Salz
Füllung:
200 g Zucker, 200 g Walnußkerne,
200 g Sahne, 3 EL Honig, 1 Eigelb

Mehl, Butter, Zucker und Ei mit kühlen Händen rasch zu einem Teig verarbeiten, dabei die Salzprise nicht vergessen. Den Teig in Folie gehüllt eine halbe Stunde kalt stellen und ruhen lassen.
Inzwischen den Zucker in einem flachen Topf zu einem hellblonden Karamel kochen, die gehackten Nüsse mitrösten. Bevor sie zu dunkel werden, die Sahne angießen und den Honig unterrühren.
Zwei Drittel des Teiges ausrollen und eine mit dem Butterpapier eingefettete Springform damit auskleiden, dabei auch einen Rand hochziehen. Die Nuß-Karamel-Masse einfüllen und glatt streichen. Den restlichen Teig zu einem Deckel ausrollen und die Oberfläche damit abdecken. Entlang des Randes rundum gut zusammendrücken, damit der Kuchen überall verschlossen ist. Die Oberfläche mit Eigelb einpinseln, das mit etwas Wasser oder Sahne verquirlt wurde. Nach Belieben mit einer Gabel Verzierungen aufmalen. Den Kuchen bei 180 Grad etwa eine Stunde backen.
Tip: Walnußkuchen bleibt in einer Blechdose verschlossen wochenlang frisch!

Großes Bild: luftgetrocknetes Gemsenfilet (Mocetta), hauchdünn geschnitten. Kleines Bild rechts: zum Nachtisch Semifredo di Torrone. Im »La Clusaz« wird es als Tortenstück serviert und mit Schokoladenlinien dekoriert. Zubereitet wird es wie im Rezept auf Seite 57

2
1
La Clusaz
3

Großes Bild: Das Schloß von Aymavilles aus dem 12. Jahrhundert, im Barock mit Loggien versehen. Bilder links: Die alte Römerstraße bei Donnaz mit dem berühmten Bogen, über der rauschenden Dora Baltea in die Gebirgswand gehauen. Im Hintergrund sieht man einen aus dem Fels geschlagenen Meilenstein. Steil steigen die Rotweinterrassen bei Donnaz den Südhang hinauf. Die alte Art der Reberziehung über Pergolen auf Steinsäulen sieht man nur noch selten. Heute zieht man sie auch nicht mehr über Felsbrocken, die nachts die am Tag gespeicherte Wärme an die Trauben abgeben; es macht zu viel Arbeit

Relikte der Römer: Straßen und Wein

Nach der Besetzung Galliens suchten die Römer eine Landverbindung für ihre Truppen, die bis dahin über das Mittelmeer verschifft werden mußten. Die Alpen standen wie eine Festung im Weg, aber vom Aostatal aus entdeckten sie zwei Übergänge, den Großen und den Kleinen Sankt Bernhard. Zunächst unterwarfen sie auf brutalste Weise die Bewohner des Tals, die Salasser. Dann legten sie eine mächtig befestigte Stadt an, *Augusta Praetoria Salassorum*, das heutige Aosta (siehe Seite 194). Und schließlich bauten sie eine Straße, von der immer noch die elegante Brücke von Pont St. Martin und die Felsenquerung bei Donnaz zu sehen sind.

Wie gewohnt hatten die Römer auch sofort für ihr leibliches Wohl gesorgt und Weingärten angelegt. Der Weinbau ist noch heute ein bedeutender Wirtschaftsfaktor der ansonsten gebeutelten Landwirtschaft. Zwar ist die Rebfläche nicht groß – knapp 1000 Hektar stehen im Ertrag –, mit 22 Sorten bietet die DOC-Zone *Vallée d'Aoste/Valle d'Aosta* jedoch eine enorme Vielfalt, darunter rare Spezialitäten von höchstem Rang.

Am bekanntesten sind der frische *Blanc de Morgex et de La Salle* von den mit bis zu 1300 Metern höchstgelegenen Weinbergen Europas, die trockenen, fruchtigen Rotweine *Enfer d'Arvier*, *Torrette* und *Chambave* sowie der mächtige *Donnaz* aus Nebbiolo-Trauben.

Krone des Genusses: Fisch aus der Stura

Seit gut 180 Jahren gibt es die »Alte königliche Krone« in Cervere. Die ehemalige Poststation an der Straße von Turin nach Cuneo wird heute von Renzo Vivalda, dem Urenkel des Gründers, betrieben. Sohn Gianpiero, Sommelier von Beruf und aus Leidenschaft, kümmert sich um die Gäste und pflegt den ebenso gescheit wie reich bestückten Weinkeller. In der Küche wird Renzo von Ehefrau Giacomina und Tochter Eugenia unterstützt – ein richtiger Familienbetrieb also! Hier kommt fast ausschließlich Hausgemachtes auf den Tisch: die Pasta und die Würste sowieso; das Gemüse aus dem eigenen Garten, auch die Schnecken, die Renzo unübertrefflich zuzubereiten weiß! Der Gärtner mit Leib und Seele liebt seine Pflanzen und spricht mit ihnen, damit sie gut gedeihen. Die Kräuter für die Raviolifüllung, der Salbei für die Agnolotti und das Basilikum danken es ihm mit verschwenderischer Fülle. Der Rosmarinbusch vor dem Haus, einst als Pflänzchen aus Ligurien mitgebracht (Renzo schwört: »Er duftet viel aromatischer als unserer!«), ist ihm längst weit über den Kopf gewachsen – auf dem Bild rechts oben, das Vater und Sohn in der Haustür zeigt, ist er links zu sehen. Und am Hibiskus, dem üppig blühenden Oleander und der Bougainvillea, die die Hauswand lilaleuchtend überzieht, freut sich Renzo jeden Tag. »Ahh!« ruft er, und seine Begeisterung, mit der er im Geist das Gartenjahr rekapituliert, wirkt geradezu ansteckend. »Sie müssen im November wiederkommen. Dann haben wir Lauch! Den schönsten und besten Lauch der Welt, schneeweiß, weil er bis oben hin angehäufelt wächst, butterzart und von unvergleichlichem Geschmack!«

Im Sommer sind Fische aus der Stura die Spezialität. Ein merkwürdiger Fluß, der aus den Seealpen kommt und der, sich immer wieder verzweigend, eine Art Zopfmuster in den Kiesboden seines Flußtales gegraben hat. In den manchmal träge fließenden, aber klaren Wassern gibt es Fische in großer Vielfalt, hauptsächlich Aitel, Barben, Barsche, aber auch Schleien und, seltener, Forellen; und in den seichten Gumpen jede Menge Frösche. Sie sind besonders würzig, herrlich fleischig und unübertroffen zart. Renzo zeigt absolutes Unverständnis, als er hört, daß in Deutschland manche Naturschützer gegen ihren Genuß Einwände haben.

Selbstverständlich ist auch in Italien das Fischrecht reglementiert: Höchstens dreimal die Woche ist Angeln erlaubt, mehr als fünf Kilo darf einer dabei nicht entnehmen, und Fische unter 18 Zentimetern sind tabu; Frösche kann man indes fangen, wie man will. Aber weil in der »Krone« nichts aus Zuchtbetrieben auf den Tisch gelangt, kann es auch sein, daß man nichts dergleichen serviert bekommt. Selbst dann ist die Küche der Vivaldas bemerkenswert: mit ihren kräftigen Aromen, dem entschiedenen Geschmack und der wunderbaren Balance zwischen Bitternis, Säure und Süße, die man nur mit reifen, erstklassigen Zutaten erzielen kann.

1

I NOSTRI SALAMI

HAUSGEMACHTE WÜRSTE

Zweierlei Sorten werden aufgetischt: eine »normale«, luftgetrocknete Salami, das Brät wunderbar würzig und nicht mit der Maschine, sondern deutlich sichtbar von Hand geschnitten sowie das frische, rohe Brät für eine grobe Kalbfleischwurst – vergleichbar etwa mit dem bei uns üblichen Mett. Also eine weitere Variante zur *Carne cruda*, dem typisch piemontesischen Tatar, diesmal aus gepökeltem Fleisch. Und, dies gibt dieser frischen Wurst ihren besonderen Charakter, mit Weißwein und Muskat gewürzt.

2

PESCE IN CARPIONE

EINGELEGTER FLUSSFISCH

Nach diesem Rezept lassen sich Schleien, Forellen und jede Art von Weißfischen einlegen – am besten eignet sich der Barsch, dessen zahllose Gräten sich im Marinadebad geradezu auflösen und dem Fischfleisch Kraft und Saft geben. Für Essig und Wein läßt sich keine exakte Menge angeben. Man sollte statt dessen lieber das Gefäß zum Maß nehmen, in dem die Fische mariniert werden sollen: Die Menge, die man braucht, um die Fische zu bedecken, sollte je zur Hälfte aus Wein und Weinessig bestehen.

Für vier bis sechs Personen:
2–3 frische Flußfische (à ca. 300–400 g), Salz, Pfeffer, Öl und Butter zum Braten
Marinade:
Weißwein und Weinessig, 1 Möhre, 1 Zwiebel, 3 Stengel Bleichsellerie, Salbeiblätter, je 1 Rosmarin- und Thymianzweig, 1 Lorbeerblatt, 1 TL Pfefferkörner, Salz

Die Fische salzen und pfeffern, in Öl und Butter auf beiden Seiten etwa zwei Minuten braten. Für die Marinade Wein und Essig aufkochen, das Gemüse in feine Streifen schneiden, zusammen mit den Gewürzen zehn Minuten darin köcheln. Die Fische in eine Form betten, mit dem heißen Sud bedecken. Abkühlen lassen und etwa fünf Tage kalt stellen.

1

TAJARIN AL POMODORO FRESCO

BANDNUDELN MIT FRISCHEN TOMATEN

In der »Trattoria Antica Corona Reale« nimmt man genau 24 Eigelb auf ein Kilo Mehl und 4–5 ganze Eier. So hat es die Großmutter schon gemacht, und so halten es Renzo Vivaldo und seine Frau Giacomina heute noch. Natürlich werden die Nudeln von Hand geschnitten, und sie sind federleicht, mit einem unnachahmlich zarten Biß. Die sommerliche Sauce dazu duftet nach Basilikum und ist blitzschnell gemacht:

Für vier bis sechs Personen:
4 sonnenreife, feste Fleischtomaten, 1 weiße Zwiebel, 2–3 Knoblauchzehen, 2–3 EL Olivenöl, Salz, Pfeffer, 1 Bund Basilikum, 2 EL Butter

Die Tomaten überbrühen, häuten, entkernen, das Fleisch mit dem Messer (nicht mit dem Mixer!) fein würfeln. Zwiebel und Knoblauch fein hacken und im heißen Öl weich dünsten, ohne sie Farbe annehmen zu lassen. Das Tomatenfleisch zufügen, alles salzen und pfeffern. Das Basilikum mit den Fingern zerzupfen, die Hälfte kurz mitköcheln, die andere Hälfte kurz vor dem Anrichten einrühren. Vor dem Servieren die Butter in der Sauce schmelzen lassen.

2

RAVIOLINI CON RICOTTA, MENTA E SPINACI

TEIGTÄSCHCHEN MIT QUARK, MINZE UND SPINAT

Eine Füllung »al magro«, wie man in Italien sagt. Die Minze macht die Raviolini frisch und sommerleicht. Hier das Rezept für die Füllung, ansonsten gilt dieselbe Zubereitung wie für die Agnolotti (Rezept Seite 217).

Für sechs Personen:
250 g Magerquark, 50 g Minze, 50 g Brennesseln oder Dost (wilder Majoran), 300 g Spinat, Salz, Pfeffer

Den Quark in einem Sieb einen halben Tag lang abtropfen lassen. Die Kräuter und den Spinat verlesen und gründlich waschen, dabei Blattstiele entfernen. In Salzwasser blanchieren, eiskalt abschrecken – wegen der schönen Farbe. Im Mixer pürieren, dabei den Quark zufügen und mit Salz und Pfeffer würzen.

1

2

3

3

LUMACHE

SCHNECKEN

Sie sind Renzos Spezialität. Nach den Frühjahrs- und Sommerregen werden die Weinbergschnecken gesammelt, in einem Korb mit Salz bestreut; einige Tage später haben sie sich verkapselt und sind nicht mehr schleimig. Sie werden in Essigwasser gewaschen und in Salzwasser zwei Stunden gekocht. Die Schnecken lassen sich dann mit einer Nadel aus dem Gehäuse ziehen. Das gekringelte Endstück wird abgeschnitten – so sind die Schnecken küchenfertig und können zubereitet werden. Man rechnet pro Person etwa sechs Stück. Hier drei Variationen für jeweils vier Personen:

Schnecken mit Tomatensauce:
1 Zwiebel, 2 Knoblauchzehen,
2 Stengel Bleichsellerie, 2 EL Olivenöl,
3 Fleischtomaten, glatte Petersilie,
küchenfertige Schnecken, Salz, Pfeffer

Für die Tomatensauce Zwiebel, Knoblauch und Sellerie sehr fein würfeln und in heißem Öl andünsten. Tomaten, gehäutet, entkernt und gewürfelt, zufügen sowie die zerzupfte Petersilie und Schnecken. Salzen und pfeffern und einige Minuten miteinander schmurgeln.

Schnecken al Barolo (im Bild vorn):
3 Zwiebeln, 2 EL Butter, $^1/_2$ l Barolo,
1 Lorbeerblatt, küchenfertige Schnecken,
50 g Castelmagno (oder ein anderer sehr alter Bergkäse)

Die Zwiebeln in Halbringe hobeln und in der Butter andünsten. Wein angießen und mit dem Lorbeerblatt etwas einkochen. Die Schnecken darin 20 Minuten schmoren, zum Schluß mit Käse würzen.

Schnecken mit Aprikosen:
500 g Aprikosen, 2 EL Butter, Salz,
Pfeffer, küchenfertige Schnecken

Die Aprikosen entsteinen und in Butter schmelzen. Salzen, pfeffern, die Schnecken einige Minuten mitdünsten.

MOSCATO d'ASTI
1994
PRUNOTTO

MACEDONIA DI PESCHE

PFIRSICHSALAT

Für vier bis sechs Personen:
1 kg reife Pfirsiche,
2–3 EL Zucker, 3–4 EL Moscato,
frische Minze

Die Pfirsiche häuten, entsteinen und in Spalten schneiden. Mit Zucker, Moscato und zerzupfter Minze vermischen und vor dem Servieren kurz ziehen lassen.

ZABAGLIONE DI MOSCATO

MOSCATO-SABAYON

Für vier bis sechs Personen:
4 Eigelb, 4 EL Zucker,
ca. 1/8 l Moscato

Die Eigelb im heißen Wasserbad mit dem Zucker dick und cremig schlagen. Sobald der Zucker aufgelöst ist, den Sekt langsam hinzugießen und einarbeiten. Den Sabayon noch warm servieren.

RANE, PESCE E FIORI DI ZUCCHINI FRITTI

GEBACKENE FRÖSCHE, FISCHCHEN UND ZUCCHINIBLÜTEN

Auf diese Platte gelangt alles, was der Fischer gerade aus der Stura gebracht hat. Renzo Vivaldo verarbeitet ausschließlich, was aus seiner Gegend kommt oder was in seinem Garten wächst.
Weil es sich bei den Zucchiniblüten um die weiblichen handelt, mit dem wattigen Fruchtstempel in der Mitte, werden sie gebacken – männliche Blüten hätte Renzo gefüllt. Zum Fritieren wendet er die Fischchen und die Frösche lediglich in Mehl – alles überschüssige Mehl wird abgeschüttelt, dann werden sie in heißem Olivenöl, das selbstverständlich jedesmal gewechselt wird, schwimmend goldbraun gebacken. Die Blüten taucht Renzo zuvor in mit Salz und Pfeffer gewürztes, verkleppertes Ei, wendet sie dann in Semmelbrösel, die er aus Grissini selber macht.
So einfach ist gute Küche! In der Reduzierung auf das Wesentliche liegt der Luxus und die Qualität!

Cuneo & Mondovi, Bohnen & Beeren

Der Süden Piemonts wird von Landwirtschaft beherrscht: Um Alba Weinbau, in den höheren Lagen der Langhe Haselnüsse; in der Ebene endlose Plantagen von Äpfeln, Birnen, Pfirsichen und Nektarinen, durchsetzt von Mais- und Weizenfeldern; in den geradezu provenzalisch wirkenden Tälern der Alpen und auf den westlichen Hügeln Obst- und Beerengärten, Aprikosen, Erdbeeren, Himbeeren, rote und schwarze Johannisbeeren. Die Provinz Cuneo ist der größte Obstproduzent Italiens. Aber auch Viehzucht und Milchwirtschaft sind bedeutend und schließlich stechen die rot blühenden Bohnenfelder ins Auge.

Die Stadt Cuneo liegt auf der Spitze eines von zwei Flüssen keilförmig herausgeschnittenen Plateaus. Mondovi (großes Bild) thront auf einem Felsen. Die Lage der beiden Städte ist kein Zufall: Sie lassen sich leicht verteidigen. Im 12. Jahrhundert wurden sie als *Borghi franchi* gegründet, als Freistädte (*borgo* = Ort, *franco* = frei von Feudalpflichten), von Bürgern, die aus den Talgemeinden vor Kriegsdienst, Fron und Steuern flohen. Doch beide Städte waren bald hart umkämpft, weil sie die Pässe nach Ligurien – und damit den einträglichen Salzhandel – sowie nach Frankreich kontrollierten. 1382 fiel Cuneo, 1559 Mondovi an Savoyen. Beide wurden zu Festungen ausgebaut – und Cuneo sieben Mal von den Franzosen belagert! Die Mauern sind längst gefallen, und beide Städte laden heute mit freundlicher Atmosphäre zum Besuch.

Man kultiviert an den zerbrechlich wirkenden, aber stabilen Pyramiden aus Schilfrohren nicht etwa grüne Bohnen, sondern Bohnenkerne, die frisch ausgepalt natürlich am zartesten schmecken, aber vornehmlich als getrocknete Bohnenkerne in den Handel kommen
Bilder unten links: Über die Dächer von Mondovi blickt man weit ins Land. Piazza D. Galimberti in Cuneo: Die massiven Laubengänge dienten bei Belagerung als Stallungen. Der Name der Bar zitiert die Geschichte . . .

Goldene Aprikosen mit roten Backen und Sommersprossen – das ist wahres Kinderglück! Oder dürfen es frisch gepflückte Himbeeren sein? Sie werden im allgemeinen nicht auf großen Plantagen gezogen, sondern immer mal wieder stehen am Straßenrand ein paar Reihen: Die Frauen verdienen sich damit ein wenig Geld, um von ihren Männern unabhängig zu sein. Anspruch und Eigenständigkeit werden überhaupt großgeschrieben – die Menschen hier wollen ungern ein beliebiges, wer weiß wie behandeltes Gemüse im Supermarkt kaufen, sondern ziehen es lieber selbst in ihren Gärten. Das ist billiger, besser und man weiß, was man hat. Und überall Blumen: Solch üppig blühende Oleanderbüsche gibt's jedoch nicht oft!

Feines auf dem Lande: »Rododendro«

Trotz des großen Schildes an der Straße mit der Aufschrift »Al Rododendro« fährt der Gast beim ersten Mal garantiert vorbei. Das Dorf S. Giacomo, südlich von Boves, nicht weit von Cuneo, ist winzig. Und diesem Wohnhaus am Ortseingang nimmt man einfach nicht ab, daß es eines der besten Restaurants Italiens beherbergt. Auch sind nirgendwo Rhododendren zu sehen. Der suchende Blick des Gastes entdeckt dann beim zweiten Hinsehen als einzigen Hinweis auf ein Restaurant die unauffällig angebrachte Speisekarte – an der Innenseite der offenstehenden Windfangtür. Drinnen ein Speiseraum von zurückhaltender Eleganz: weiß gedeckte Tische, mit Silber und edlen Gläsern, rotsamtene Sessel, ein paar wenige kostbare, alte Möbelstücke, der Kamin. . . Der Kontrast zu draußen könnte nicht krasser sein.

Mary Barale (rechtes Bild), eine kleine Frau mit jenem stillen Lächeln, das ebenso Bescheidenheit wie Selbstbewußtsein zeigt, ist Padrona, Küchenchefin, Motor und Seele des Hauses zugleich. Und sie hat hier etwas geschaffen, das ohne Beispiel ist: Zu Beginn der siebziger Jahre war dies eine einfache Trattoria – damals lebte noch ihr Mann, und Tochter Verena (linkes Bild) war gerade geboren. Fürs Essen sorgte ein Koch, dem Mary zur Hand ging. Es wurde Piemonteser Hausmannskost serviert, Ehemann del Marco kümmerte sich um die Gäste. Wäre da nicht der Spaß gewesen, den Mary immer mehr verspürte, wenn sie in der Küche ganz nach eigenem Gusto hantieren konnte, zum Beispiel Gerichte ausprobieren, die sie auf kurzen Reisen mit ihrem Mann in berühmte Restaurants, vor allem im nahen Frankreich, kennengelernt hatte. Es war die Zeit des Umbruchs in der Küche, in Frankreich triumphierte die *nouvelle cuisine*. Der Ehrgeiz packte sie, selber zu experimentieren. 1981 schließlich traute sie sich den Sprung ins kalte Wasser zu: dem Koch wurde gekündigt, das Lokal umgebaut, die Küche umgekrempelt. Mary stellte sich an den Herd und begann,

FIORI DI ZUCCHINE FRITTI

GEBACKENE ZUCCHINIBLÜTEN

Hauchzart und unbeschreiblich knusprig ist der Teig – mit einem Trick, den Mary Barale aus der japanischen Küche übernommen hat: eiskalt muß der Teig sein.

Für vier bis sechs Personen:
1 Ei, Salz, $^1/_4$ l eiskaltes Wasser,
150 g Mehl, Olivenöl zum Fritieren

Ei, Salz und Wasser glatt quirlen, rasch das Mehl hinzuschütten und unterrühren. Die Blüten säubern, in den Teig tauchen und ins aufrauschende Öl versenken. Nicht zu dunkel werden lassen, abtropfen und heiß servieren.

1

TERRINA DI POLLO

HÜHNERTERRINE

Für sechs bis acht Personen:
je 1 rote und gelbe Paprikaschote, 2 kleine Zucchini, Salz, Pfeffer, 300 g eisgekühltes Hühnerfleisch, 200 g Sahne, 2 kleine ganze Eier, 1 Eigelb, Cayennepfeffer, Butter zum Einpinseln

Die Paprika mit einem Sparschäler schälen, entkernen und in winzig kleine Würfel schneiden. Die Zucchini ebenso würfeln. Mit Salz und Pfeffer würzen. Fleisch, Sahne, Eier und Eigelb im Mixer zur feinen Farce pürieren, dabei mit Salz, Pfeffer und Cayenne würzen. Die Gemüsewürfel unterrühren. In eine mit Butter ausgestrichene Form füllen, mit Alufolie verschließen und im Wasserbad im 180 Grad heißen Ofen etwa 50 Minuten garen, bis die Masse gestockt ist. Im Ofen auskühlen lassen. Kalt stellen und erst am nächsten Tag aufschneiden.
Dazu paßt eine Kräuterremoulade aus selbstgerührter Mayonnaise (Rezept Seite 225), mit gehackten Kräutern und gewürfelten Cornichons.

2

TAGLIATELLE AL SAUTERNES

BANDNUDELN IN SAUTERNES-SAUCE

Eine interessante Kombination, die weinige Süße zu den eierträchtigen Nudeln, die hier mit 40 Eigelb auf ein Kilogramm Mehl zubereitet werden.

Für vier Personen:
$^1/_4$ l Sauternes, $^1/_8$ l Kalbsfond, 100 g Butter, Pfeffer, 250 g hausgemachte Bandnudeln, Salz

Wein mit Fond um mehr als die Hälfte einkochen, dann die Butter untermixen. Mit Pfeffer würzen. Inzwischen die Nudeln in Salzwasser gar kochen, einen guten Schuß Nudelwasser unter die Sauce mixen. Die Nudeln mit dieser Sauce vermischen und sofort servieren – nach Belieben mit Trüffeln überhobeln.

3

ZUCCHINA FIORITA AI TARTUFI

ZUCCHINI MIT BLÜTE UND TRÜFFELN

Natürlich handelt es sich hier um Sommertrüffeln, die außen schwarz sind – jedoch nichts mit den hocharomatischen schwarzen Trüffeln aus Frankreich zu tun haben –, aber innen so hell und marmoriert sind wie die begehrten weißen Herbsttrüffeln. Die Scorzonen, wie sie auch heißen, sehen über das Essen gehobelt täuschend ähnlich aus, allerdings fehlt ihnen der intensive Duft. Kenner lassen sich also nicht täuschen. Sie wissen auch, daß es im Sommer gar keine frischen weißen Trüffeln geben kann!

Für vier Personen:
300 g Zucchini für die Füllung, 2 EL Butter, Salz, Pfeffer, $^1/_8$ l dick eingekochte Béchamelsauce (Seite 187), 2 Eier, Muskat, Cayenne, 8 sehr junge, nur fingerlange Zucchini mit Blüte

Für die Füllung die Zucchini würfeln und in der Butter weich dünsten, salzen und pfeffern. Mit Béchamelsauce und Eiern mixen, dabei kräftig würzen.
Die Zucchini mit Blüten vorsichtig waschen, die Früchte längs fächerartig einschneiden. Mit einem Spritzbeutel die Füllung in die Blüten füllen. Über Dampf behutsam etwa zehn Minuten garen.
Mary Barale serviert die gefüllten Blüten mit einer Sauce aus halb Weißwein, halb Geflügelfond, die sie mit Trüffelsaft abschmeckt. Sowie ein Zucchinigemüse, für das sie die Früchte längs auf der Aufschnittmaschine in dünne Scheiben hobelt und in Butter sanft gar dünstet.

4

FUNGO GRATINATO

GRATINIERTER STEINPILZ

Für vier Personen:
4 makellos schöne und wurmfreie Steinpilze, 2 Eigelb, $^1/_8$ l Geflügelfond, 2 EL Zitronensaft, Salz, Pfeffer

Die Pilze in hauchdünne Scheiben hobeln und dekorativ auf Tellern verteilen. Die Eigelb im heißen Wasserbad dick und cremig schlagen, dabei den kochendheißen Geflügelfond einarbeiten und mit Zitrone, Salz und Pfeffer würzen.
Den Sabayon auf den Pilzen verteilen. Die Teller für wenige Minuten unter den Grill stellen, um die Pilze zu bräunen.

5

SOTTOFILETTO CON SALSA DI ZAFFERANO

LENDENSCHNITTE IN SAFRANSAUCE

Das Lendensteak, natürlich auch hier von umwerfender Qualität, wird in heißem Olivenöl blutig bis rosa gebraten und mit folgender Sauce serviert:

Für vier Personen:
$^1/_4$ l Kalbsfond, 2 Döschen Safran, 3–4 EL Crème double, Salz, Pfeffer

Den Fond erhitzen. Mit zwei Löffeln davon den Safran auflösen und zusammen mit der Crème double einrühren. Köcheln, bis die Sauce die richtige, cremige Konsistenz hat und duftet. Mit Salz und Pfeffer abschmecken.

6

GELATINA DI FRUTTI DI BOSCO

WALDBEERENGELEE

Für sechs bis acht Personen:
insgesamt ca. 500 g gemischte Beeren (Him-, Johannis-, Heidelbeeren), $^1/_2$ l Moscato d'Asti (lieblicher Sekt), 100 g Zucker, Zitronensaft, etwas Zitronenschale, 4 Blatt Gelatine
Aprikosen- und Himbeersauce:
je 300 g Früchte, 120 g Zucker

Die Beeren putzen, entstielen, waschen und in Portionsförmchen verteilen. Den Sekt mit dem Zucker aufkochen, mit Zitronensaft und -schale würzen. Die eingeweichte Gelatine darin auflösen. Über die Beeren gießen, im Kühlschrank erstarren lassen und zum Servieren stürzen.
Auf Aprikosen- und Himbeersauce anrichten. Dafür die Früchte getrennt aufkochen, nach Geschmack süßen und durch ein Sieb passieren.

1

2

3

4

5

6

eine eigene Küchenphilosophie zu entwickeln. Ihr Ziel: französische Küchentradition in Perfektion, aber nach italienischen Ideen und mit Produkten ihrer Heimat, den Gemüsen und Früchten, wie sie in der fruchtbaren Ebene rund um Cuneo gut gedeihen, dem erstklassigen Fleisch der Region, den Pilzen aus den umliegenden Wäldern, natürlich den Albeser Trüffeln und den wunderbaren Käsen aus den Bergtälern. Aus Italien also das Prinzip der Klarheit, die Reduktion auf das Wesentliche; aus Frankreich den Reichtum luxuriöser Produkte, wie Foie gras, die eleganten Saucen, reduzierten Fonds und die kurzen Garzeiten einer neuen Küche. Ein Konzept, das die gestrengen Herren Tester des Guide Michelin überzeugte – sie belohnten es sogleich: Bereits nach einem Jahr spendierten sie den ersten Stern, ein weiteres Jahr später schon den zweiten. Das gab's noch nie, außerhalb von Frankreich schon gleich gar nicht.

Nur zwei Jahre nach diesem Triumph riß ein Autounfall del Marco von ihrer Seite. Veruschka, die jüngste Tochter, war gerade eben sechs, Verena keine zwölf und die Schulden waren hoch. Sie mußte weitermachen. Und hat es nie bereut. Heute, zehn Jahre danach, steht ihr Verena im Service zur Seite, unterstützt von Marco Valinotti, dem Oberkellner und Sommelier. Da fügt es sich gut, daß Veruschka, die bald mit der Schule fertig ist, lieber in die Küche will.

Die Langhe: Landschaft für den Wein

Tatsächlich gleichen die langgezogenen Bergrücken der Langhe weit ins Land herausgestreckten Zungen (*langa* = Zunge auf Piemontesisch). Sie sind gleichzeitig mit den Alpen aufgefaltet worden. Es handelt sich also um eine erdgeschichtlich junge Formation.

Die Böden bestehen vorwiegend aus schwerem, mergeligem, kalkreichem Lehm, doch ändert sich die Zusammensetzung oft abrupt und leichtere, sandige Einschübe treten zutage. Besonders die Rebsorte Nebbiolo, welche die berühmten Weine Barolo und Barbaresco hervorbringt, reagiert äußerst empfindlich auf selbst minimale Änderungen in der Zusammensetzung des Bodens. Hinzukommt, daß der Nebbiolo sehr sensibel auf das Mikroklima in den oft steilen Lagen eingeht. Hieraus erklären sich die erstaunlichen Unterschiede zwischen großen Weinen aus dem gleichen Anbaugebiet und aus derselben Traube – wobei freilich auch der Winzer eine nicht unbedeutende Rolle spielt.

Die Lagen tragen, wie überall üblich, Namen – oft ist es nur die Flurbezeichnung, machmal wird sie durch *Bricco* = »Kuppe«, *Sorì* = »Südhang« oder *Costa* = »Hang« ergänzt. Diese überlieferten Spitzenlagen mit guter Position zur Sonne erbringen die wuchtigen, alkoholreichen Spitzenweine voller Kraft und kerniger Säure. Es gibt jedoch keine Klassifikation wie in Burgund oder Bordeaux – man arbeitet daran.

Die kleinbäuerliche Struktur hat in Verbindung mit der Realteilung dazu geführt, daß viele Höfe aufgegeben wurden. Da vor dreißig Jahren Weinberge nichts wert, Äcker aber zu verpachten waren, wurde sogar in besten Lagen der Weinbau eingestellt. So konnte man bis vor kurzem ohne Schwierigkeiten erstklassige Weinberge kaufen, ist manch gute Lage noch immer Weizenfeld oder simple Kuhweide.

Einst hatte jeder Bauer einen Mischbetrieb – Wein war Nebensache. Das Vieh stand an erster Stelle, es war die Bank: Brauchte man Geld, konnte man es schlachten. Im Weinberg baute man zwischen den Rebzeilen Gemüse oder Weizen an. Heute sind die Weinberge in größeren, intensiv und ausschließlich genutzten Parzellen zusammengefaßt. Manchmal stehen die Reihen im Hanggefälle, was zwar die Arbeit mit Traktoren erleichtert und für eine gute Durchlüftung sorgt, aber die Bodenerosion fördert; inzwischen stellt man sie öfter den Hang entlang, weil das Wasser dann leichter in den Boden dringt und Abschwemmung verhindert wird: »Land-Art« in der ohnehin stark vom Menschen geprägten Landschaft.

Genießen im Gasthaus »Zur Post«

Ein Fremder schaut zunächst ein wenig irritiert: Die »Trattoria della Posta« in Monforte d'Alba betritt man nämlich durch die Küche. Hier dampft und duftet es zur Essenszeit, es stehen die Vorspeisen parat, der Fernseher plärrt, Teller werden angerichtet, und eben auch die Gäste in Empfang genommen. Es führt kein anderer Weg in die beiden gemütlichen Speisezimmer.
Sitzt man dann am weißgedeckten Tisch, hält man vergeblich Ausschau nach der Speisekarte. Wirt oder Bedienung sagen an, was heute vorbereitet ist. Und dann überreichen sie die Weinkarte! Schier unglaublich, was in diesem Keller steckt: Nach Champagner und Weißweinen folgen zunächst einmal die leichten Rotweine, wie Freisa oder Grignolino. Es folgen die kräftigeren Weine, *medio corpo*, Dolcetti, seitenweise. Als *vini di corpo*, körperreiche Weine, sind die Barbera und leichtere Nebbioli aufgeführt; und schließlich als *grandi vini* alles, was im Piemont an

Großem wächst. Eine immense Auswahl und zu liebenswürdigen Preisen, so daß man gern das eine oder andere Fläschchen mehr als üblich öffnen läßt. Die Küche ist so ehrlich und bodenständig wie das Ambiente. Traditionelle Piemonteser Klassiker, die im Sommer, in der trüffellosen Zeit, verschwenderisch mit Sommertrüffeln überhobelt werden; im Herbst und Winter geht es indes nicht minder großzügig mit den echten Trüffeln zu. Die Wirtsleute Elvira Stirano und Sabino Massolino (Photo unten links) haben die Verantwortung inzwischen Sohn Gianfranco übergeben, der die Tradition zu wahren und dennoch sanft zu modernisieren sucht. Ein Haus, in dem man sich wohl fühlt!

1
CARNE CRUDA
TATAR

Die Piemontesen lieben rohes Fleisch und essen es am liebsten zu jeder Mahlzeit als Vorspeise. Immer von Hand sehr fein gehackt, niemals durch einen Wolf gedreht oder gar im Mixer zerkleinert. Gewürzt lediglich mit Salz und Pfeffer, etwas Olivenöl, damit es geschmeidig wird, mit etwas Zitronensaft, manchmal sogar mit abgeriebener Zitronenschale. Und dann hat jede Hausfrau, jeder Koch sein eigenes Geheimnis. Manche aromatisieren mit einer Spur Muskat oder Cayennepfeffer, andere geben einen Hauch Macis (Muskatblüte) oder Piment hinzu. Immer stammt es vom *vitello piemontese*, einer speziellen Rinderrasse, die sowohl für die Milchwirtschaft geeignet ist, wie auch erstklassiges Fleisch liefert. *Vitello* wird im allgemeinen mit *Kalb* übersetzt. Das Fleisch, das man im Piemont unter dieser Bezeichnung handelt, hat jedoch nichts mit jenem blassen, oft wäßrigen Fleisch zu tun, wie wir das hierzulande kennen. Es ist von erheblich dunklerer Farbe, aber nicht so rot, wie das Fleisch von jungen Rindern. Es ist von feinen Fettadern durchwachsen und unerhört aromatisch im Geschmack, dabei sehr zart, schmelzend auf der Zunge. Wer *Carne cruda* in Deutschland nachmachen will, sollte seinen Metzger bitten, ihm das Fleisch von einer jungen Färse, also einer Kuh, die noch nie gekalbt hat, zu besorgen – von einem Bauern, der noch nach traditionellen Methoden arbeitet und nur anständiges Futter nimmt. Und: Das Fleisch stets ganz frisch anmachen und niemals gewürzt warten lassen! (Siehe auch die Seiten 170, 187 und 206).

2
VITELLO TONNATO
KALBFLEISCH MIT THUNFISCHSAUCE

Es gilt auch hier das Rezept von Seite 225 – in der »Antica Trattoria della Posta« nimmt man statt Oberschale das falsche Filet, auch Rose genannt. Für die Sauce mixt man den Thunfisch nicht ganz so fein und nimmt noch mehr Kapern dazu, was die Sauce ein wenig säuerlicher macht.

Großes Bild: Eingebettet in beste Reblagen für mächtige und langlebige Barolos liegt zwischen Serralunga und Grinzane Cavour das ehemals königliche Weingut Fontanafredda. *Hier traf sich Vittorio Emanuele II. mit seiner Geliebten und späteren Gemahlin Rosa Vercellana. Die Lagen-Baroli des riesigen Gutes gelten heute wieder als Spitzenweine*

1

2

1

3

1

INSALATA DI GALLINA

HÜHNERSALAT

Gallina ist im Gegensatz zum jungen Hähnchen, dem *pollo*, ein ausgewachsenes Huhn, das kräftiger im Geschmack ist und schön saftiges Brustfleisch bietet.

Für vier bis sechs Personen:
1 gekochte Hühnerbrust, Salatblätter, 1 Tasse Tomatenwürfel, 2 EL kräftiger Geflügelfond, 3 EL Essig, 1 TL körniger Senf, 4 EL Olivenöl, Salz, Pfeffer

Das Fleisch in dünne Scheiben schneiden und auf einem Bett von Salatblättern anrichten. Jeweils einen Klecks Tomatenwürfel obenauf setzen – sollten sie sehr wäßrig sein, in einem Sieb vorher abtropfen. Für die Marinade die restlichen Zutaten mit dem Mixstab aufschlagen oder in einem Schüttelbecher mischen. Gleichmäßig über die Zutaten verteilen und sofort servieren.

2

INVOLTINI DI PEPERONI AL TONNO

PAPRIKARÖLLCHEN MIT THUNFISCH

Die Zubereitung ist die gleiche wie im Rezept auf Seite 118. Wichtig ist auch hier: gelbe oder rote, in jedem Fall fleischige Paprika verwenden, die in einem sonnenreichen Land haben reifen können. Treibhausfrüchte aus den nördlichen Teilen Europas bringen niemals dieses Aroma und diesen Geschmack!
Tip: Die Paprika lassen sich mit Öl bedeckt bis zu einer Woche aufbewahren.

2

3

TAJARIN AL RAGÙ

BANDNUDELN MIT FLEISCHSAUCE

Zweimal täglich werden in der »Trattoria La Posta« die Nudeln frisch hergestellt, mit 60 (!) Eigelb auf ein Kilogramm Mehl. Für die Sauce braucht man folgende Zutaten:

Für sechs bis acht Personen:
1 Zwiebel, 3 Knoblauchzehen,
3 EL Olivenöl, 500 g Rinderhackfleisch,
3 Stengel Bleichsellerie, 2 Tassen
Tomatenfleisch, Salz, Pfeffer, 2 Thymian-, 1 Rosmarin- und 1 Salbeizweig,
3 Petersilienstengel, 1/4 l Rotwein,
2 EL Butter

Zwiebel und Knoblauch fein hacken und im heißen Öl andünsten. Das Fleisch darin krümelig rösten. Gehackten Sellerie und Tomatenfleisch zufügen, salzen, pfeffern und die Kräuterzweige in den Topf geben. Mit Wein aufgießen. Im offenen Topf mindestens eine halbe Stunde köcheln, ab und zu umrühren. Wenn die Sauce zu sehr einzukochen droht, mit etwas Wein verdünnen. Zum Schluß die Butter in der Sauce schmelzen.

4

VITELLO IN BAROLO

KALBFLEISCH IN ROTWEINSAUCE

Für sechs Personen:
2 kg Kalbfleisch (Keule), 2 EL Olivenöl,
1 Zwiebel, 2 Rosmarinzweige,
1 Lorbeerblatt, Salz, Pfeffer,
1 Flasche Barolo, 70 g Butter

Das Fleisch in große Würfel von etwa 5 Zentimetern Kantenlänge schneiden und im heißen Öl in einem Bräter von allen Seiten kräftig anbraten. Die Zwiebel fein hacken, zusammen mit den Rosmarinzweigen und dem Lorbeerblatt dazwischenstreuen. Das Fleisch salzen und pfeffern. Mit Rotwein auffüllen. Zugedeckt bei 150 Grad im Backofen oder auf sanftem Feuer zwei Stunden garen. Die Sauce abgießen und etwas einkochen, mit Butter aufmixen und abschmecken. Die Fleischwürfel darin erwärmen.

5

TORTA DI NOCCIOLE

HASELNUSSKUCHEN

Für eine Form von 22 cm Durchmesser:
150 g Haselnüsse, 3 Eier, 100 g Butter,
150 g Zucker, 1 TL Backpulver,
150 g Mehl

Die Nüsse auf einem Blech ausbreiten und im 200 Grad heißen Ofen zehn Minuten rösten, bis sie duften. Etwas auskühlen lassen und erst dann in der Küchenmaschine fein mahlen.
Die Eier mit dem Handrührer schaumig rühren, nach und nach die Butter und den Zucker untermischen. Schließlich die gemahlenen Nüsse und das mit dem Backpulver vermischte Mehl rasch einarbeiten. Diese Masse in eine ausgebutterte Form füllen und bei 200 Grad etwa 45 Minuten backen. Auf einem Kuchengitter auskühlen lassen und mit Puderzucker bestäubt servieren.

Sandrone: Winzer aus Passion

Die Gebrüder Sandrone: Im Weinberg hilft Lucca mit. Das Ausschneiden der Trauben ist eine verantwortungsvolle Arbeit, die man kaum delegieren kann – die meisten Bauern weigern sich, so viel wie nötig abzuschneiden! Die kraftvolle Figur Luciano Sandrones läßt kaum vermuten, daß er für eher differenzierte, elegante, weniger durch Kraft als durch Raffinesse überzeugende Weine steht

Mit Luciano Sandrone bekam der Barolo-Himmel 1980 scheinbar über Nacht einen neuen Stern: In diesem Jahr stellte er – in Barolo geboren, aber kein Winzer – einen grandiosen Wein vor! Er hatte bei »Marchesi di Barolo« gearbeitet und dort alles gelernt, was mit Weinmachen zu tun hat. Er hatte bei den Weinbauern die Trauben ausgewählt und gekauft, die in der großen Kellerei verarbeitet wurden – aus den verschiedenen Gegenden des Barolo-Gebietes: Von La Morra, wo die leichteren, eleganteren Weine herkommen, aus Monforte d'Alba, wo sie schwerer und mächtiger werden, aus Serralunga und Castiglione Falletto, wo sie das größte Potential haben, und natürlich aus Barolo selbst, das in der Mitte liegt, geographisch wie im Charakter seiner Weine. »Ach!« seufzt Luciano, »was da alles geredet und rausgeschmeckt wird! Ich möchte mal wissen, was passiert, wenn ein und derselbe Mann Trauben verschiedener Herkunft von gleichartig bearbeiteten Weinbergen auf dieselbe Weise zu Wein macht. Ich glaube, dann würden nur noch wenige herausfinden, woher der Wein stammt! Wein wird doch gemacht, im Weinberg wie im Keller! Wein ist doch kein Produkt der Natur, sondern des Menschen!«

Im Keller eine Spezialität Sandrones: Fässer aus Allier- und Tronçais-Eiche, aber nicht wie sonst üblich als kleine Barriques, sondern 1000 Liter fassend

Ende der siebziger Jahre erfuhr Luciano, daß in der Spitzenlage Cannubi Boschis eine Parzelle zum Verkauf stand, griff zu und machte von nun an seinen eigenen Wein. Inzwischen kamen noch ein paar Weinberge hinzu, so daß er mit Dolcetto, Barbera und Nebbiolo d'Alba über eine ganze Angebotspalette verfügt. In der niedlichen, Anfang des Jahrhunderts gebauten Kellerei der Barolo-Winzergenossenschaft hat er ausreichend Platz gefunden. Auf jeden Fall soll aber Sandrone ein Familienbetrieb bleiben: Nur er und seine Frau Maria, genannt Mariuccia, die auch die Weinproben hält, sowie sein Bruder Lucca.

Lucianos Barolo ist weich und rund, elegant und fruchtbetont, frisch und doch reif, wuchtig, intensiv und voll: Entrappte Trauben, teilweise ungequetschte Beeren in der Maische, kürzere Maischezeit, kleinere Fässer, kürzere Reifezeiten im Holz sind die Essenz seiner auch von Fehlschlägen begleiteten Erfahrung im Keller. »Aber an allererster Stelle«, sagt Luciano lächelnd, »steht die Qualität des Lesegutes.«

Im Cannubi Boschis erklärt Luciano mit ausgreifender Geste: »Das sind eigentlich zwei Weinberge – da vorne, wo es steiler wird, ist der Boden sandiger. Die Reben haben eher Durst, der leichtere

Boden erwärmt sich schneller; dort lesen wir immer ein paar Tage früher!«
Im Juli ist Laubarbeit angesagt: Die Triebe werden zurückgeschnitten, die Kraft soll schließlich nicht ins Laub gehen, sondern in die Trauben. Grünzeug bildet der Nebbiolo extrem reichlich – er kann bei feuchtwarmer Witterung über fünf Zentimeter pro Tag wachsen. Mit dem Sommerschnitt werden auch alle Blätter entfernt, die den Trauben Sonne nehmen. Zudem einige Trauben selbst, um den Ertrag zu begrenzen. Offiziell zugelassen sind 65 Hektoliter pro Hektar, Sandrone erzielt nur etwa die Hälfte. Dadurch kann er intensivere, kräftigere Weine keltern, die dann aber auch entsprechend teurer sein müssen. Auch wenn es weh tut, die Trauben auf dem Boden liegen zu sehen – wenn an einem Trieb zwei hängen, muß eine fallen.
Lucca Sandrone zeigt die Blätter zweier Nebbiolo-Unterarten – es gibt drei davon: die häufigste, ertragsstarke *Lampia*, die hochwertigste, kleinbeerige und ertragsschwache *Michet* (links im Bild) und die hellere, ebenfalls feine *Rosè* (mit den etwas weniger stark eingeschnittenen Blattachseln). Luciano Sandrone schwört auf Trauben mit kleinen, locker sitzenden Beeren: Da zwischen den Beeren Luft zirkulieren kann, sind sie weniger anfällig für Fäulnis. Und sie bringen einen höheren Schalenanteil, was eine bessere Ausfärbung des Weins bedeutet. Die wird auch durch eine frühere Ernte garantiert, denn dann sind die Farbpigmente noch kräftiger. »Aber«, gibt Luciano zu bedenken, »wir hatten die letzten Jahre trockene, heiße Sommer. Nach einem kühlen und verregneten muß man vielleicht mal wieder spät im Oktober lesen. Es gibt einfach keine festen Regeln – jedes Jahr ist anders!«
Lucca weist auf den Boden: »Schon jetzt, Mitte Juli, ist alles verdorrt. In anderen Jahren aber noch grasgrün. Wir mulchen nur zwischen den Rebzeilen – das Gras wird gemäht und zerkleinert, die verrottende Schicht hält die Feuchtigkeit und düngt zurück. Nur unter den Stöcken, auf dem Absatz, wo Unkraut den Reben das Wasser streitig macht, müssen wir mit einem Herbizid abspritzen – leider können wir nicht mit dem Stockräumer arbeiten, denn sonst schwemmt uns der Regen die Erde von den Wurzeln.« Lucca zuckt bedauernd mit den Schultern: »Aber wir werden noch eine Methode ohne Chemie finden!« stößt er hervor, bückt sich und reißt eine Quecke heraus.

Grissini – das Prinzenbrot

Weil sein Söhnchen Umberto kein Brot mochte, bat König Vittorio Emanuele II. die Bäcker von Turin, ein Backwerk zu entwickeln, das der prinzliche Gaumen ertragen könne. So wurden, behauptet die Legende, vor bald 150 Jahren die Grissini erfunden, jene knusprigen, dünnen Brotstangen, die auch heute in keinem italienischen Brotkorb fehlen – allerdings meist als langweilige, blasse Fabrikware. Wie köstlich Grissini jedoch schmecken, wenn sie hausgemacht, nämlich von Hand gezogen sind, läßt sich beim Bäcker von Barolo erfahren. Eigentlich war Guglielmo Cravero gelernter Winzer. Er hat aber seinen Beruf sofort an den Nagel gehängt, als die frühere Besitzerin den Laden schließen wollte – man konnte doch die einzige Bäckerei im ganzen Kreis nicht aufgeben! Und so steht er seit dem 1. Januar 1979 jeden Morgen von vier Uhr früh an in seiner Backstube. Die Freude an seiner Arbeit und der Stolz auf sein Produkt strahlt ihm aus den Augen!
Zuerst wird Brot gebacken. Dann sind seine Grissini dran. An Wochenenden oft sogar zweimal, denn sie sind weithin berühmt und begehrt. Nirgends sind sie so knusprig, so delikat, keiner zieht sie so lang. Sein Geheimnis? Guglielmo lacht: »Es gibt keines! Aber«, gesteht er zu, »man muß ein Gefühl dafür haben.« Es beginnt mit dem richtigen Mehl, das er von Sobrino bezieht, der Mühle in La Morra (siehe nächste Seite), die ebenfalls *artigianale*, also nach alter, handwerklicher Tradition produziert. Geduld gehört dazu, bis aus dem Teig alle Luft herausgewalkt ist, damit die Grissini knusprig werden; der richtige Dreh, mit dem man ziehen muß, damit die Brotstangen auch immer gleich lang und vor allem ebenmäßig dünn geraten. Und schließlich die richtige Hitze, damit die Grissini nicht zu dunkel werden.

Wie ein Tortenstück, die Spitze für den Ladeneingang abgeschnitten, ragt das Haus auf den Schloßplatz von Barolo. Guglielmo (mit der Bäckermütze) hat die ganze Familie eingebunden: Die Bäckerei wird von Schwester Maria betreut. Ein Stück die Straße hinauf betreibt Bruder Franco, der auch in der Backstube mit anpacken muß, die Vinothek »Il Bacco«. Und die Straße nach unten führt zu Schwester Nellas Osteria »Cantinella«

RIA
3

»Sobrino«: kleine Mühle, ganz groß

In La Morra gibt es noch, was einst in jedem Dorf selbstverständlich war: eine Mühle. Im Zuge der Konzentration des Marktes haben die meisten aufgegeben. »Was ich im Jahr vermahle, macht eine Großmühle an einem halben Tag«, sagt Renzo Sobrino mit einem kleinen Lächeln und eher stolz als neidisch. »Ich konnte mich nur halten, weil ich mich spezialisiert habe, auf ökologisches Mehl und seltene Sorten. Außerdem«, fügt er hinzu, »weil ich treue Kunden habe.« Tatsächlich kaufen fast alle Bäcker und Restaurants der Umgebung bei ihm – schönstes Lob für Qualität.

Renzo Sobrino hat mit seinen Weizenlieferanten aus den Langhe spezielle Anbauverträge und schreibt die Sorten vor. Es gibt nur Weichweizen (*grano tenero*), keinen Hartweizen (*grano duro*) aus dem Süden Italiens – man ißt hier schließlich Eiernudeln, und für die braucht man, wie für Brot oder Grissini, keinen Hartweizen. Immer wieder besucht er seine Bauern und hilft, möglicherweise auftauchende Probleme zu lösen. »Kontrolle tut not, denn Ökologie heißt immer auch: mehr Arbeit! Das könnte zu Schummeleien verführen.«

Keine Probleme hat er natürlich mit den wilden Kastanien, die er zu einem süßen Mehl für die zahlreichen Gebäcke vermahlt, die hier Tradition haben. »Die besten kommen aus den Tälern von Cuneo. Sie sind zwar klein und schrumpelig, schmecken aber viel besser als die großen, glatten aus der Toskana.« Die in den Wäldern gesammelten Kastanien werden von den Bauern im Holzrauch getrocknet, dann geschält und schließlich von ihm auf einer uralten Mühle zwischen Granitsteinen aus dem Susatal vermahlen. Sie mahlt auch das Mais- und Kichererbsenmehl.

Die Mahlstühle für Weizen, Roggen und Gerste stammen aus dem Jahre 1950, aber erst zehn Jahre später kamen seine Eltern als Pächter, wie damals üblich: Man pachtete eine Mühle für ein paar Jahre, zog dann weiter – so wurde jeder seiner drei Brüder in einer anderen Mühle geboren. Renzo Sobrino freilich ist längst Besitzer seiner Mühle.

Pecorino und die Spezialität namens Brôs

Pecorino ist der Sammelbegriff für Schafsmilchkäse. Tonino Calaresu, Käsemacher in den Hügeln oberhalb von Alba, schwört indes darauf, daß ein gewisser, ganz kleiner Anteil der würzigeren Ziegenmilch guttut. Etwas Besonderes sind seine Robiola (wie man die flachen Käselaibe hier nennt, die aber auch verwirrenderweise Murazzano nach dem Ort gleichen Namens oder Toma heißen können) in der Tat. Gleich ob seine Käse schneeweiß, also noch jung sind oder bereits eine gelbliche Rinde zeigen, sie duften sauber, rein, appetitlich klar, dabei wunderbar würzig und selbst mit zunehmendem Alter nur angenehm pikant, nie beißend.

Als der gelernte Metzger Tonino vor mehr als 25 Jahren aus seiner sardischen Heimat ins Piemont kam, weil Verwandte ihm hier eine bessere Arbeit vermittelten, schaffte er sich sehr bald eine Ziege und ein paar Schafe an. Er wollte seinen eigenen Käse produzieren, der landesübliche schmeckte ihm nicht. Den Grund in dem schwer erreichbaren Tal (die Zufahrt mußte er selber bauen), in dem er heute mit seiner polnischen Frau Sabina und etwa hundert Tieren lebt, konnte er günstig kaufen. Hier herrscht die Ruhe, die seine Tiere brauchen, um gute Milch zu geben. Um Absatz braucht er sich nicht zu sorgen. Seine Käse sind begehrt, man reißt sie ihm geradezu aus der Hand. Er ist schon froh, wenn er für seinen eigenen Bedarf genügend über den Winter retten kann, denn in der kalten Jahreszeit geben die Tiere kaum Milch.

Für sich läßt er den Käse in dicht schließenden Einmachgläsern reifen: Darin bleiben sie auch nach Monaten klar im Duft, weil unerwünschte Bakterien ferngehalten sind. Nach gut acht Wochen ist der Käse zum *Brôs* geschmolzen, einer sahnig-dicken Creme, die auf geröstetem Brot oder gegrillten Polentaschnitten köstlich schmeckt. Früher, als man die Käse noch in irdenen Vorratstöpfen reifen ließ, entwickelte sich dabei zwangsläufig ein durchdringender Geschmack, für den der Brôs heute noch berüchtigt ist.

Im Märchenschloß: Wohnen wie die Prinzessin auf der Erbse

Das Schloß von Novello thront ganz vorn auf der Spitze eines Kammes, der die hügelige Landschaft der Langhe vom tiefer gelegenen Flußbett des Tanaro trennt. Seine trutzigen, zinnenbewehrten Türme sind von überall her weithin sichtbar. Sie bieten ihrerseits einen grandiosen Blick, wenn man, beispielsweise in Zimmer 210 oder 211, im Bad, das sich im Turm befindet, den Spiegel über dem Handwaschbecken beiseite schwenkt und damit ein Fenster öffnet. In der neugotischen Ritterburg gibt es zehn Gästezimmer, allesamt angenehm geräumig, mit Möbeln aus der Gründerzeit hübsch ausgestattet und wunderbar ruhig und bequem. Ein riesenhafter, und leider ziemlich scheußlicher Anbau an der Rückseite der Anlage ermöglicht jedoch Festlichkeiten für bis zu 1000 Gäste. Eine kuriose Mischung, das »Albergo al Castello«, aber mit viel Witz und Charme.

Pompös und stattlich, der Treppenaufgang, mit historistischen Gemälden der Frühstücksraum geschmückt. Man kann kaum glauben, daß in dem gewaltigen Gebäude nur zehn Gästezimmer sind! Giusi Vietti-Diego kümmert sich um den Hotelbetrieb

Die Herberge im Palazzo: Gastlichkeit mit Kunst, Kultur und gutem Wein

Es gibt in Novello noch ein weiteres höchst angenehmes Hotel. Das »Barbabuc« mit seinen elf Zimmern ist eine Oase der Ruhe und ein Ort der Herzlichkeit. Hier fühlt man sich schon beim ersten Besuch nicht als Fremder, sondern wie bei Freunden zu Gast. Der gemütliche Empfangsraum ist eher Wohnzimmer als Hotelhalle. Die Bücher überall, die Bilder und Skulpturen der vielen Künstlerfreunde der Hausherrin verbreiten eine fröhliche und kultivierte Atmosphäre. Nach 35 Jahren Berufsleben in Turin ist Maria Beccaria an ihren Geburtsort zurückgekehrt. Sie hat das Hotel eingerichtet, weil sie Menschen und ihre Heimat liebt und beide zusammenführen will. Und wenn sie wieder einmal herumtelephoniert, um für einen ihrer weininteressierten Gäste Besuchstermine bei den Winzern zu ermöglichen, spürt man: eine bessere Botschafterin läßt sich nicht denken.

Das prachtvolle, geschnitzte Portal, aus dem Maria Beccaria-Manzone späht, stammt von 1810. Der Anbau zum stillen Innenhof aus unserer Zeit. Alles im »Barbabuc« strahlt Ruhe aus: der gemütliche Wohnraum (unten) ebenso wie das Frühstückszimmer (oben)

Urlaub im Familienkreis: »Riondino«

Es war Liebe auf den ersten Blick, als die Familie Poncellini aus Turin auf einer Spazierfahrt durch die Langhe den zum Kauf stehenden Gutshof Riondino entdeckte. Seine phantastische Lage oberhalb von Trezzo Tinella, mit dem freien Blick über ein Tal, das wie ein Amphitheater ein Halbrund vor der weiten Aussicht bildet, hat sie sofort begeistert – hier wollten sie bleiben. Dabei stand ein Ortswechsel eigentlich nicht an. Adriano, der Papa, hatte als Generalmanager eines Finanzunternehmens an allen Börsenplätzen der Welt zu tun und war mit seiner Arbeit ebenso glücklich wie erfolgreich. Aber Sohn Marco ließ nicht locker. Den Kunst- und Architekturstudenten reizte die Chance, aus den pittoresk verfallenen Gebäuden, die sich wie ein kleines Dorf um einen zentralen Platz scharen, etwas Neues zu schaffen. Und er setzte alsbald, tatkräftig unterstützt von Mutter Irene, seine Pläne um. So entstand mit viel Geschmack, Mut zu ungewöhnlichen Lösungen und dem gottlob auch vorhandenen Kleingeld, ein reizvoller Komplex, wo Altes mit Neuem, Kühnes mit Traditionellem eine glückliche Verbindung fand. Sechs Gästezimmer wurden eingerichtet, jedes von eigenem Charakter. Der dazugehörige Gutshof wurde wieder mit Leben erfüllt; heute ist die Familie, was das Gemüse angeht, zumindest im Sommer autark. Irene liebt es, für die Gäste zu kochen, die ein solches Essen im Speisezimmer der Familie vor dem Kaminfeuer genießen. Adriano gab um Riondino willen gerne seine Reisen auf und kümmert sich um die Finanzen, während Marco sich neben der Kunst zunehmend dem Weinbau widmet.

1

MELANZANE CON FONTINA

AUBERGINEN MIT KÄSE

Für vier Personen:
2 schöne Auberginen, 3–4 EL Olivenöl, Salz, Pfeffer, 150 g Fontinakäse in halbzentimeterdicken Scheiben, Basilikum

Die Auberginen quer in gut zentimeterdicke Scheiben schneiden. Mit Öl einpinseln, salzen, pfeffern und nebeneinander auf ein mit Öl eingepinseltes Blech legen. Im 200 Grad heißen Ofen 15 Minuten backen, dann die Käsescheiben auflegen und weitere 5 Minuten backen, bis der Käse schmilzt. Mit Basilikum geschmückt servieren.

2

ROTOLINO DI POLLO RIPIENO

GEFÜLLTE HÜHNERBRUST

Für vier Personen:
4 Hühnerbrustfilets, Salz, Pfeffer, 4 dünne Scheiben gekochter Schinken, 1 kg Spinat, 2 Eier, 2 EL Butter, ca. 4 EL Olivenöl, Grieß zum Panieren

Die Hühnerbrüste längs so durchschneiden, daß sie aufgeklappt eine doppelt große Fläche bilden. Salzen, pfeffern und je eine Schinkenscheibe darauflegen. Den Spinat blanchieren. Ein Händchen voll beiseite legen. Den Rest ausdrücken und zu bulettengroßen Bällchen formen. Die Eier mit Salz und Pfeffer verquirlen und in der heißen Butter wie ein Omelett stocken lassen. Dieses Omelett in vier Portionen teilen und mit den Spinatblättern auf die Schinkenscheiben verteilen. Das Fleisch aufrollen, im heißen Öl rundum sanft bräunen und einige Minuten durchziehen lassen. Die Rollen zum Servieren in Scheiben schneiden und mit Bratensaft beträufeln. Mit Spinatbällchen anrichten, die in Grieß gewendet und in etwas Öl gebraten worden sind.

»Il Cascinalenuovo« in Isola d'Asti: Eine Insel des kulinarischen Glücks

Es war einmal eine Bauernfamilie, die hatte Felder vor den Toren einer großen Stadt, wo sie vor allen Dingen Gemüse anbaute. Außerdem betrieb sie an der Zufahrtsstraße zur Stadt eine kleine Trattoria. In den sechziger Jahren wurde entlang dieser Felder die Straße von Asti nach Alba ausgebaut und zur wichtigsten Verbindung in den Südwesten des Piemont. Da erkannte die Familie, daß gerade dort, wo sie ihren Grund hatte, ein Gasthaus nötig wäre. Und so bauten die Ferrettos 1968 im damals aktuellen, kargen Betonstil ein Hotel mit Gastwirtschaft. Mutter Silvanas Küche wurde bald zum Geheimtip unter den Fernfahrern, die neue Straße brachte immer mehr Reisende und im großen Saal konnte man Hochzeiten und andere Familienfeste feiern. Das Gasthaus wurde rasch ein Erfolg, und alle lebten sie glücklich und zufrieden, bis. . . ja, bis die Söhne herangewachsen waren und sich die Generationenfrage stellte.

Eigentlich wollte Walter Maschinenbau studieren. Aber er hat sich dann doch entschlossen, Koch zu werden. Ausbildungsstationen im Ausland, vor allem bei Haeberlins im Elsaß, eröffneten ihm eine völlig neue Sicht auf die Welt der Gourmandise. Wieder nach Hause zurückgekehrt, ließ sich auch Bruder Roberto von den neuen Ideen mitreißen und so krempelten sie alsbald das alte »Cascinale« zum »Cascinalenuovo« um. Äußerlich ließ sich ja kaum etwas verschönern, so veränderten sie vor allem innen das Haus komplett. Sie sorgten für mehr Komfort in den Gästezimmern, statteten auch das Restaurant elegant aus, mit schöner Wäsche, guten Gläsern, feinem Geschirr und edlem Besteck, hängten pfiffige Bilder auf, gruben einen Swimmingpool in den Garten – kurz: taten alles, damit sich auch anspruchsvolle Gäste wohl fühlen.

Walter entwickelte mit der Zeit sein ganz persönliches Küchenkonzept, natürlich klar auf den regionalen Traditionen aufgebaut, mit viel Verständnis und vor allem mit Liebe zum Produkt, aber mit der Eleganz, Leichtigkeit, Intelligenz und Präzision einer modernen Küche. Roberto sorgt im Saal für reibungslosen Ablauf, kümmert sich um die Gäste, den Wein, die Atmosphäre. Seine Frau Patrizia betreut den Hotelbetrieb. Auch Mutter Silvana hat immer wieder in der Küche zu tun, nämlich all die Herrlichkeiten zu konservieren, die ihr Mann Armando im Garten wachsen läßt. Denn der gräbt weiterhin mit Leidenschaft seine Felder um und bringt täglich frisch, was Walter an Gemüse braucht. Es ist ein Luxus, der mit Geld nicht aufzuwiegen ist.

TERRINA DI MELANZANE E PEPERONI ROSSI

PAPRIKATERRINE MIT AUBERGINEN

Für sechs bis acht Personen:
2 rote Paprikaschoten,
1 Ei, 1 Eigelb,
100 g geriebener Parmesan,
1 Bund Basilikum, Salz, Pfeffer,
3 Auberginen, 3 EL Olivenöl

Die Paprika auf einem Stück Alufolie im 200 Grad heißen Ofen etwa 20 Minuten rösten. Dann häuten und entkernen, dabei den Saft auffangen. Paprika samt Saft, Ei und Eigelb sowie Käse und Basilikum im Mixer pürieren, mit Salz und Pfeffer würzen.
Auberginen schälen, in zwei Zentimeter große Würfel schneiden und im Öl rundum sanft anbraten, dabei salzen und pfeffern. Die Paprikamasse in eine Terrinenform füllen, die mit Alufolie ausgeschlagen ist, dabei die Auberginenwürfel dazwischen verteilen. Mit Alufolie gut verschließen, im Wasserbad im 180 Grad heißen Ofen etwa 40 Minuten stocken lassen. Im Ofen auskühlen lassen und vor dem Anschneiden unbedingt einen Tag kalt stellen.
Zum Servieren die Terrine in gut fingerdicke Scheiben schneiden, mit Rucolablättern, Tomatenwürfeln und Frischkäsescheibchen dekorieren und mit Balsamico-Vinaigrette beträufeln.

1

INSALATA DI FUNGHI CON PEPERONI RIPIENI

STEINPILZSALAT MIT GEFÜLLTEN PAPRIKA

Für vier bis sechs Personen:
je 2 rote und gelbe Paprika, Salz, Pfeffer, Olivenöl zum Marinieren, Thunfischfüllung (Rezept Seite 131), 6 schöne Steinpilze, 2 EL Zitronensaft, Petersilie

Die Paprikaschoten auf einem Stück Alufolie im 200 Grad heißen Ofen rösten, bis die Haut Blasen wirft und sich dann leicht abziehen läßt. Dabei die Kerne herausstreifen, die Früchte in breite Streifen teilen, salzen, pfeffern und mit Olivenöl beträufelt marinieren. Zum Servieren einen Löffel Thunfischfüllung in einen Streifen packen und aufrollen. Die Steinpilze auf dem Trüffelhobel in dünne Scheibchen schneiden. Mit Salz, Pfeffer, Zitronensaft und Olivenöl anmachen. Zusammen mit den Paprikaröllchen auf Tellern anrichten und mit gehackter Petersilie bestreut servieren.

2

MILLEFOGLIE DI LINGUA DI VITELLO

SCHICHTTORTE VON KALBSZUNGE

Eine ebenso einfache, wie aufwendige (Zutaten!) und elegante (Optik!) Vorspeise. Eine gepökelte Kalbszunge wird nach einem Tag im Kühlschrank längs auf der Aufschnittmaschine in hauchdünne Scheiben geschnitten und abwechselnd mit Foie gras in ebenso dünnen Scheiben in eine Kastenform geschichtet und mit Portweingelee gebunden. Nach einem weiteren Tag im Kühlschrank läßt sich die Terrine in Portionsscheiben schneiden und wird mit gewürfeltem Portweingelee umkränzt angerichtet.

3

TAJARIN AL RAGÙ DI ZUCCHINE

NUDELN MIT ZUCCHINISAUCE

Für sechs Personen:
300 g hausgemachte Nudeln (Seite 168), Salz, 2–3 Schalotten, 2 Knoblauchzehen, 2 EL Butter, 1 EL Olivenöl, 3–4 kleine Zucchini, 2 sonnenreife Tomaten, Pfeffer, Basilikum

Die Nudeln in Salzwasser gar kochen. Inzwischen die in Halbringe geschnittenen Schalotten und gehobelten Knoblauchzehen in der Butter andünsten, das Öl sowie die längs streichholzfein gestiftelten Zucchini und zum Schluß die gewürfelten Tomaten zufügen, salzen, pfeffern und reichlich Basilikumblätter einstreuen. Die Nudeln aus dem Kochwasser heben, nicht abtropfen, sondern sehr naß mit der Sauce vermischen.

1

4

2

3

4

PICCIONE ARROSTITO ALL'AGLIO E ROSMARINO

GEBRATENES TÄUBCHEN MIT KNOBLAUCH UND ROSMARIN

Für vier bis acht Personen:
4 zarte, junge Täubchen, Salz, Pfeffer, 3 EL Olivenöl, 6–12 Knoblauchzehen, 3–4 Rosmarinzweige

Die Täubchen innen und außen mit Salz und Pfeffer einreiben. In einen Bräter setzen und mit Öl begießen. Die Knoblauchzehen drum herum streuen, die Rosmarinzweige daneben legen. Die Täubchen in den zunächst auf 250 Grad vorgeheizten Ofen schieben. Nach fünfzehn Minuten auf 120 Grad herunterschalten, die Täubchen weitere 20 Minuten braten, dabei immer wieder wenden und mit Bratensaft einpinseln. Die Täubchen mit Sommergemüse servieren.

5

IL BUDINO DI AMARETTO CON PERA WILLIAMS GRATINATA

AMARETTOPUDDING MIT ÜBERBACKENER WILLIAMSBIRNE

Für sechs Personen:
200 g Sahne, 200 ml Milch, 150 g Zucker, 4 EL Amaretto, 200 g Amaretti (Mandelplätzchen), 3 Eigelb, 1 Tütchen Vanillezucker, 2 Blatt Gelatine
Außerdem:
3 aromatische Williamsbirnen, 3 EL Butter, 3 EL Zucker

Sahne und Milch aufkochen, dabei den Zucker, Amaretto und die zerkrümelten Plätzchen zufügen. Die Eigelb in einer Rührschüssel dick und cremig schlagen, die kochendheiße, mit Vanillezucker gewürzte Sahnemilch zufügen und alles zurück in den Topf gießen. Erneut erhitzen, einmal aufwallen lassen, dabei ständig rühren, damit das Eigelb nicht gerinnt. Schließlich die eingeweichte Gelatine darin auflösen. In kalt ausgespülte Portionsförmchen verteilen und zum Erstarren kalt stellen.
Die Birnen schälen, halbieren und jeder Hälfte mit einem Löffel oder einem Kugelausstecher das Kerngehäuse herausschneiden. Die Hälften schließlich von der Spitze so einschneiden, daß sie am Stiel noch zusammenhängen. Mit der Wölbung nach oben auf eine gebutterte, feuerfeste Platte setzen, mit Zucker bestreuen und mit Butterflöckchen besetzen. Unter dem Grill sanft bräunen. Warm neben dem Pudding anrichten.

5

Wo gibt es das sonst noch: ein Restaurant mit angeschlossenem Gemüsebau? Unter den liebevollen Händen von Vater Armando gedeiht hier von Auberginen bis Zwiebeln alles, was immer Walter zum Kochen braucht. Die in der Küche Piemonts so wichtigen Paprika, alle möglichen Tomatensorten, vor allem die aromatischen »cuore di bue«, die sogenannten Ochsenherzen, mit den für diese Sorte typischen, tiefen Furchen, natürlich Zucchini

mit ihren hübschen wie wohlschmeckenden Blüten, aber auch Kartoffeln, Karden, Artischocken, jede Art von Salaten und Kräutern. Während der kalten Jahreszeit werden empfindliche Gemüse unter Glas oder Folie gezogen, ansonsten kommen sie vom Freiland ohne Umweg direkt in die Küche. So frisch kann ein normaler Mensch Gemüse kaum kaufen, erst recht nicht von so fabelhafter Qualität. Denn Armando kann Sorten anbauen, die im Geschmack

besonders hochwertig sind, für den kommerziellen Betrieb jedoch, weil sie zu wenig Ertrag bringen, ungern verwendet werden. Er ist mit chemischer Schädlingsbekämpfung extrem sparsam, wendet statt dessen lieber natürliche Mittel an, die für Profis zu arbeitsintensiv wären. Ihm macht diese Arbeit Spaß, und die ganze Familie weiß es zu schätzen. »Was ich von unserem Gemüse in Öl oder Essig einlege, das behält stets Geschmack und Farbe«,

schwört Mutter Silvana, »bei gekauftem Gemüse ist das beileibe nicht immer der Fall. Da weiß man doch, was man hat!« Das Obst im Garten kocht sie regelmäßig ein, bereitet Marmeladen fürs Frühstück zu, Fruchtsaucen und Kompotts für die Desserts. Und zu guter Letzt die Blumen: Armando liebt Blumen über alles. Sein Garten ist so angelegt, daß er das ganze Jahr über täglich große Sträuße schneiden kann, die er im ganzen Haus verteilt

Wallfahrt ins Granatal: Eine Kirche und der Castelmagno, König der Käse

Bei Caràglio nahe Cuneo mündet das kleinste der westlichen Alpentäler in das weite Becken der oberen Poebene. Eine gut ausgebaute Straße führt etwa 30 Kilometer talaufwärts durch kleine Orte bis nach Chiappi, über dem auf guten 1600 Metern Höhe die Wallfahrtskirche San Magno thront. Dann ist, laut Straßenkarte, Schluß. Doch an schönen Sommersonntagen herrscht reger Verkehr. Da es nicht verboten ist, die weiter auf die Berge und über Pässe in die Nachbartäler führenden Schotterwege für die Alm- und Forstwirtschaft zu befahren, haben offenbar Tausende von Italienern einen neuen Sport entdeckt: Die Grenze der Geländegängigkeit ihrer Autos auszureizen. Das Röhren der Motoren und aufgeregtes Hupen schallt durch die Berge, denn vor jeder Kehre wird selbstverständlich gewarnt. Nicht nur Jeeps, allradgetriebene Jagdwagen und schwere Motorräder versuchen ihr Glück, nein, vollbepackte Familiekutschen und selbst ein Wohnmobil ist dabei. Die Lust, sich mit der macchina, dem »Wagen«, die Alpen untertan zu machen, ist grotesk.

Die Kühe stört es nicht, die wenigen Alten, die hier noch wohnen, nehmen es gelassen hin: Die ganze Woche über herrscht absolute Stille. Dann unterbricht nur ab und zu ein gemütliches »Muuhh« oder das herrische Gebell des Hirtenhundes das Rauschen der kleinen Gebirgsbäche. Die Kühe tragen hier übrigens keine Glocken.

Rund um die Wallfahrtskirche geht es eher beschaulich zu: In den Lauben beiderseits der Kirche läßt sich die Abgeschiedenheit der von sommerlichem Dunst eingehüllten Bergwelt einigermaßen ungestört genießen. Auf dem Vorplatz schmust die Jugend, während der Vater nach dem Motor schaut, die Mutter an einem der Stände frommen Kitsch kauft und die Großeltern in der Kirche unter dem blauen Sternenhimmel der Messe beiwohnen: Ein Sonntag im Gebirge.

Nur in den wenigen Trattorien und Restaurants des Tals sowie im Laden der Genossenschaft »La Poiana« in Campomolino können die Besucher von der Spezialität probieren, die das Tal berühmt gemacht hat, den legendären Käse namens Castelmagno. Schon im 12. Jahrhundert wurde er erwähnt, seither ist sein Ruhm stetig gewachsen – vielleicht, weil er so selten ist. Die Jahresproduktion ist immer schon im vor-

aus ausverkauft, die Wirte ganz Piemonts sind ständig auf der Suche nach der besten Quelle und übersehen dabei, daß der so robust wirkende, in Wahrheit aber sensible Käse es übelnimmt, wenn er die ideale Lageratmosphäre verlassen muß: Ein guter Castelmagno schmeckt würzig und voll, erinnert fast ein wenig an Roquefort, doch ist er nicht cremig-weich, sondern bröselig-hart, zerfällt wieder in seine natürlichen Bruchstücke. Hier im Tal liebt man den alten Käse nicht, ißt nur den jungen, noch weißen zur Brotzeit, nimmt den bis zu sechs Monate gereiften zum Kochen oder Überstreuen. Man weiß, daß er nicht älter werden sollte und macht sich lustig über die Turiner, die ihn erst dann mit morbider Lust am Widerwillen zum Dessert verspeisen, wenn ihn ein kräftiger Hauch von Ammoniak umweht.

Marco Arnedo ist einer der wenigen, die auch heute noch das Nomadenleben der Hirten führen: Im Sommer, von Mitte Juni bis Ende September, sind er und sein Hund hier oben bei seiner Familie in Chiappi, seine Herde auf den Almen, im Herbst aber ziehen sie hinunter in die Poebene. Die gefleckten Kühe geben die Milch für den Castelmagno, bei den weißen Rindern handelt es sich um die begehrten »Fassone« – mit ihnen erzielt er das Geld zum Leben. Seine Kinder sind die einzigen in Chiappi, in der ganzen Gemeinde Castelmagno leben nur noch 50 Menschen das ganze Jahr über. Zur Schule in Caràglio dauert die Fahrt eine Stunde – keine Idylle!

Im Laden des Castelmagno-Consorzio kann man sechs Monate alten Käse kaufen, ebenso andere Produkte aus dem Tal: Honig, Kräuter, Liköre. In der Nachbarschaft werden in Folientunneln Erdbeeren für den außersaisonalen Verkauf gezogen – das bringt Geld. Auch Castelmagno ist teuer – macht aber viel Arbeit: Er ist der einzige Käse, der zweimal gebrochen wird! Zunächst ist alles wie üblich. Die teilentrahmte Milch wird erwärmt und mit Lab versetzt, so daß sie gerinnt. Die Masse wird fein zerschnitten, gebrochen, dann aus dem Kessel gehoben, im Tuch aufgehängt und abgetropft. Nach zwei bis sechs Tagen, je nach Temperatur, wird diese Masse erneut gebrochen und in eine Form gepreßt, so daß ein kompakter Laib entsteht. Der wird gesalzen und muß in einem feuchten Keller lagern – in dessen speziellem Mikroklima reift er und überzieht sich mit rötlichen Pilzen, denen des Gorgonzola verwandt. Oben links: Castelmagno in verschiedenen Reifestadien

1

FRITTATA DI CASTELMAGNO

KÄSEOMELETT

Für zwei Personen:
4 Eier, 100 g geriebener Käse, Salz, Pfeffer, Cayennepfeffer, Butter

Die Eier mit dem Schneebesen verquirlen, dabei den Käse unterrühren und mit Salz, Pfeffer, Cayenne abschmecken. In einer beschichteten Pfanne in etwas heißer Butter auf beiden Seiten sanft bräunen und stocken lassen.

2

ACCIUGHE IN VERDE

ANCHOVIS IM GRÜNEN

Für vier Personen:
20 bis 30 Anchovisfilets
Grüne Sauce:
2 Bund Petersilie, 3 Knoblauchzehen, 4–5 Anchovisfilets, 1 EL Kapern, 1 TL scharfer Senf, $^{1}/_{8}$ l Olivenöl, 2–3 EL Weinessig, Salz, Pfeffer

Die Anchovisfilets auf Tellern anrichten. Mit der grünen Sauce überziehen, für die die Zutaten im Mixer püriert wurden. Einige Stunden durchziehen lassen.

3

GNOCCHI AL CASTELMAGNO

GNOCCHI IN KÄSECREME

Für vier Personen:
1 Portion Gnocchi (Rezept Seite 47), 1 weiße Zwiebel, 2 EL Butter, ca. $^{3}/_{8}$ l Milch, 200 g junger Castelmagno, Salz, Pfeffer

Gnocchi nach Rezept zubereiten. Für die Sauce die Zwiebel fein würfeln und in der heißen Butter weich dünsten. Mit Milch ablöschen, Käse einrühren. Sobald er aufgelöst ist, mit Salz und grob gemahlenem Pfeffer abschmecken.

1

2

3

»La Susta« ist Gasthaus und einzige Bar hier oben im Granatal bei Castelmagno, das Kommunikationszentrum also. Da nehmen die Öffnungszeiten von 8 Uhr morgens bis Mitternacht nicht wunder. Die Küche von Claudio Paiola und Mutter Elisa ist einfach, ehrlich, gut. Die liebevoll gemalte Speisekarte verrät sogar, wenn etwas aus der Tiefkühltruhe stammt. Als Vorspeise gibt's Wurstplatte (links), anschließend einen Käseteller mit dem berühmten Castelmagno (rechts)

LISTINO PREZZI
PANE e COPERTO 3000
~ ANTIPASTI ~
Affettati 3000
Acciughe salsa verde 4000
Frittata alle erbette 3000
Trota in carpione 4000
Vitello tonnato 4000
~ PRIMI ~
Risotto {al funghi / al sugo 7000
Gnocchi {al Castelmagno / al sugo 8000
Lasagne 8000
Agnolotti 8000
Pasta comune 6000
~ SECONDI ~
Cervo (surgelato) 12000
Camoscio (") 12000
Cinghiale (") 12000
Agnello 12000
Arrosto di vitello 9000
Spezzatino 9000
Cotoletta alla milanese 9000
Trota ai ferri 9000
Contorni misti 3000
Polenta 3000
Formaggio di Castelmagno 6000
" Nostrale 4000
Toma fresca 4000
Frutta mista 3000
Dolci della casa 3000
Caffè 1400
~ VINI E BEVANDE ~
Dolcetto (½ bottiglia) 4000
Dolcetto 8000
Barbera 8000
Nebbiolo 10000
Pinot 8000
Cortese 8000
Moscato 10000
Blanc des Blancs 10000
Birra 66 cl. 4000
Acqua minerale 1500

Wild und romantisch: Val Maira

Eine gotische Spitzbogenbrücke mit Zinnen überspannt den reißenden Fluß Maira bei Dronero – der *Ponte del Diavolo*! Die Marktstraße ist belebt, hier kaufen die Bewohner des Tales in den schönen alten Geschäften ein. Die mittelalterlichen Laubengänge bilden mit der gotischen Basilika ein harmonisches Ensemble, das von einem kleinen, achteckigen Kuppelbau mit offenen Arkaden abgeschlossen wird: Die Markthalle für den Getreidehandel aus dem Jahre 1480. Schon die Winzigkeit dieses Gebäudes sagt alles über die Armut, die im Mairatal schon immer geherrscht hat.

Im südlichen, nach Thymian und Lavendel duftenden Tal liegen beiderseits des forellenreichen Flusses verlassene Dörfer, meist nur ein paar Häuser mit einer Kirche in der Mitte. Dann wieder Orte mit einem Anflug von Leben, einer Trattoria, einer Bar, einem Gemischtwarenladen. Ein altes Ehepaar verkauft wunderschöne Spankörbe aus Haselnuß. Auf Felsspornen romanische Kirchen von vollendeten Proportionen – unverändert haben sie die Zeitläufte überstanden.

Auf halbem Weg das Tal hinein geht es, vorbei am malerischen Dorf Cucciales (Bild rechts unten), auf einer ganz neuen Straße hoch hinauf nach Elva, Italiens ärmste Gemeinde. Nur wenige Häuser sind das ganze Jahr über bewohnt, die meisten gehören Städtern, die nur an Wochenenden und in den Ferien herkommen, in einigen hausen Sennen: Sie leben von Almwirtschaft, von Bienen, ein paar Ziegen und Schafen, oder sammeln Kräuter für Tees, Liköre und medizinische Zwecke.

Die alte Straße nach Elva wurde erst in den zwanziger Jahren gebaut, man mußte sie in die Steilwände einer abenteuerlich wilden Schlucht sprengen. Für

die vielen Arbeiter, die dabei ums Leben kamen, hält die Madonna Fürbitte.

Die Kirche von Elva ist ein Kunstwerk ersten Ranges, ausgemalt gegen Ende des 15. Jahrhunderts vom Niederländer Hans Clemer. Ansonsten ist hier alles provenzalisch: Man spricht *langue d'oc*, okzitanisch, und der Dorfplatz ist, wie auf der anderen Seite der Alpen, nach dem provenzalischen Nationaldichter Frédéric Mistral benannt.

MADONNINA DEL VALLONE
PROTEGGI IL VIANDANTE
ELVESI E TURISTI
A MESTO RICORDO
DEI
CADUTI DEL VALLONE
RAINA DOMENICO
PIZZOLOTTO NATALE
MARASCHINI DOMENICO
DAO BERNARDO
DALMASSO GIACOMO
CASTELLI GEROLAMO
RAINA GIOVANNI
BRUNA GIOVANNI
BAUDINO BESSONE NATALE
COLOMBO ENRICO
ABELLO BARTOLOMEO
AVE MARIA
PIENA DI GRAZIA

»Lou Sarvanot«: Das Gasthaus »Kobold« mit der kreativen Küche

Der Name paßt zu dem Haus hoch über der Maira am Dorfrand von Stroppo, wo die okzitanische Sprache und die provenzalischen Sagen lebendig geblieben sind: Es herrscht eine fröhliche, junge Aufbruchstimmung. Seit die Gastro-Guides entdeckt haben, was sich hier tut, kommen auch genügend Gäste, so daß Silvia Massarengo und Paolo Rovera Grund zur Freude haben.

Nachträglich bewundern sie ihren Mut, sich hier niedergelassen zu haben. Paolo wurde zwar im Nachbarhaus geboren, seine Eltern zogen aber bald nach Turin – wie so viele: Von 1200 Einwohnern schrumpfte die Zahl in den letzten hundert Jahren auf ganze 50. Er studierte Landwirtschaft, fand danach keine Arbeit und jobbte in Restaurants. Dort traf er Silvia, die Philosophie studiert hatte, aber viel lieber kochte.

Silvia kannte das Val Maira schon, Paolo hat es nie vergessen. Jetzt entdeckte sie seine Produkte: Wild, Beeren und Pilze, Forellen und Käse, Wildgemüse und vor allem Kräuter. Sie nahm alte Rezepte, ersetzte Schweineschmalz und Butter durch bekömmlicheres Olivenöl, garte das Gemüse kürzer, hielt die Saucen leichter: moderne Küche auf traditioneller Basis mit örtlichen Produkten.

Die beiden lieben ihr Mairatal, das *Valle dei acciugai*, erforschen seine Geschichte und wollen sie bewahren: Damit man auch in Zukunft weiß, daß die Menschen hier einst vom Perückenmachen und von Sardellen (*acciughe*) lebten, die sie von Ligurien herauftrugen und in den Städten verkauften.

Silvia Massarengo mit ihrem offenen Lachen und der liebenswürdige, bescheidene Paolo Rovera hatten es zu Beginn nicht leicht. Die Leute aus dem Dorf gingen nicht ins Restaurant, Fremde kamen nur an Wochenenden. Inzwischen fahren die Gäste aber von Cuneo herauf, auch die Einheimischen besuchen das einfach, aber mit Liebe und Geschmack eingerichtete Restaurant. Paolos Keller birgt erstklassige, mit Kennerschaft ausgesuchte Weine, die bestens zu Silvias Küche passen. Im Haus gegenüber gibt's seit kurzem ein paar große Zimmer zum Übernachten

INVOLTINI DI MELANZANE

AUBERGINENRÖLLCHEN

Für vier bis sechs Personen:
2 Auberginen, Olivenöl zum Einpinseln,
Thunfischfüllung:
250 g Thunfisch (in Olivenöl eingelegt aus der Dose), 3 EL Olivenöl, 4 Knoblauchzehen, 4 Petersilienstengel, 3 Salbeiblätter, Salz, Pfeffer, Zitronensaft

Die Auberginen auf der Aufschnittmaschine längs in sehr dünne Scheiben schneiden. Für einige Minuten in Salzwasser legen, so daß sie sich damit vollsaugen und nachher im Ofen nicht zu leicht verbrennen. Schließlich die Auberginen auf ein mit Öl bestrichenes Backblech breiten, mit Öl einpinseln und mit Salz und Pfeffer würzen. Im 180 Grad heißen Ofen etwa zehn Minuten garen – die Auberginen sollen dabei nicht zu braun werden.

Den Thunfisch abtropfen lassen, mit dem frischen Öl im Mixer pürieren, dabei die Knoblauchzehen, die Petersilien- und Salbeiblätter mitmixen. Mit Salz, Pfeffer und Zitronensaft würzen. Diese Farce eßlöffelweise auf die Auberginenscheiben setzen und darin aufwickeln. Die Röllchen auf einem mild gewürzten Salat aus Paprikastreifen und fein geschnittener Endivie anrichten.

INSALATA DI LENTICCHIE E FAGIOLI

LINSENSALAT MIT BOHNENKERNEN

Für vier bis sechs Personen:
150 g kleine Linsen, 150 g braune Bohnenkerne, 6 Knoblauchzehen, 1 Händchen voll Salbeiblätter, 2 Rosmarinzweige, 2 Lorbeerblätter, Salz
Salatmarinade:
1/2 Becher Joghurt, 1 TL scharfer Senf, 2 EL Olivenöl, 2 EL Essig, 1 EL Balsamico, 2 Tassen gemischter Kräuter: Borretsch, Dill, Petersilie, Basilikum, 3 Frühlingszwiebeln, Salz, Pfeffer

Linsen und Bohnen getrennt gar kochen, dabei dem Kochwasser jeweils die Hälfte der Kräuter und des Knoblauch und ausreichend Salz zufügen. Für die Marinade Joghurt, Senf, Öl und beide Essigsorten mixen. Die sehr fein gehackten Kräuter und Frühlingszwiebeln zufügen und mit Salz und Pfeffer würzen.

Linsen und Bohnen mit dieser Marinade mischen und auf Salatblättern anrichten.

1

RAVIOLI DI GRANO SARACENO CON SALSA DI FIORI DI ZUCCHINI

BUCHWEIZENRAVIOLI MIT SAUCE AUS ZUCCHINIBLÜTEN

Ravioli für sechs bis acht Personen:
300 g Weizenmehl,
200 g Buchweizenmehl,
2–3 Eier (je nach Größe),
1 Eiweiß
Käsefüllung:
200 g junger Bergkäse, 100 g gereifter Bergkäse, 4 Eier, 1 gestrichener EL Mehl, 2 EL Milch, Salz, Pfeffer, Muskat
Zucchinisauce:
3 Frühlingszwiebeln, 2 Knoblauchzehen, 2 EL Butter, 1 Lorbeerblatt, 4–6 kleine Zucchini mit Blüten, Salz, Pfeffer, 100 g Sahne, etwas Zitronenschale

Beide Mehlsorten mischen und mit den Eiern zu einem geschmeidigen Nudelteig verarbeiten. Dabei soviel Wasser zufügen wie nötig – die tatsächliche Menge hängt von der Mehlbeschaffenheit und Luftfeuchtigkeit ab. Den Teig ruhen lassen, dann dünn ausrollen und gleichmäßig mit Eiweiß einpinseln.
Für die Füllung den Käse reiben, mit den übrigen Zutaten mischen und würzen. Jeweils einen Teelöffel Füllung in regelmäßigen Abständen auf eine Teighälfte setzen, mit einer zweiten Teighälfte abdecken und rund um die Füllung gut festdrücken. Mit einem Teigrädchen Täschchen ausschneiden. Die Ravioli in reichlich Salzwasser nur wenige Minuten garen. Mit einer Schaumkelle herausheben und anrichten.
Für die Sauce unterdessen die Zwiebeln fein schneiden, Knoblauch würfeln, beides mit dem Lorbeerblatt in der Butter andünsten. Die Zucchini samt Blüten klein schneiden und zufügen. Salzen, pfeffern, die Sahne angießen. 20 Minuten köcheln und mit Zitronenschale würzen; das Lorbeerblatt entfernen.

2

PASTA E PATATE

NUDELN UND KARTOFFELN

Pasta e fagioli ist ein Klassiker in vielen Regionen Italiens. Hier, im Mairatal, nimmt man statt Bohnen die ebenfalls kohlenhydratreichen Kartoffeln, wie man sie in Ligurien liebt, und mischt alles mit einer leuchtendgrünen Sauce, ganz ähnlich dem typisch ligurischen, basilikumduftenden Pesto; allerdings ohne Knoblauch, und statt mit Pinienkernen wird die Sauce mit Mandeln gebunden. Im Winter, wenn es kein Basilikum gibt, nimmt man statt dessen Salbei.

Für sechs Personen:
600 g mehlige Kartoffeln, (möglichst gut abgelagert), 300 g kleine dicke Nudeln (z. B. Vollkornnudeln)
Mandelsauce:
100 g Mandeln, 2 Bund Basilikum, ca. $^1/_8$ l Olivenöl, Salz, Pfeffer, Nudelkochwasser

Die Kartoffeln schälen und in zwei Zentimeter große Würfel schneiden. Zusammen mit den Nudeln in reichlich Salzwasser gar kochen. (Falls man neue Kartoffeln zur Verfügung hat, die schneller gar sind, muß man sie extra kochen.) Für die Sauce die Mandeln mit kochendem Wasser übergießen, nach einer Viertelstunde abschütten, abschrecken, häuten und im Mixer zusammen mit Basilikum und Öl mixen, dabei so viel Nudelkochwasser zufügen, daß die Sauce schön cremig wird. Abschmecken, die Nudeln und Kartoffeln darin wenden.

1

3

FEGATO DI VITELLO CON RIBES

KALBSLEBER MIT JOHANNISBEERSAUCE

Was auf der Speisekarte angekündigt merkwürdig klingt, entpuppt sich als eine besonders gelungene Kombination: Die fruchtige Süße der Johannisbeeren ist ein fabelhafter Kontrast zur sanften Milde der Kalbsleber.
Ganz wichtig: einige rohe Beeren, die nicht nur zur Dekoration den Teller schmücken, sondern mit ihrer Säure eine dritte Dimension in den Geschmack des gesamten Gerichts bringen.

Für vier bis sechs Personen:
250 g Johannisbeeren, 1/4 l Weißwein,
Salz, Zucker,
8 bis 12 dünne Scheibchen Kalbsleber,
Mehl zum Wenden, Salz, Pfeffer,
3 EL Butter zum Braten, 70 g Butter

Die Johannisbeeren mit Weißwein, etwas Salz und Zucker aufkochen und durch ein Sieb passieren.
Die Kalbsleberscheiben in Mehl wenden, salzen, pfeffern und in Butter rasch braten. Auf einem Teller warm stellen. Das Bratfett aus der Pfanne weggießen. Mit Johannisbeersaft auffüllen, etwas einkochen und die eiskalte Butter untermixen. Die Sauce abschmecken und über die Leberscheiben gießen.

4

TORTA DI ALBICOCCHE

APRIKOSENTORTE

Eine sehr zarte Torte, die auf verblüffende Weise hergestellt wird und unerhört köstlich schmeckt!

Für eine Form von 26 cm Durchmesser:
300 g Mehl, 100 g Kartoffelstärke,
150 g Zucker, 150 g Butter,
2 EL Orangenlikör, 2 Eigelb,
1,3 kg Aprikosen, 2 Eiweiß, Puderzucker

Aus Mehl, Stärke, 100 g Zucker, Butter, Likör und den Eigelb einen Mürbteig kneten. Eine halbe Stunde ruhen lassen. Dann zwei Drittel davon dünn ausrollen und eine Springform damit auskleiden, dabei den Rand ganz hoch ziehen. Die Aprikosen entsteinen und halbieren, mit der Wölbung nach unten dicht an dicht auf dem Teigboden verteilen. Das Eiweiß mit dem restlichen Zucker steif schlagen und auf den Aprikosen verteilen. Die zweite Teigportion ebenfalls dünn ausrollen und als Deckel über die Aprikosen breiten. Rundum mit dem Teig vom Rand gut zusammendrücken. Den Kuchen bei 200 Grad etwa 40 Minuten backen. Mit Puderzucker bestäuben.

4

2

3

HERBST

Von Steinpilzen und weißen Trüffeln, Ernte und Weinlese, Märkten, Käse und Würsten

Üppig: Gemüseangebot

Zum Knacken: Haselnüsse

Würzig: Risotto mit Steinpilzen

Köstlich: Salat mit Kaiserlingen

Eindrucksvoll: Wallfahrtskirche

Handarbeit: Eiernudeln

Saftig: Nebbiolotraube

Glücklicher Fund: Alba-Trüffel

Hundebaby: ein Spielkamerad

Saluzzo: Residenz und Schilder

Von allen Städten Piemonts hat sich Saluzzo sein mittelalterliches Aussehen am reinsten bewahrt: Die Residenz der einst mächtigen Markgrafen von Saluzzo liegt strategisch abseits und geriet nach der endgültigen Einverleibung durch die Savoyer 1601 in Vergessenheit. Die Grafschaft hatte eine bewegte Geschichte: Ende des 11. Jahrhunderts gegründet, begab sie sich 1343 gegen viel Geld unter die Lehnsherrschaft der

Dauphiné und kam wenig später unmittelbar unter französischen Einfluß. So erlebte die höfische französische Kunst des ausgehenden Mittelalters hier, vor allem in den Wandmalereien im Schloß von Manta, ihre letzten Höhepunkte. Saluzzo selbst, auf einem Sporn des alles überragenden Monviso gelegen, besteht aus der lebhaften Unterstadt um den stattlichen Dom, in der eine Vielzahl von hübsch gemalten Schildern Läden und Gasthäuser anpreisen, und der in harmonischer Vernachlässigung dämmernden Altstadt. Die horizontalen Straßen werden durch malerische Treppen verbunden, die Bergstraßen von Laubengängen eingefaßt und die platzartige *Salita al Castello* zum Schloß (heute Gefängnis) von einer Reihe prächtiger Palazzi gerahmt.

XVIII
Mostra
Nazionale
di Antiquariato
di Saluzzo
6–21 maggio
Antiche Scuderie Caserma M. Musso

Vicoforte: Wallfahrt und Naturgewalt

Als Carlo Emanuele I. von Savoyen 1596 die soeben in sein Reich gezwungenen Gebiete im Süden Piemonts besuchte, fand er bei Vicoforte den Rohbau einer Marienkapelle. Um den neuen Untertanen seinen absoluten Herrschaftsanspruch und gegenreformatorisch strengen katholischen Glauben unmißverständlich kundzutun, entschloß er sich zu einem monumentalen Bauwerk: In über hundert Jahren Bauzeit entstand eine der größten Kuppeln Europas mit fast 6000 Quadratmetern Wölbung, die Wallfahrtskirche *Regina Montis*. Die Ausmalung schien unmöglich: Illusionsmalerei soll ja begrenzten Raum erweitern – dieser widersetzte sich! Erst 1748 gelang es dem Venezianer Bortoloni, nachdem bereits drei Maler gescheitert waren: Er ließ Maria, Engel und Heilige seitlich entschweben.

Auch fromme Wallfahrten konnten das Land nicht vor Naturkatastrophen bewahren: Überschwemmungen sind in Piemont häufig. Das liegt an der geographischen Lage. Am Fuß der Berge regnen sich die Wolken der über dem Golf von Genua drehenden Tiefdruckgebiete ab. Und wie: Weit über 1000 mm schüttete es 1994 innerhalb von drei Tagen herab, was natürlich zu einer wahren Sintflut führte (bei uns regnet es im Jahr

kaum mehr als die Hälfte!). Hinzu kommt der lehmige Boden, der leicht ausgewaschen wird und abrutscht – wie hier am Tanaro bei Ceva – und als schwerer Schlamm mitgerissen wird.

Die weite Kuppel erfordert wuchtige Mauern

Die Perspektive in der Riesenkuppel irritiert

Der Stifter vor seiner majestätischen Kirche

Von der Kunst, Käse zu reifen und mit Pilzen umzugehen

Den Käse »cebanum« aus der Gegend um die Stadt Ceva hat Plinius schon 77 vor Christi Geburt gelobt. Die Grundbedingungen für die Erzeugung sind heute noch die gleichen. Es waren die damals hier ansässigen Ligurer, die bereits vor 5000 Jahren die Tierhaltungsform der *transhumanza* entwickelt hatten, die sogenannte Wanderweide: Die Herde folgt aus dem Tal bis in die Höhen des Gebirges der Wiesenblüte, wodurch die Milch fett und würzig wird.

Die Käserei Occelli in Farigliano bei Ceva hat sich eine ebenso einfache wie anspruchsvolle Aufgabe gesetzt: Höchste Qualität. Das bedeutet, daß die traditionelle Tierhaltung in kleinen Ställen, *artigianale* Bauernhöfe, reines Wiesenfutter und die Wanderweide mit Almbetrieb beibehalten werden; daß ausschließlich nicht erhitzte und nicht entfettete Frischmilch verwendet und gegebenenfalls auf der Alm, in der natürlichen Umgebung, verarbeitet wird; und daß man nur Kälberlab und Salz, in einem Fall auch Trüffeln zusetzt. Man nutzt moderne Hygiene und ausgefeilte Technologie, um hohen Qualitätsstandard zu erreichen, es darf dabei jedoch das Produkt in seiner ursprünglichen Art keinesfalls verändert werden.

Ebenso qualitätsbewußt arbeitet Bruno Carlotto (links), der die Pilze der Region vermarktet: Am liebsten frisch, sorgfältig in Kastanienblättern verpackt, aber auch vorsichtig getrocknet, in bestem Weinessig oder feinem Olivenöl eingelegt. Edle Spezialität sind eine Steinpilzcreme und »La Trifolata«, Trüffelpaste für Nudelgerichte und Saucen.

Von links: Tuma'd feja *und* Tuma langarola *(Kuh- und Schafsmilch), daneben* Tuma del Trifulau *(mit schwarzen Trüffeln),* Crutin *(Kuh- und Ziegenmilch), der castelmagno-ähnliche* Escarun *(Ziegen- oder Schafsmilch) und kleine, auf Stroh gereifte Frischkäse* (Tuma alla paja). *Die besten Steinpilze mit maronenfarbenem Hut wachsen unter Eßkastanien und Eichen, die aus Nadelwäldern sind weniger würzig. Links die begehrten Kaiserlinge, die am besten roh als Salat schmecken*

Carrù, »Vascello d'Oro«: Paradies des Bollito misto

Carrù ist die Kapitale des Rindfleischs. Hier findet im Dezember der große Rinder- und Ochsenmarkt statt, die *Fiera del bue grasso*: Dann werden sechs, sieben Jahre alte Tiere aufgetrieben, deren reich marmoriertes, also von vielen Fettadern durchzogenes Fleisch die Weihnachtstafeln der Feinschmecker zieren darf. Der Herbst aber ist die Zeit für *Fassone*, die besten Fleischrinder des Landes, die auf den fetten Weiden dieser Gegend herausgefüttert werden.

In den Restaurants von Carrù hat Rindfleisch daher Tradition, wobei man die Qualitäten genau unterscheidet – *sanato* ist das Milchkalb, *vitella* die Färse, *mezzarda* die Jungkuh, die einmal gekalbt hat und ein besonders gutes Fleisch liefert, *vitello* der Jungbulle mit hellem, *manzo* der zwei Jahre alte Bulle mit dunklem Fleisch und *bue* der kastrierte, mindestens vier Jahre alte Ochse.

Das Fleisch wird entweder als tatarähnliche *carne cruda* roh serviert, kurzgebraten als *bistecca*, *filetto*, *costoletta* oder *costata* (Kotelett), geschmort als *brasato* (Braten) oder *ragù*, gekocht als *bollito misto*, gemischtes Siedfleisch.

Die Trattoria »Vascello d'Oro« steht seit 1887 hinter dem Marktplatz von Carrù und seit Ende der achtziger Jahre unter dem Kommando von Beppe und Lidia Cravero. Er hatte schon vorher hier gearbeitet, das »goldene Schiff« vom Vorbesitzer übernommen!

Hier wird traditionell, das heißt handfest getafelt. Nach Schinken in Aspik, *carne cruda*, Fleischsalat mit Bohnen, eingelegtem Paprika mit Thunfisch und Anchovis in grüner Sauce folgen Schinkenröllchen aus dem Ofen, gefüllt mit gehacktem Spinat und Käse, *cotechino* (Kochwurst), *torta matta* (überbackener Kartoffelauflauf). Dann schlägt Lidia als *primo* eine köstliche Kuttelsuppe mit Kartoffeln und Kraut vor, ein »Muß«. Und endlich kommt Beppe mit dem *carello*, dem Wagen: Darauf der *bollito misto* mit Schulterstück, Brust, Zunge und Kopf vom Rind, Würsten und Huhn. Dazu gibt es Kartoffelpüree und Gemüse. Außerdem scharfe oder süßsaure Saucen, Senf, Meerrettich, grüne Kräuter- und rote Tomatensauce, *cunja* (siehe Seite 219) und Senffrüchte ...

Man braucht dazu ein paar gewaltige Schlucke vom Hauswein, einem frischherben Dolcetto. Früher hat ihn Beppe selbst gemacht, jetzt bezieht er ihn von der benachbarten Cantina Clavesana. Beppe hat auch Dolcettos anderer Winzer, kräftige Barberas und schwere Barolos. Aber der Dolcetto ist schon der richtige Wein: Man kann danach vielleicht noch von den verschiedenen Desserts genießen. Und eine *grappa* ...

BOLLITO MISTO

GEKOCHTES FLEISCH

Eigentlich ist es kaum möglich, einen richtigen *Bollito misto* zu Hause zuzubereiten – wer hat schon einen so großen Topf, der sämtliche erforderlichen Fleischstücke – mindestens sechs verschiedene Sorten! – aufzunehmen vermag? Und wer kann so viele Gäste bei sich unterbringen, die nötig sind, diese Mengen zu vertilgen!

Im »Vascello d'Oro« kann man unter folgenden Stücken wählen, die auf ein gewaltiges Holzbrett gebettet auf einem Wagen zum Gast gefahren werden: Vom Ochsen die gepökelte Zunge, den Schwanz und die Hochrippe. Außerdem Huhn, Kalbskopf und *Cotechino*, eine grobe, wunderbar würzige Kochwurst. Dazu gibt es verschiedene Gemüse der Saison. Gedünstete Möhren zum Beispiel, grüne Bohnen, gedünstete Zucchini und immer ein herrlich duftiges Kartoffelpüree. Außerdem gibt's eine Stellage mit verschiedenen Saucen und Würzen: Nie dürfen darunter Cremoneser Senffrüchte fehlen, immer gibt es geriebenen Meerrettich mit etwas Olivenöl verrührt (manchmal durch geraspelten Apfel gemildert), meist auch eine grüne Sauce (Rezept Seite 126 oder 225), eine würzige Tomatensauce (Rezept Seite 84 oder 198), die klassische *Cunja* (eingekochte Traubensauce – Rezept auf Seite 219) und schließlich eine Honigsauce mit Walnüssen, genannt *Salsa d'avie:*

Für vier bis sechs Personen:
2 EL Brühe, 1 EL gelbes Senfmehl,
1 EL Weinessig, 4 Knoblauchzehen,
100 g Walnußkerne, 200 g Honig

Brühe, Senfmehl und Essig mit dem durch die Presse gedrückten Knoblauch glattrühren. Die Nüsse mit einem Messer fein hacken. Den Honig behutsam erwärmen, bis er flüssig ist, und mit beidem verrühren. Mindestens zwei Stunden ziehen lassen, weil das Senfmehl nur langsam seinen Geschmack entwickelt.

Die Sauce hält sich im verschlossenen Glas mehrere Wochen und paßt nicht nur zu gekochtem, sondern wunderbar auch zu gebratenem Fleisch und Steaks.

Beppe Cravero schneidet das Fleisch vor den Augen der Gäste, die es sich nach Gusto aussuchen. Dann kommt es sofort wieder in die heiße Brühe. Schon beim Hereinkommen beginnt der Genuß: Im Eingang stehen die Vorspeisen und Desserts bereit. Die Trattoria hat zwei kleine Räume mit jeweils vier Tischen und zwei Säle. Chef, Frau und Bedienung wechseln ständig zwischen Küche und Saal

Haselnüsse für Torrone

In den höheren Lagen der Langhe, um Cravanza, kultivierte man schon seit Generationen Haselnüsse für allerlei Gebäck und Konfekt, vor allem den Torrone. Dieser wurde zwar, so heißt es, 1441 in Cremona von zwei Edelleuten erfunden, die ihr Geschäft nahe des *torre*, des berühmten Turms hatten – daher der Name. Doch das Konfekt, wohl arabischen Ursprungs, ist in Piemont seit Jahrhunderten beliebt.

Als die Albeser Firma Ferrero die Schoko-Haselnuß-Creme erfand und plötzlich Unmengen Haselnüsse brauchte, wurden die Plantagen auf Weinlagen ausgedehnt. Das kam deren Besitzern entgegen, da Haselsträucher nur einen Bruchteil des Arbeitsaufwandes benötigen, den Reben verlangen! Viele Weinbauern gingen also in Alba in die Fabrik und lieferten fortan auch gleich noch ihre eigenen Haselnüsse.

Angebaut wird ausschließlich die hochwertige Sorte *Tonda gentile*. Da durch ihr dichtes Laub wenig Licht dringt, bleibt der Boden frei von Unkraut. In lichten Pflanzungen wächst Gras, das vor der Ernte kurz gemäht wird. Heute legt man unter den Sträuchern Netze aus, so daß sich die heruntergefallenen Haselnüsse leicht zusammenschütten und in Säcke füllen lassen. Früher mußte man den Boden glatt stampfen und

die Haselnüsse mit dem Besen zusammenkehren.

Die Nüsse werden in speziellen Betrieben geknackt und nach Größe sortiert. Alle wurmigen, zerbrochenen oder unregelmäßig gewachsenen Nüsse liest man heraus, ehe die Kerne in großen Kesseln geröstet werden: Erst dadurch entwickelt sich ihr charakteristischer Geschmack. Sie sind danach auch nicht

mehr feucht und zäh, sondern trocken, mürb und krachend-knackig. Die dünne, jetzt papieren trockene Haut löst sich und wird abgesiebt.
So benötigt man sie für den wunderbaren Torrone, der auf traditionelle Weise von der »Dolciaria Davide Barbero«, gegründet 1883, in Asti hergestellt wird. Man verwendet als Zutaten ausschließ-

lich heimische, selbst geröstete Haselnüsse, Honig, Zucker, Glukosesirup, natürliche Aromen und – Eiweiß. Die meisten Produzenten nehmen statt dessen die leichter zu verarbeitende und billigere Gelatine.
Die Eiweiß-Zucker-Masse wird in Kesseln über 110 Grad heißem Dampf sechs bis sieben Stunden unter ständigem Rühren bei etwa 85 Grad »gekocht«. Die Rührgeschwindigkeit ist eine Wissenschaft für sich, das anschließende Durchkneten des leicht abgekühlten, zuckrigen Teigs eine wahre Kunstfertigkeit: Was kinderleicht aussieht, bedarf jahrelanger Übung, damit die Masse nicht klebt und Fäden zieht! Ist sie einmal glatt, wird sie zwischen Oblaten in spezielle Formen gepreßt, darf weiter abkühlen und wird dann geschnitten.
Es gibt zwei Arten von Torrone: Die heute immer beliebtere weiche und die klassische harte. »Wichtig ist«, sagt Gianni Barbero, Urenkel des Firmengründers Davide, »daß man noch am gleichen Tag alles verarbeitet, was man morgens vorbereitet hat. Das sind bei uns etwa 300 Kilogramm. Aber vor Weihnachten wird daraus leicht ein Vielfaches!« Er lächelt mit bescheidenem Stolz. »Den harten Torrone kann man gut ein paar Wochen in seiner Verpackung aufbewahren, den weichen muß man dagegen bald aufessen.«
Neben Torrone werden auch Pralinen produziert und Schokoladeneier, für die die Firma ein Patent entwickelt hat. Im Laden, den man durch die Hofeinfahrt betritt, herrscht vormittags Hochbetrieb. Sonst verkündet ein Schild: »Wer Süßigkeiten kaufen will, möge sich bitte ans gegenüberliegende Büro wenden.«

Bauernmarkt in Asti:
Auf der Suche nach bester Qualität

Asti entwickelte sich dank seiner günstigen Lage am Tanaro im Mittelalter zur bedeutendsten Stadtrepublik des Piemont. Im 12. und 13. Jahhundert entstand der heutige Corso Alfieri, der *Recinto dei Nobili*, mit den prächtigen Palazzi und Geschlechtertürmen. Asti blühte, und noch heute erinnert der Palio, das Pferderennen auf dem Stadtplatz, an diese Glanzzeit. Wie überall in Oberitalien gab es aber auch hier die beiden Machtblöcke der kaisertreuen Ghibellinen und der Anhänger des Papstes, der Guelfen. Die mächtigen Familien Astis zerfleischten sich derart, daß sich die Stadt 1342 den Visconti in Mailand unterstellte. Nach vielerlei Querelen kam sie 1575 endgültig an Savoyen und versank zur Provinzstadt.

Aber noch heute besitzt Asti einen ausgeprägten Stolz, prangt mit seiner glorreichen Vergangenheit und pflegt seine eigenständigen Traditionen, auch die kulinarischen. Dazu gehören die bunten Märkte: Nirgendwo ist die Auswahl an Lebensmitteln bester Qualität so groß wie hier – Asti ist mit Recht stolz auf seine landwirtschaftlichen Erzeugnisse. Es hat deshalb nicht nur einen Händlermarkt, sondern auch einen speziellen Bauernmarkt – manchmal gibt es nicht viel, aber immer sind die Früchte reif und aromatisch, das Gemüse frisch und voll Geschmack, die Leute fröhlich!

Für die Astigiani ist die Karde das wichtigste Herbst- und Wintergemüse: eine Distelart, den Artischocken verwandt: Doch ißt man nicht die Knospen, sondern die Blattstiele. Rund um Asti zieren sie die Felder, vor der Ernte mit schwarzer Folie umwickelt, um sie zart zu bleichen. Man verspeist sie gekocht, vor allem zur Bagna cauda (siehe Seite 242)

Fagioli, Bohnenkerne, löst man sich selbst aus den Schoten: frisch schmecken sie am besten, sind schmelzend zart

Dicke Auberginen: sie werden geschmort oder ausgebacken. Und die ersten Kastanien aus Cuneo sind eingetroffen

Grün, gelb oder rot, rund oder spitz, groß oder klein, glatt oder gerippt: Peperoni, Paprika, sind das Nationalgemüse

Peperoncini, Pfefferschoten: Die runden werden gefüllt und eingelegt (Seite 191), die anderen zum Würzen verwendet

ORTO

Cesare Giaccone: Genie und Tradition

Das Restaurant heißt »Dei Cacciatori«, zu den Jägern, ist jedoch als »Da Cesare« bekannt: Man betritt zwar ein Restaurant, besucht aber eine bemerkenswerte Persönlichkeit – Cesare.
Leicht fährt man an dem unscheinbar vor dem Dorf Albaretto della Torre am Straßenrand liegenden Haus vorbei, das sich hinter Lavendelbüschen und Obstbäumen versteckt. Die frühere Trattoria seiner Eltern befand sich mitten im Ort. Der Bub Cesare wollte nie Koch werden – Maurer hätte ihm gelegen. Aber als er gerade siebzehn war, hat ihn ein Freund, ein Koch, mit nach Aosta genommen. Da hat er sich unsterblich in die Berge verliebt und, um bleiben zu können, kurzerhand Koch gelernt. Anschließend ist er unstet in aller Welt herumgezogen und hat 1970 die Trattoria von der Mutter übernommen.
Das »Kleine Alba mit dem Turm« liegt abseits aller großen Straßen auf 650 Meter Höhe. Eine halbe Stunde braucht man mit dem Auto von der Stadt Alba herauf. »Anfangs kam kein Schwein!« sagt Cesare. »Touristen gab es ja noch nicht.« Doch Cesare glaubte an sich. Rasch ging's aufwärts, und sein Restaurant wurde von der amerikanischen Journalistin Patricia Wells inzwischen zu den zehn besten der Welt gezählt.
Als das alte Haus zu klein wurde, baute er neu: modern und elegant, mit Geschmack und viel Liebe zum Detail eingerichtet. Den wunderschönen Fußboden hat er selbst gelegt, aus Ulmenholz: »Wenn abends die Sonne über dem Monviso untergeht und hereinscheint«, schwärmt er begeistert, »dann fängt er in allen Farben an zu glühen, mit roten Tönen wie Kirsche, braun wie Eiche und hell wie Esche zugleich!«
Unterhalb des Hauses und der Weinberge, *sotto le vigne*, geht Cesare in einer Scheune seinem großen Hobby nach, das längst zum Geschäft geworden ist: Er macht Essig. Vor 20 Jahren hat er angefangen, mit einem alten, madeirisierten Barolo. Der Essig war viel besser als alles, was er je gekostet hatte. So stellt er heute Essig aus Barolo, Nebbiolo, Barbera, Dolcetto, Arneis und Moscato her, gereift teils in Glasballons, teils in Holzfässern, etwa 6000 Flaschen pro Jahr. Den Essig muß er laufend probieren – Wein trinkt er seit Jahren nicht mehr.
Im Herbst geht er leidenschaftlich gerne Trüffeln suchen. Gerade hat er einen neuen Hund gekauft: »Für ein Vermögen! Aber er wird gut sein, er hat eine großartige Nase!«
In seinem alten Haus hat er ein paar Gästezimmer eingerichtet, ländlich einfach, geschmackvoll, sehr harmonisch – mehr für Freunde denn als Hotel. Im Erdgeschoß sein Museum mit einer Andachtsecke für den verehrten Romano Levi (siehe Seite 230–235), mit Zimmern voller Schinken, Würsten und Käse, einem Keller voller Wein. Er malt auch, zum Beispiel Kaninchen (Bild rechts). In einer Leinwand fehlt ein Stück. »Da war eine Katze auf dem Tisch, schon fertig gemalt, der Tisch aber noch nicht. Und weil die Tochter von Angelo Gaja die Katze so mochte, hab ich sie ihr herausgeschnitten . . .« Er freut sich immer noch wie ein Kind über sein Geschenk. Daneben der Frühstücksraum: »Hier war früher das Restaurant, da wohnt mein Herz noch immer.« Die Terrasse (Innentitel des Buchs): »Wenigstens einmal am Tag muß ich diesen Blick genießen!« Wer verstünde ihn nicht? Ein tolles Sammelsurium: »Alles hat seine Ordnung in der Unordnung. Wie das Leben mit mehr oder weniger wichtigen Erinnerungen. Aber eigentlich gibt es nichts Unwichtiges, alles hat seinen Sinn!«
Diese Worte könnten auch das Motto für seine Art zu kochen sein. Immer konzentriert ist er bei der Arbeit, aber auch stets offen für spontane Einfälle. »Ich koche nicht nach Rezept, sondern so, wie ich es gerade für richtig empfinde. Natürlich gibt es feststehende Zusammenstellungen, die aus der Tradition erwachsen sind und nicht angetastet werden dürfen. Aber ich entscheide aus dem Augenblick heraus, wie ich die Akzente setze. Kochen ist eine kreative Sache, keine Routine. Und deswegen ißt man bei mir jedesmal etwas anders.« Er sagt das eigentlich abschließend, fügt aber, wie um möglicher Kritik schon vorzubeugen, hinzu: »Mal bin ich besser, mal nicht ganz so gut. Ich bin ja auch nur ein Mensch!«

1

SFOGLIATINE CON POMODORI E ACCIUGHE

BLÄTTERTEIGTÄSCHCHEN MIT TOMATEN UND SARDELLEN

Für sechs Personen:
2 tiefgekühlte Blätterteigplatten, 1 Ei, 6 EL Tomatenwürfel, 6 Sardellenfilets

Den Teig ausrollen, mit verquirltem Ei einpinseln. Je einen Löffel Tomatenwürfel mit einem Stück Sardellenfilet in die Mitte als Häufchen in gleichmäßigen Abständen auf die Teigplatte setzen. Mit einer zweiten Teigplatte zudecken und rund um die Füllung gut zusammendrücken, Taschen ausradeln. Die Oberfläche erneut mit Ei bepinseln. Bei 200 Grad etwa 15 Minuten backen, bis die Täschchen goldbraun geworden sind. Lauwarm zum Aperitif servieren.

Während Cesare sich um die Kartoffel-Gnocchi kümmert, bereitet sein Sohn Oscar die Blätterteigtäschchen vor, wie im Rezept links beschrieben. Cesare ist überall, kümmert sich auch um die im

Kamin über loderndem Feuer bratende Lammkeule (nächste Seite) und findet zwischendurch die Zeit, dem anderen Sohn, Filippo, im Saal zur Hand zu gehen und die Gäste zu unterhalten

1

2

2

INSALATA DI FATTORIA CON ALBICOCCHE E OVOLI

BAUERNSALAT MIT APRIKOSEN UND KAISERLINGEN

Die orangeroten Pilze, die Fliegenpilzen so ähnlich sehen, sind rar und entsprechend kostbar. Am besten schmecken sie roh, mit dem Trüffelhobel in hauchfeine Scheibchen geschnitten. Es versteht sich von selbst, daß Cesare seine Salate mit seinen eigenen Essigen würzt!

Für vier Personen:
250 g gebratenes Hähnchenfleisch, 3 Selleriestengel, 1 Apfel, 3 Aprikosen, 2 Hände voll verschiedener Salatblätter, 100 g frische Erbsen, je 2 EL winzig kleine Würfel von Paprika und Tomate

Marinade:
3 EL Arneisessig, Salz, Pfeffer, 4 EL Orangensaft, 4 EL Olivenöl
Außerdem:
2 EL Pistazien, Parmesan, 3–4 feste Kaiserlinge

Das Fleisch in Streifen, Sellerie in Scheibchen, Apfel ungeschält, aber entkernt in schmale Segmente, Aprikosen in Stücke schneiden. Mit den Salatblättern in einer Schüssel behutsam mischen, Erbsen, Paprika und Tomaten zufügen. Die Zutaten für die Marinade cremig aufschlagen, den Salat damit anmachen und auf Vorspeisentellern verteilen. Die Pistazien mit der flachen Messerklinge zu Krümeln zerdrücken und über den Tellerrand streuen. Parmesan auf dem Trüffelhobel in Scheibchen schneiden und auf dem Salat verteilen. Zum Schluß die Pilze darüberhobeln. Nicht stehenlassen. Diesen empfindlichen Salat bitte sofort servieren!

4

PORCINI E PESCHE

STEINPILZE MIT PFIRSICHEN

Für vier bis sechs Personen:
1 Schalotte, 1 Knoblauchzehe, 2 EL Butter, 300 g feste, kleine Steinpilze, 2 weiße Pfirsiche, Salz, Pfeffer, Petersilie, 4 EL Geflügelfond, 4 EL Sahne, 1 Spritzer Moscatoessig

Schalotte und Knoblauch fein würfeln und in der Butter andünsten. Steinpilze in Scheibchen hobeln und auf nunmehr stärkerer Hitze anbräteln. Erst wenn sie goldene Spuren zeigen, die geschälten und in Spalten geschnittenen Pfirsiche zufügen. Mit Salz und Pfeffer würzen. Gehackte Petersilie darüberstreuen, mit Fond und Sahne auffüllen. Drei Minuten köcheln, mit Moscatoessig würzen.

3

TRIPPA CON FAGIOLINI

KUTTELN MIT GRÜNEN BOHNEN

Für vier bis sechs Personen:
1 weiße Zwiebel, 3 Knoblauchzehen, 2 EL Olivenöl, 500 g vorgekochte Kalbskutteln, je 2 Rosmarin- und Thymianzweige, 1 Glas Weißwein, 2 große, reife Tomaten, Salz, Pfeffer, 350 g feinste grüne Bohnen, Bergbohnenkraut, geriebener Parmesan

Zwiebel und Knoblauch fein hacken und im heißen Öl andünsten. Die Kutteln in dünne Streifen schneiden und mit den Kräutern zufügen. Bevor sie zu brutzeln beginnen, den Wein angießen. Die Tomaten häuten, würfeln und unter die Kutteln rühren, alles salzen und pfeffern. Insgesamt eine Stunde zugedeckt köcheln. Inzwischen die Bohnen putzen, in stark gesalzenem Wasser drei Minuten blanchieren, dabei das Bohnenkraut mitkochen. Die Bohnen eiskalt abschrecken, um die Farbe zu stabilisieren, und zum Schluß im Kutteltopf erwärmen. Mit Parmesan würzen und heiß servieren.

Die von Cesare gemalten Speisekarten sind kleine Kunstwerke. Seine Liebe zur Malerei hat er im Mondo X entdeckt, einer Einrichtung für Drogenabhängige, die Cesare 1978 zusammen mit dem berühmten Padre Eligio aufgebaut hat

1

GNOCCHETTI ALL'ESCARUN

GNOCCHI MIT ESCARUNKÄSE

Viel besser als den berühmten Castelmagno findet Cesare diesen Käse. Er wird aus der würzigen Milch von Kühen aus dem Mairatal produziert, sieht eleganter aus als der urwüchsige »König der Käse« und ist auch feiner im Geschmack.

Für vier Personen:
1/2 Portion Gnocchi (Rezept Seite 47),
1/8 l Sahne,
ca. 150 g geriebener Escarun, Pfeffer

Die Gnocchi wie beschrieben zubereiten. Für die Sauce die Sahne erhitzen, den Käse darin schmelzen und mit Pfeffer würzen. Über die Gnocchi gießen und sehr heiß servieren.

2

RISOTTO AI POMODORI

TOMATENRISOTTO

Für vier bis sechs Personen:
2 Zwiebeln, 4 Knoblauchzehen,
2 EL Butter, 200 g Risottoreis,
1 Glas Weißwein,
ca. 1/2 l Kalbs- oder Hühnerfond,
500 g Tomaten, 2 EL Olivenöl,
Petersilie und Basilikum, Salz, Pfeffer,
70 g frisch geriebener Parmesan,
50 g Butter

Zwiebeln und Knoblauch fein würfeln. Die Hälfte davon in der heißen Butter andünsten, den Reis zufügen, und sobald er einige Minuten hat mitdünsten können, mit dem Wein ablöschen. Leise etwa 20 Minuten köcheln, dabei immer wieder einen Schuß Brühe angießen. Inzwischen restliche Zwiebel und Knoblauch in einem zweiten Topf im heißen Öl andünsten, die Tomaten zufügen. Zugedeckt 20 Minuten köcheln, dann durch ein Sieb passieren. Dieses Püree zum Reis geben, ebenso die feingeschnittenen Kräuter. Den Risotto weitere 5 Minuten köcheln; er sollte sehr flüssig wirken. Salzen, pfeffern und schließlich Käse und Butter unterrühren.

3

ANATRA ALL'ACETO DI BAROLO

ENTE IN BAROLOESSIG-SAUCE

Federleicht und bekömmlich wird die normalerweise eher mächtige Ente durch die erfrischend säuerliche, herrlich aromatische Sauce!

Für vier Personen:
1 schöne Bauernente, Salz, Pfeffer,
2 EL Olivenöl, 2 Möhren,
2 weiße Zwiebeln, 3–4 Knoblauchzehen,
2 Rosmarinzweige,
1/4 l kräftiger Geflügelfond, 1/4 l Barolo,
ca. 1/8 l Baroloessig, 50 g Butter,
eine Prise Zucker

Die Ente in Portionsstücke schneiden, mit Salz und Pfeffer einreiben und in einer Bratenrein im heißen Öl rundum schön golden anbraten. Möhren, Zwiebeln und Knoblauch schälen und halbieren. Rund um die Ententeile in die Bratenform betten. Rosmarin danebenlegen. Fond, Rotwein und den Essig angießen. Die Entenstücke im 200 Grad heißen Ofen nunmehr eine knappe Stunde langsam schmoren.
Schließlich die Flüssigkeit aus dem Bräter in ein Töpfchen umfüllen und bis auf die gewünschte Menge einkochen. Mit der Butter zur Sauce aufmixen und mit Pfeffer und Zucker abschmecken.

4

CILIEGE FARCITE CON SORBETTO ALL'ACETO DI MOSCATO

GEFÜLLTE KIRSCHEN MIT MOSCATOESSIGSORBET

Eine verrückte Idee (und nebenbei ganz schön viel Mühe!), die dicken, dunkelroten Herzkirschen mit Schokoladencreme zu füllen. Sie schmecken umwerfend gut.

Für vier Personen:
ca. 30 Kirschen (es können auch eingelegte Kirschen sein), $^{1}/_{8}$ l Sahne, 75 g Bitterschokolade
Sorbet:
$^{1}/_{2}$ l Wasser, 250 g Zucker, $^{1}/_{8}$ l Moscatoessig
Außerdem:
100 g Himbeeren, $^{1}/_{4}$ l Orangensaft, 1 EL Zucker

Die Kirschen so entsteinen, daß der Stiel noch dranbleibt. Die Sahne aufkochen, die Schokolade darin schmelzen. Abkühlen lassen und dann wie gewöhnliche Sahne mit dem Handrührer steif schlagen. Diese Creme mit einem Spritzbeutel in die Kirschen füllen. Kalt stellen. Für das Sorbet Wasser und Zucker drei Minuten zu einem Sirup kochen, den Essig zufügen, abkühlen und schließlich in der Eismaschine gefrieren. Für die Sauce Himbeeren, Orangensaft und Zucker mixen und durch ein Sieb passieren.

1

2

3

4

Die Lese: Winzers Glück und Leid

Erst im Herbst, wenn die Winzer mit ihren Familien und Freunden in die Weinberge strömen, um die Früchte ihres Fleißes einzubringen, erschließt sich dem Reisenden das wahre Herz des Piemont. Allenthalben stehen die Autos am Straßenrand, leuchten bunte Grüppchen von arbeitenden Menschen in den Weinbergen: Die Parzellen sind – bis auf einige Ausnahmen – klein, es gibt hier nicht die großen Güter der Toskana, wo Scharen von Fremdarbeitern für die Lese angeheuert werden müssen. Denn die meisten Winzer leben nicht vom Wein, haben nur da ein paar Rebzeilen und dort einen Hektar. Die Trauben liefern sie ab, an ihre Genossenschaft oder private Aufkäufer.
Aus Moscatotrauben wird der Asti spumante hergestellt, und mit fast drei Mark pro Kilogramm sind sie gar nicht so schlecht bezahlt – zumal die Moscatorebe gut trägt: 110 Doppelzentner pro Hektar sind die Regel. Natürlich stellen die Aufkäufer gewisse Anforderungen an die Qualität, aber sie beraten die sogenannten Feierabendwinzer, damit sie optimal arbeiten, nicht zu viel spritzen und Konzentration sowie Reife der Trauben optimal ist.

Auch die Trauben der anderen Rebsorten, vor allem des Nebbiolo, werden zum überwiegenden Teil nicht von den Produzenten selbst, sondern von Kellereien verarbeitet. Viele der großen Weinmacher haben sich ja erst in den letzten Jahren selbständig gemacht und Ruhm erworben – früher waren es eher die Weinhäuser und Kellereien, die für den Ruf des Barolo und Barbaresco sorgten. Zum Beispiel kauft der berühmte Bruno Giacosa in Neive das Gros der Trauben für seine hervorragenden Weine von verschiedenen Winzern. Mit denen arbeitet er zum Teil seit Jahrzehnten zusammen. Die Partien jedes Jahres werden jedoch in Einzelkontrakten ausgehandelt. Schon sein Großvater war *mediatore*, suchte bei den kleinen Winzern die Trauben für die großen Kellereien und vermittelte die Kontakte. Natürlich entstand dadurch ein Wissen um die besten Lagen und Qualitäten, das von Generation zu Generation wuchs: Bruno Giacosa gilt als der beste Kenner der Weinberge fast des ganzen Monferrato! Als Weinmacher gehört er zu den besten, aber als Traubenkäufer ist er der allerbeste: Immer unterwegs, um zu sehen, wo besonders Gutes gedeiht, wie gesund und reif die Trauben sind, wie konzentriert der Saft sein wird . . . Der traditionelle Stil von Barbaresco und Barolo wird dadurch geprägt, daß man nicht ausschließlich auf die Qualität und Charakteristik eines bestimmten Weinberges setzt, sondern aus den Trauben verschiedener Weinberge eine harmonische Mischung komponiert. Dies war der Erfolg vieler großer Häuser, wie Alfredo Prunotto, Pio Cesare, Marchesi di Barolo, Giacomo Borgogno & Figli, Vietti und anderen. Nur die sorgfältig auswählenden und den Winzern alles abverlangenden Häuser kön-

nen freilich gegen die Top-Winzer bestehen, die ausschließlich ihre eigenen Trauben verarbeiten, sie immer unter Kontrolle haben und so für die Qualität ihres Leseguts selbst verantwortlich sind. Die zukaufenden Weinhäuser leisten jedoch einen gar nicht zu überschätzenden Beitrag für den Fortbestand der kleinen Betriebe und damit der Struktur der Landschaft.

Die Lesezeit zieht sich im Monferrato besonders lang hin. Das liegt zum einen an der Vielfalt der Sorten und deren unterschiedlicher Reifezeit – die ersten Weißweintrauben werden oft zwei Monate vor den letzten roten Sorten gelesen – und zum anderen an den unterschiedlichen klimatischen Bedingungen und Böden. Auf tiefgelegenen, leichten, sandigen, sich schnell erwärmenden Böden reifen die Trauben früher als auf schwerem lehmigem, kaltem Terroir in höheren Lagen. Für die Winzer hat das den Vorteil, daß sie mit wenig Leuten auskommen und stets auf erfahrene Leser zurückgreifen können. Da das Wetter häufig Kapriolen schlägt, ist die Weinlese eine penible Sache, die mit Gewissenhaftigkeit und Kennerschaft vorgenommen werden muß.

Zwar kann die Weinlese in einem guten Jahr bei schönem Wetter und gesunden Trauben leicht von der Hand gehen und sogar Spaß machen – wenn es aber kalt und feucht ist, die Finger steif und die Kleidung klamm, zudem nach anhaltendem Regen die Beeren teilweise aufgeplatzt sind und Fäulnis ganze Partien befallen hat, dann wird die Arbeit zur argen Schinderei. Dann braucht man Geduld, die faulen Beeren müssen einzeln ausgebrochen oder Teile der Traube herausgeschnitten werden. War das Wetter während der Blüte kühl und hat diese sich lang hingezogen, sind die Beeren nicht gleichmäßig reif, und die harten müssen herausgeschnitten werden. Hat es im Sommer gehagelt, was in dieser Gegend häufig vorkommt, müssen kranke oder vertrocknete Beeren entfernt werden. Ist obendrein die Lage steil und der lehmige Boden glitschig, kommt garantiert keine Fröhlichkeit auf . . . Und der Lohn? Kaum mehr als für den Moscato, obwohl der Ertrag um die Hälfte geringer ist!

Oben: Die Weinlese verschafft den hart arbeitenden Helfern einen Bärenhunger. Der mit Zwiebeln und Tomaten geschmorte Wirsing, in dem zum Schluß fette Schweinswürste erhitzt werden (gegen das Aufplatzen eingestochen), ist dann gerade das Richtige. Der Wein dazu hilft verdauen und bringt den Kreislauf wieder auf Trab

Unten: Solche Trauben erfreuen das Winzerherz! Man pflückt in kleine Kisten, nicht in große Bütten, in denen die Trauben aufplatzen, Saft herausläuft und die Gärung unkontrolliert beginnt. Die Rosen am Kopf der Rebzeilen sind nicht nur Zierde, sondern dienen als natürliche Indikatoren für gefährliche Pilzkrankheiten

Barbera für kräftige Rotweine

Einst galt die Barbera als einfache Rebsorte, deren säurebetonte und bei großem Ertrag charakterschwache Weine als Schankwein abgesetzt wurden. Nur wenige Winzer, etwa Scarpa, kelterten dichte, tiefe, komplexe und langlebige Barberas mit unverwechselbarem Charakter. Erst nach dem Welterfolg des im Barrique gereiften »Bricco dell'Uccellone« von Giacomo Bologna (Seite 44/46) und dem *Barbera d'Alba* »Vignarey« von Gaja (Seite 220) hat der Barbera mehr Anhänger gewonnen. Nun kümmern sich auch andere Spitzenproduzenten um einen differenzierten, sorgfältigen An- und Ausbau.

Wichtigste Produktionsgebiete sind die DOC-Zonen *Asti* und *Monferrato*, wo die Barbera traditionell auf den besten Lagen steht. Dies und rigorose Ertragsbegrenzung kommt der Reife und der Ausbildung der Geschmacksstoffe zugute. Einige Winzer vermarkten ihre Weine aber als *Vino da Tavola*, vor allem, wenn sie im Barrique gereift sind.

Im dritten DOC-Gebiet, *Barbera d'Alba*, stehen die Reben oft nur in den zweitbesten Lagen, die Spitzenlagen sind natürlich für den Nebbiolo vorgesehen. Trotzdem kommen von dort immer mehr dichte und große Weine.

Seit einiger Zeit mischen manche Winzer einige Prozent Nebbiolo zum Barbera, mit bestem Erfolg: Die Weine werden noch gehaltvoller, bekommen eine tiefere Struktur.

Dolcetto und andere rote »Exoten«

»Dolcetto« klingt nach schwerer Süße – doch das ist falsch: Der *Dolcetto* ist ein trockener, frisch-fruchtiger Rotwein, der durch seine fast schokoladige Fülle und zarte Bitterkeit das rustikale Essen des Alltags bestens begleitet. In letzter Zeit hat sich eine Reihe von Winzern mit der Verbesserung des Dolcetto beschäftigt – durch Ertragsbegrenzung, konsequente Laubarbeit und vor allem, indem durch bessere Kellertechnik die kräftigen Gerbstoffe gemildert, die schwach ausgeprägten Fruchtsäuren aber erhalten werden. Die DOC-Zonen für Dolcetto: *Dogliani*, das sich rühmt, Ursprungsgebiet dieses Weins zu sein, *Diano d'Alba* mit den besten Lagen, *Alba* selbst, *Asti* sowie *Langhe Monregalesi*, *Aqui* und *Ovada* im Süden.

Fast nur in Piemont selbst trinkt man den hellen, an Kirschen erinnernden *Grignolino*, der schwächlich aussieht, dessen kräftige Gerbsäure aber ein pelziges Gefühl auf der Zunge hinterläßt. Gut zu Würsten – er reinigt die Zunge.

Den *Brachetto* mit seinem zartbitteren Ton liebt man als schäumenden (*frizzante* oder *spumante*) süßen Wein. Manchmal wird er trocken ausgebaut.

Den eigenartigen, nach Erdbeeren duftenden *Freisa* muß man mögen – auch er ist meistens süß und *frizzante*.

Eine alte, fast ausgestorbene Rebsorte ist die *Ruchè* oder *Rouchet*, die im Monferrato vielschichtige Weine bringt, die hervorragend altern können.

Nebbiolo für große Weine: Barolo und Barbaresco

Die Nebbiolorebe gehört zu den besten dieser Welt, ebenbürtig dem Cabernet Sauvignon, dem Merlot, dem Pinot Noir und der Sangiovese. Die Trauben bringen aromatische Frucht, die Beerenhaut enthält viel Tannin, jene Gerbsäure, die ein großer Wein braucht. Denn Tannine verleihen ihm Kraft und vor allem eine Struktur, auf der sich der Geschmack entfalten kann. Und sie erst lassen ihn mit Anstand altern. Ein Wein ohne Gerbsäuren welkt rasch dahin, er kann in seiner Jugend vielleicht herrlich frisch und fruchtig schmecken, aber nie groß werden. Andererseits sind es aber auch gerade diese Tannine, die den Genuß schmälern, einen Wein rauh und bitter machen, die Frucht unterdrücken. Es ist das ausbalancierte Verhältnis von Alkohol, Gerbsäuren, Frucht und Mineralien, das einen großen Wein ausmacht. Dieses Verhältnis zu bestimmen ist nicht einfach. In Bordeaux und Burgund hat man seit Jahrhunderten daran gearbeitet und ein klar definiertes, die Welt des Rotweins dominierendes Qualitätsprofil geschaffen. Im Piemont erleben wir diesen Prozeß derzeit mit – und das ist spannend! Die rasante Entwicklung der Spitzenweine aus der Nebbiolotraube, Barolo und Barbaresco, ist noch längst nicht abgeschlossen.

Noch vor 30 Jahren hatte ein Barolo nur schwer und wuchtig zu sein, war von Tanninen überladen, die eine bis zu 40 Tage dauernde Maischegärung hinterlassen hatte. Bei Rotweinen vergären ja die Beerenschalen und Kerne zunächst mit (früher auch die Rappen, also die ebenfalls tanninreichen Stiele, die man heute meist entfernt). Durch die bei der Gärung entstehende Kohlensäure werden sie nach oben getrieben, bilden den sogenannten Tresterhut. Da nur in den Schalen die Farbpigmente sitzen, muß man diesen Hut immer wieder mit dem vergärenden Most in Kontakt bringen. Üblicherweise hat man den Hut unter die Oberfläche gedrückt und den Tank nach der ersten, stürmischen Gärung verschlossen, wodurch der Hut unter der Oberfläche verblieb und sehr viel Tannin herausgelöst wurde. Um die Weine überhaupt trinkbar zu machen, wurden sie jahrelang in großen Holzfässern gelagert, was sie müde machte und oxidieren ließ. Zwei Tage mußte man sie offen stehenlassen, bevor man sie genießen konnte, damit alle muffigen Düfte entweichen konnten – so liebten die Piemonteser ihre Weine.

Die übrige Weinwelt aber nicht. Seit den sechziger Jahren begeht man daher neue Wege. Die einen verkürzen die Maischegärung auf 12 bis 15 Tage bei getauchtem Hut. Andere belassen es bei langem Maischekontakt, verzichten aber auf das Untertauchen, pumpen nur drei- oder viermal am Tag den Wein darüber. Wieder andere verbinden beide Verfahren. Auch auf die Gärtemperatur kommt es an – während die einen die bei der Gärung entstehende Wärme nur auf 26 Grad ansteigen lassen, schwören andere auf 32 Grad – die Tanks werden mit kaltem Wasser berieselt oder gekühlt. Nach der Gärung wird der Wein von den Trestern gepreßt (aus denen wird dann die Grappa gebrannt), in Fässern gereift – üblicherweise in großen Fässern aus slowenischer Eiche; manche Winzer verwenden seit einigen Jahren 225 Liter fassende Barriques aus französischer Eiche, andere lassen sich 500-Liter-Fässer fertigen . . .

Was dabei herauskommt, ist sehr unterschiedlich, nicht nur von Boden und Lage beeinflußt, sondern auch durch die Kellerarbeit. Es ist daher richtig, wenn man von den »Weinmachern« spricht. Ein Barolo oder Barbaresco kann heute wuchtig, schwer und alkoholreich sein und lange brauchen, bis er seinen Höhepunkt erreicht. Ein anderer dagegen ist schon jung ein Genuß, geschmeidig und elegant, zartfruchtig und feingliedrig. Dazwischen gibt es alle nur denkbaren Schattierungen – eine Frage des Stils, nicht der Qualiät: Es gibt für jede Richtung hervorragende und schwache Vertreter! Ob sich ein Stil durchsetzen wird (wobei es die Frage ist, ob das überhaupt wünschenswert ist) oder ob es bei der Vielfalt unserer Tage bleibt (was allerdings der Vermarktung hinderlich sein könnte), vermag niemand zu sagen. Da aber das Studium dieser Unterschiede so viel Spaß macht, wird sich gewiß kein Weinfreund über die bunte Palette grämen . . .

BAROLO

Moscato, Asti spumante und Cortese di Gavi

Aus der Moscato-Traube, dem Muskateller, wird der berühmteste Wein Piemonts gekeltert: der *Asti spumante*, ein lieblicher, aromatischer Schaumwein. Heute wird er nicht mehr uneingeschränkt geschätzt – zwar gibt es ausgezeichnete Produkte, aber auch viel billiges Zeug! Zudem hat sich auch in Italien der Geschmack zum trockenen Spumante hin gewandelt. Den Muskateller ziehen die Piemonteser als zart perlenden *Moscato d'Asti* vor. Oder man nippt ein Gläschen *Moscato passito*, den rosinensüßen Dessertwein, für den die Trauben vor dem Pressen einige Monate getrocknet werden.

Asti spumante ist stets das Produkt eines Handelshauses (zum Beispiel Martini & Rossi, Cinzano, Gancia, Barbero, Fontanafredda, Contratto, Riccadonna) mit 7,5 bis 9 % Alkohol und mindestens fünf Bar Druck, wie für Schaumwein vorgeschrieben. *Moscato d'Asti* hingegen ist der individuelle Wein eines Winzers mit nur 5 bis 6 % Alkohol und weit weniger Kohlensäure. Für den *Moscato* nimmt man nicht vollreife Trauben wie für den *Spumante*, sondern liest so früh, daß im sanft gepreßten Saft noch mehr Säure enthalten ist. Der Most wird sofort auf null Grad heruntergekühlt, damit er sich klärt. So läßt er sich aufbewahren, bis man ihn braucht – da Moscato so jung wie möglich getrunken werden soll, wird er in zwei bis drei Partien pro Jahr hergestellt! Dazu versetzt man ihn mit Reinzuchthefe und läßt ihn langsam wärmer werden, und zwar im geschlossenen Tank, damit die bei der Gärung entstehende Kohlensäure nicht entweichen kann. Natürlich wird die Gärtemperatur niedrig geführt, damit die feinen Aromen nicht zerstört werden. Die Kunst besteht aber vor allem darin, den Wein nicht zu weit gären zu lassen, sondern ihm eine angenehme Süße zu erhalten. Da kann es schon mal sein, daß der Winzer nachts aufstehen muß, um die Gärung zu stoppen, denn das Gleichgewicht zwischen Säure, Alkohol und Zucker ist sensibel: Wartet man zu lange, kann die Süße die bewußt spitz gehaltene, spritzige Säure nicht brechen und der Moscato schmeckt bitter, ist man aber zu früh dran, gerät der Wein zu süß, wirkt schwer und pappig.

Abgesehen vom Moscato ist Piemont Rotweinland. Und doch haben in den letzten Jahren auch Weißweine von sich reden gemacht. Traditionell erreichte außer dem delikaten *Erbaluce di Caluso* aus der Gegend von Ivrea kein Weißwein eine international präsentable Qualität. Angefangen hat das Weißweinwunder auf dem Gut *La Scolca* bei Gavi schon in den fünfziger Jahren, wo Vittorio Soldati aus der für die Schaumweinherstellung verwendeten Cortesetraube (großes Bild) einen trockenen, relativ säure- und gerbstoffreichen Wein kelterte, der gut zu Fischgerichten paßt, den *Gavi*. Heute ist das ein vor allem im Ausland begehrter Wein, obwohl ihm immer wieder Größe abgesprochen und die Preise für überzogen gehalten werden. Mit ihm wird noch viel experimentiert, sowohl im Weinberg wie im Keller, so daß noch einige Überraschungen zu erwarten sind – die eleganten Weine des *Castello di Tassarolo* und der holzgeprägte »Fior di Rovere« von Michele Chiarlo zeigen die große Bandbreite.

Danach wurde der *Arneis* entdeckt (siehe Seite 174) und auch die vergessene *Favorita*, die, sorgfältig behandelt, sehr ansprechende Tafelweine hervorbringt.

Noch mehr Erfolg heimsten jedoch auf Anhieb die aus Frankreich importierten Sorten ein. Der erste *Chardonnay* wurde von Angelo Gaja schon 1983 vorgestellt. Im Barrique ausgebaut, elegant und kraftvoll zugleich, fand er weltweite Anerkennung. Viele haben es Gaja nachgemacht, die Chardonnays geraten jedoch fast immer mächtiger und breiter, entsprechen mehr dem kalifornischen als dem französischen Stil, etwa der »Bussiador« des großen Aldo Conterno aus Monforte d'Alba und der von Gastaldi in Neive. Seit Beginn der neunziger Jahre kommen laufend neue Chardonnays heraus. Den elegantesten *Sauvignon*, »Mimosa«, produziert Eleonora Limonci von *Colle Manora*, und sehr eindrucksvoll präsentiert sich der *Viognier* = »Monsordo« von *La Bernardina*, dem neuen Weingut der immer wieder für eine Überraschung sorgenden Gebrüder Marcello und Bruno Cerretto.

Zarter »Lapossot« und kräftiger »Pin«, Tagliarin und weiße Trüffeln

Der farbintensive Pin hinterläßt seine Spuren auf den Barriques

Für Winzer- oder Familienfeste kommt der Pin in größere Flaschen

Drei Brüder, Carlo, Bruno und Giorgio Rivetti, bewirtschaften das Weingut »La Spinetta«, das sie von ihrem Vater Giuseppe, liebevoll »Pin« genannt, übernommen haben. Während Carlo und Bruno sich mehr um die Weinberge kümmern, überwacht Giorgio den Keller und sorgt für die Vermarktung. Er war in Alba auf der Weinbaufachschule: »Dort habe ich die Theorie gelernt, gut! Aber das Weinmachen lernt man nur im eigenen Keller... Die Erfahrungen muß man alle erst selber machen, nichts kann man einfach abschauen!« Dabei schaut er wirklich überall herum – er ist ein Hansdampf in allen Gassen, Präsident der Vereinigung »Langa in« (siehe Seite 206 bis 211), umtriebig und überall dort zu finden, wo es gilt, dem Piemonteser Wein zu nützen oder Hilfe zu leisten.

Das Kapital der Rivetti sind erstklassige, nach ökologischen Gesichtspunkten gepflegte Weinberge, geringer Ertrag, gesunde Trauben und höchste Sorgfalt bei der Lese, damit keine falsche Gärung entsteht. Das ist beim Moscato besonders wichtig, denn wenn er Anfang bis Mitte September gelesen wird, sind die Temperaturen noch sommerlich, und es kann bei aufgeplatzten oder gequetschten Beeren sehr schnell ein Unglück passieren (Herstellung siehe Seite 165). 90% der Produktion von »La Spinetta« ist *Moscato d'Asti*, dessen beste Qualität unter dem Lagennamen verkauft wird – »Bricco Quaglia«, »Biancospino«, »Bric Lapossot« und »San Rümu«; von diesem Weinberg kommt übrigens auch ein vorzüglicher, dichter und fruchtiger *Dolcetto d'Asti*. »Unser Moscato hat die zarte Bitternis der Leidenschaft, die Süße der Liebe und die Frische der Jugend!« ruft Giorgio stolz und freut sich, daß der stets bereits zu Weihnachten abgefüllte Wein nie das nächste Weihnachten erleben wird: »Moscato muß jung getrunken werden!«

In den weiten Kellern unter der großen, langgestreckten Villa mitten in den Weinbergen gibt es aber nicht nur die Edelstahltanks für die Vergärung des Moscato, sondern auch ganze Batterien von Barriques. Darin entsteht ein Rotwein aus 80% Barbera und 20% Nebbiolo von großer Fülle und geschmeidiger Struktur, dem Vater zu Ehren »Pin« genannt. Nur die gehaltvollen Trauben von alten, wenig tragenden Weinstöcken werden dafür verwendet. Auch der nach der Mutter benannte Chardonnay »Lidia« und ein *Barbera d'Asti*, der »Ca' di Pian«, reifen in Barriques, denn Giorgio ist davon überzeugt, daß die feinen Tannine des Eichenholzes für diese vollen, fruchtbetonten, aber nicht gerbstoffträchtigen Weine unabdingbar sind, will man Großes daraus machen. »Bei Barolo und Barbaresco mag das anders sein, die bringen ja genügend Gerbstoff mit. Und die passen auch schon so ideal zu unseren weißen Trüffeln. Die anderen Weine muß man dazu erst erziehen«, lächelt er und wendet sich emphatisch einem neuen Thema zu:

»Nur die Trüffeln aus Alba«, sagt er mit einer Stimme, die keinen Widerspruch duldet, »haben jenen typischen, festen Biß, sind krokant, niemals weich oder gar schmierig. Wenn man sie hobelt, hinterlassen sie eine absolut saubere Schnittfläche. Wenn man in eine Scheibe beißt, knackt es hörbar.« Giorgio kennt sich aus: Trüffelduft war das Parfum seiner Kindheit. Vater Pin war und ist mit Leib und Seele *trifolau*, wie man die Trüffelsucher auf piemontesisch nennt. Heute noch zieht er, inzwischen 83 Jahre alt, von Oktober an jeden Morgen mit Pulu, seinem Hund, zu seinen Trüffelplätzen los. Pulu ist noch jung, erst zwei Jahre alt, und tanzt ungestüm um sein Herrchen herum. Eine Promenadenmischung, mit schmalem Kopf und klugen Augen – man sieht ihm nicht an, daß er ein Vermögen darstellt: zehn- bis zwölftausend Mark muß man für einen abgerichteten Trüffelhund anlegen! Bei einem Durchschnittspreis von 2000 Mark fürs Kilo ist die Investition in einem guten Jahr schnell wieder drin.

Ob ein Trüffeljahr gut wird, weiß der *trifolau* bereits Anfang Juli. Viel Regen bis zu diesem Zeitpunkt verspricht reichen Trüffelsegen – leider bedeutet es für den Winzer, daß er kaum auf einen großen Jahrgang zu hoffen braucht. Die Rivettis haben immer ein Eisen im Feuer!

Fortsetzung auf Seite 172

PASTA PER PASTA

NUDELTEIG

Eine Piemonteser Hausfrau serviert ihrer Familie selbstverständlich selbstgemachte Nudeln, wann immer sie kann. Auch Clara Rivetti scheut sich nicht, die ganze Portion Eiweiß, die sie hier *nicht* braucht, einfach wegzuwerfen, und rechnet mit folgenden Mengen:

Für zehn Personen:
1 kg Mehl, 20 Eigelb, 3–4 Eiweiß,
1 gehäufter TL Salz, 2–3 EL Olivenöl

Das Mehl auf eine Arbeitsfläche häufen, in die Mitte eine breite Kuhle drücken – so groß, daß alle Eigelb darin Platz finden!

Eigelb mitsamt den erforderlichen Eiweiß zufügen, außerdem Salz und einen guten Schuß aromatisches Olivenöl

Mit den Fingern werden nun die Eier verrührt, dabei nach und nach Mehl vom Rand in die Masse eingearbeitet

Clara schwört, daß diese Handarbeit einen entscheidenden Einfluß auf die Konsistenz und damit auf den Geschmack hat

Ganz wichtig ist auch geduldiges Kneten des Teiges, der weich, aber auf keinen Fall mehr klebrig wirken sollte

Einige Male muß der Teig wie ein Handtuch erst zusammengedreht und dann wieder auseinandergezogen werden

Schließlich muß er, zu einer Kugel geformt und unter einem Tuch, eine Stunde ruhen, damit er entspannen kann

Erst jetzt tritt die Nudelmaschine in Aktion: Zuerst werden die Teigportionen zu hauchdünnen Bändern ausgewellt

Schneidwalzen teilen sie dann in feine Streifen. Die Nudeln sofort in Grieß wenden, damit sie nicht zusammenkleben

Die hauchdünnen Teigbänder läßt man vor dem Schneiden über die Tischkante gehängt ein wenig antrocknen

Serviert werden die Tajarin mit Salbeibutter vermischt und mit einer großzügigen Portion weißer Trüffelscheiben

1

CARNE CRUDA

TATAR

Selbstverständlich hackt auch Clara das Fleisch für diese Lieblingsvorspeise der Piemontesen mit der Hand. Sie nimmt dafür das Fleisch vom Rücken (also die Lende) oder auch aus der Oberschale – je nachdem, was ihr Metzger gerade als besonders gutes Stück anbietet. Sie macht das Fleisch mit Zitronensaft an, würzt nur sparsam mit etwas Salz und serviert es in einer Schüssel, die sie mit zwei Knoblauchzehen ausgerieben hat. Sie stellt Olivenöl, Pfeffermühle und Salz auf den Tisch, wo sich jeder davon nach eigenem Gusto bedient.

2

PEPERONI RIPIENI

GEFÜLLTE PAPRIKA

Die Basis für diese Vorspeise kann man stets im Kühlschrank vorrätig haben: Die marinierten Paprika (Rezept Seite 118) halten sich unter einem Ölfilm im Kühlschrank ein bis zwei Wochen. Die **Thunfischfüllung** ist schnell gemacht:

Für vier bis sechs Personen:
2 hartgekochte Eier,
200 g Thunfisch (in Olivenöl!),
2 Knoblauchzehen,
4 Sardellenfilets, 2 EL Kapern,
1 Bund Petersilie, Salz, Pfeffer,
4 EL Olivenöl

Alle Zutaten im Mixer zu einer Paste zerkleinern und gut abschmecken – eventuell mit etwas Zitronensaft säuern. Nach Belieben kann man die Paste sehr fein pürieren oder lieber kleine Stückchen sichtbar lassen.

1

2

3

4

3

PETTO DI POLLO IN CARPIONE

MARINIERTE HÄHNCHENBRUST

Eine kräuterwürzige Variante der beliebten Zubereitung (siehe auch Seite 219).

Für vier bis sechs Personen:
4 ausgelöste Hähnchenbrüste, Salz, Pfeffer, Muskat, 2 Eier, 100 g Semmelbrösel, Olivenöl
Marinade:
1 Handvoll Salbeiblätter, 5 Knoblauchzehen, 1/8 l Olivenöl, 1 Glas Weißweinessig, 1 Glas Weißwein

Das Hähnchenfleisch schräg in dünne Scheiben schneiden. Salzen, pfeffern und mit Muskat würzen. Durch verquirltes Ei ziehen. Schließlich in Semmelbröseln wenden (was überschüssig ist, gründlich abschütteln) und sofort in recht heißem Olivenöl hellbraun braten. Salbeiblätter, Knoblauch und Öl im Mixer pürieren, in einem Topf erhitzen und mit Essig und Wein ablöschen. Fünf Minuten leise köcheln. Schließlich abgekühlt über die Fleischscheiben gießen und sie einen Tag marinieren.

4

TIRAMISU ALLA CASA

TIRAMISU NACH ART DES HAUSES

Wenn es geht, nimmt Clara für dieses Dessert selbstgebackene Plätzchen oder auch einen Kuchenrest – zum Beispiel vom Tirá (Rezept Seite 51). Wichtiger findet sie, daß der Moscato zum Tränken der Kekse gut ist. Sie nimmt den allerbesten – den ihr Mann macht!

Für vier bis sechs Personen:
4 Eier, 4 EL Zucker, 500 g Mascarpone, 1 Prise Salz, 300 g Biskuits oder Kuchenreste, Moscato zum Tränken, Kakaopulver zum Bestäuben

Eigelb und Zucker dick und cremig schlagen. Den Mascarpone unterrühren und schließlich die mit einer Salzprise steifgeschlagenen Eiweiß unterziehen. Eine Schüssel mit Plätzchen oder Kuchenscheiben auslegen, mit Moscato anfeuchten und mit Mascarponecreme bestreichen. So fortfahren. Oberste Schicht ist Creme. Vor dem Servieren mindestens eine Stunde kalt stellen. Dick mit Kakaopulver bepudert servieren.

Fortsetzung von Seite 166
Große Geheimniskrämerei umgibt das Trüffelgeschäft. Zwar existiert ein offizieller Trüffelmarkt, jeden Samstagmorgen in Alba, im Oktober sogar eine Trüffelmesse. Aber die wahre Musik spielt sich im verborgenen ab. Welcher *trifolau* wird sich je in die Karten oder gar Taschen schauen lassen! Denn die *Guardia di Finanza* wacht überall. Und ist bei den Summen, die hier bewegt werden, besonders mißtrauisch.
Da die Fundstellen nicht geschützt, sondern für jedermann zugänglich sind, ziehen die *trifolai* vor Morgengrauen los, damit man nicht sieht, unter welcher Eiche, Weide, Linde oder Pappel sie fündig werden. Dies sind die wichtigsten Wirtsbäume, und Kenner sehen und riechen, unter welchem Baum welche Trüffel gewachsen ist: Die große, in Scheiben geschnittene (auf Seite 170/171) ist nicht schön, schmeckt aber gut: sie wuchs unter einer Pappel, was die starke Maserung zeigt; die kleine, dunklere ist dichter und schwerer und stammt aus der Symbiose mit einer Eiche.
Bei allem, was Trüffeln betrifft, prallen die unterschiedlichsten Meinungen aufeinander. Trüffeln sind eben etwas Geheimnisvolles. Was auch die wundersame Vermehrung der Alba-Trüffel zeigt: »So viele wachsen hier ja gar nicht!« erklärt Pin in fast unverständlichem Dialekt. »Aber weil unsere die besten und teuersten sind, verwandeln sich die aus der Romagna, der Toskana und Istrien wie durch Zauberhand in Alba-Trüffeln. Sie werden in roter Erde gewälzt oder nach dem Bürsten (Trüffeln sollte man niemals waschen!) in Sand gewendet, um wie echte Alba-Trüffeln auszusehen. Aber das ist Quatsch, denn die echten Alba-Trüffeln sind weder rötlich noch sandig, wachsen eher in gelblichgrauem, lehmigem Boden.«
Die wahren Kenner täuscht natürlich niemand, weshalb es ratsam ist, sich Trüffeln nicht aus obskuren Quellen zu besorgen, sondern bei einem guten, vertrauensvollen Wirt zu genießen. Oder beim *trifolau* selbst!

Giorgio Rivetti und sein Vater Pin durchstreifen die Wäldchen und Haine der Umgebung. Pulu schnüffelt überall herum, wird mit merkwürdigen Zisch- und Schnalzlauten immer wieder zur Konzentration ermahnt. Hat er etwas entdeckt, heißt es schnell sein, sonst ist die Trüffel weg: Hunde lieben sie und müssen mit einem Stück Brot getröstet werden, wenn der trifolau *die duftende Knolle mit den Fingern oder der langen Hacke hervorholt und sofort in die Tasche steckt*

Das Roero und »Il Centro«: Wo die Winzer gerne essen

Das Tal des Tanaro teilt das südliche Monferrato in zwei Hälften: Auf seiner rechten Seite liegen die Langhe, auf seiner linken das Roero, das sich nördlich von Bra und Alba erstreckt. Hauptort ist Canale, dessen Altstadt die stimmungsvolle Kulisse für einen typischen, traditionellen Bauernmarkt abgibt: Vom Traktor bis zum Rebmesser findet man hier jedes landwirtschaftliche Gerät, die seltsamsten Ersatzteile, Eisenwaren und mobile Messerschleiferei, Kleidung, Wäsche, Schuhwerk, Samen, Pflanzen und Viehfutter – es gibt einfach alles.

Auch im Roero wächst Wein. Der Nebbiolo von den hier runden Hügelkuppen ist leichter, säurefrischer und weniger tanninreich als der von der anderen Seite des Tanaro. Die sandigen, quarzhaltigen Böden erwärmen sich schneller, die Weinberge liegen weniger hoch, die Ernte beginnt früher. Das Roero-Gebiet gehört traditionell zur *DOC*-Zone *Nebbiolo d'Alba*, doch seit es eine eigene *DOC Roero* mit kürzerer Lagerzeit gibt, wird der Wein immer häufiger unter dieser Bezeichnung verkauft. Neuer Star des Roero aber ist ein Weißwein, der *Arneis*. Das ist eine alte, autochthone Rebsorte, die fast ausgestorben war.

Früher hat man sie Nebbiolo beigemischt, um ihn schneller trinkreif zu machen; sie bringt aber bei sorgfältigem Ausbau angenehm trockene, zartfruchtige, nach Mandeln duftende, manchmal perlierende Weißweine hervor, die sehr gut zum Essen passen.

Einige Winzer erwarben sich mit dem neuen Typ des konzentrierten, im Barrique ausgebauten *Barbera* guten Ruf.

Priocca ist einer der Weinorte des Roero. In der Mitte des Dorfes, eigentlich nicht zu verfehlen, das Restaurant »Il Centro«. Doch die dazugehörige Bar ist verschlossen, weswegen man den unauffälligen Eingang leicht übersieht. Innen ist alles anders: Hell und licht, modern, klar, sauber. Links, dort wo einst die Dorfbar war, ein hübscher Empfangsraum, geradeaus ein langer Gang: Man hat den Eindruck, in einem Privathaus zu Gast zu sein. Aus einer Tür

Fortsetzung auf Seite 176

»Il Centro«: Enrico Cordero kümmert sich um Restaurant und Einkauf, seine Mutter Rita kocht, assistiert von Ehefrau Elide, die auch dafür sorgen muß, daß die Kinder Valentina und Giampiero ihre Hausaufgaben machen und nicht nur mit dem Hündchen spielen (siehe auch Bild Seite 135)

Großes Bild: Das Schloß von Guarene, es gilt als ein Wahrzeichen des Roero

1

CARNE CRUDA AL TARTUFO

GETRÜFFELTES TATAR

Immer wieder erstaunlich, wie unterschiedlich diese Vorspeise schmecken kann (siehe auch die Seiten 85, 99, 170, 187 und 206). Im »Centro« ist das Fleisch von unnachahmlichem Schmelz und hat gleichzeitig angenehmen Biß. Gewürzt mit so wenig Zitrone, daß man sie nur ahnt, und mit einem Hauch von frisch geriebener Muskatnuß, die vom betörenden Duft des weißen Trüffel, der großzügig darüber gehobelt wurde, durchaus nicht verdrängt, sondern vielmehr hervorgehoben wird.

2

INSALATA DI FUNGHI PORCINI

STEINPILZSALAT

Für vier Personen:
300 g makellose, kleine Steinpilze,
2 EL Zitronensaft, 1 Knoblauchzehe,
glattblättrige Petersilie, Salz, Pfeffer,
3–4 EL bestes Olivenöl

Die Pilze sorgfältig putzen, dabei dicke Schwämme entfernen, dann auf dem Trüffelhobel in dünne Scheibchen schneiden. Mit einer Marinade aus Zitronensaft, durchgepreßtem Knoblauch, feingehackter Petersilie, Salz, Pfeffer und Öl anmachen. Vor dem Servieren eine halbe Stunde durchziehen lassen. Besonders hübsch sieht es aus, wenn man den Salat auf Weinblättern anrichtet und mit Weintrauben dekoriert, die dazu verblüffend gut schmecken.

3

ANIMELLE E FUNGHI ALLA ROERINA

KALBSBRIES UND STEINPILZE NACH ART DES ROERO

Die Region Roero, nordwestlich des Tanaro, leidet ein wenig darunter, nicht so bekannt zu sein wie die berühmten Langhe, die sich südöstlich erheben. Es gedeihen jedoch auch hier hervorragende Weine, und die Küche braucht durchaus keinen Vergleich zu scheuen.

Für vier bis sechs Personen:
Bries:
300 g Kalbsbries, 1 Möhre,
1 Lauchstange, 2–3 Selleriestangen,
4 Petersilienstengel,
1 Lorbeerblatt, $^{1}/_{2}$ TL Pfefferkörner,
Salz
Marinade:
2 EL Rotweinessig,
1 EL Balsamicoessig,
4 EL Olivenöl, Salz, Pfeffer
Außerdem:
1 kleine Portion Steinpilzsalat,
Granatapfelperlen

Das Bries mit der längs in streichholzfeine Streifen gehobelten Möhre, dem grob zerkleinerten Lauch und Sellerie, den abgezupften Petersilienstielen sowie den Gewürzen in einen Topf füllen, mit Wasser bedecken und langsam zum Kochen bringen. Etwa fünf Minuten köcheln, dann im Sud abkühlen lassen. Das Bries dann sorgfältig putzen, also von allen störenden Häuten befreien. Dabei in die natürlich gewachsenen Röschen teilen. Große Stücke in Scheiben schneiden.
Die Zutaten für die Marinade verquirlen, die Petersilienblättchen sehr fein gehackt unterrühren. Die Briesscheiben lauwarm damit anmachen, auf einem Bett von Steinpilzsalat anrichten. Mit Granatapfelperlen und Möhrenjulienne (aus dem Sud) dekorieren.

1

2

3

schaut eine Frau mit Schürze heraus: »Haben Sie reserviert?« Nein. »Dann haben Sie Glück, es ist gerade noch ein Tisch frei!«

Das »Centro« gibt's schon über hundert Jahre. Seit Enrico Cordero es vor ein paar Jahren übernommen hat, hat sich viel verändert: Upgrading nennt man so etwas. Mit Ambition, leidenschaftlicher Liebe zum guten Wein und guten Essen, mit Fleiß und Akkuratesse führte er sein Haus von einem Erfolg zum anderen. Natürlich mit Hilfe seiner Mutter Rita und seiner Frau Elide, die in der Küche die großartigsten Gerichte hervorzaubern. Das klassische Prinzip der Piemonteser Gastronomie wird auch hier befolgt: Zunächst gibt es für alle Gäste eine Kavalkade von sechs bis zehn Vorspeisen, wozu ein wundervolles, selbstgebackenes Brot mit Anchovis oder Walnüssen gereicht wird. Dann folgen ein oder zwei Primi, etwa *tajarin* und *agnolotti*. Das Hauptgericht, wenn man denn noch eines zu schaffen in der Lage ist, darf man dann selbst wählen, ebenso wie ein oder mehrere Desserts.

Aber vielleicht ist man ja wegen der weithin berühmten Spezialität des Hauses gekommen, wegen des großen *fritto misto* (nur auf Vorbestellung), der sich aus 16 bis 24 verschiedenen Bestandteilen zusammensetzt, je nach jahreszeitlichem Angebot – Fleisch, Gemüse und Süßes. Wer ihn nicht hier probiert hat, weiß nicht, wie gut Fritiertes schmecken kann. Rita verwendet für jeden Gang ein neues erstklassiges Olivenöl.

Die Weinkarte gehört zu den besten, die man im Piemont finden kann – und das will etwas heißen! Die Preise sind moderat kalkuliert, außerdem bietet Enrico gerne zu jedem Gang einen anderen, genau passenden Wein an: So kommen mehrere Gäste in den Genuß einer Flasche, und die Kosten werden geteilt.

Häufige Gäste sind Winzer, die dann gerne mehrere Weine gegeneinander probieren: Aus Vergleichsproben kann man immer lernen! Aber anders als viele Weinfreaks, die Wein in puristischer Einseitigkeit ohne Verbindung zu Speisen testen, trinken die Piemonteser Winzer ihre Weine lieber zum Essen, wollen mit Genuß herausfinden, wie sie zu den Gerichten passen, ob sie sich behaupten und dazu entwickeln können. Für die Piemonteser sind Wein und Essen eine untrennbare Einheit!

1

FRITTO MISTO

GEMISCHTES GEBACKENES

Es ist das Paradegericht der piemontesischen Küche: Eine große Platte mit den verschiedensten Leckerbissen, allesamt goldgelb ausgebacken – je nach Zutat entweder in einen hauchzarten Teig gehüllt oder auch nur in verquirltem Ei und dann in Semmelbröseln oder Grieß gewendet. In jedem Fall natürlich duftig und leicht, keinesfalls schwer oder gar vor Fett triefend: Fritieren ist eine Kunst – es gilt beim Ausbackfett genau den Hitzegrad zu erwischen, der die Zutaten innen durch und außen appetitlich braun werden läßt.

Die einzelnen Elemente des Gerichts müssen frisch gebacken serviert werden, dürfen nicht lange warten. Und daß man das Fett jedesmal wechselt, versteht sich für eine piemontesische Hausfrau von selbst. Übrigens nimmt sie natürlich Olivenöl zu diesem Zweck – allerdings nicht das feinste »olio d'autore«, sondern ein gutes Markenöl extra vergine. Kein anderes Fett ist bekömmlicher, kaum eines kann einen stabileren Rauchpunkt aufweisen, und obendrein schmeckt es einfach am besten!

Die Zutaten für einen *Fritto misto* sind natürlich von Jahreszeit und Marktangebot abhängig. Auf dem Photo ist beispielsweise angerichtet: (von rechts) Knochenmark, Hirn, Käse, Polentaschnitte, Amaretti, gefüllte Biscotti und Lammkotelett. Denkbar wären jedoch auch Gemüse, zum Beispiel Auberginen- oder Zucchinischeiben, Blumenkohlröschen. Im Frühling auch Akazien- oder Holunderblüten. Meist ist ein Ausbackteig vonnöten, dafür hier das Rezept:

Für vier bis sechs Personen:
2 Eier, 2 EL Mehl, 100 ml Milch, Bier oder Wein, 1 Prise Salz, 1 TL Zucker

Die Eier mit Mehl und der Flüssigkeit verquirlen, dabei mit Salz und Zucker würzen. Den Teig wenigstens eine halbe Stunde ruhen und quellen lassen, bevor man ihn verwendet.

TIP: Als Sauce zu den gebackenen Leckerbissen paßt Salsa Cunja (Rezept Seite 219) oder eine grüne Sauce (z. B. Seite 126 oder Seite 225).

2

INSALATA DI GALLINA

HÜHNERFLEISCHSALAT

Rita und Schwiegertochter Elide Cordero verwenden für diesen Vorspeisensalat das Fleisch eines ausgewachsenen Suppenhuhns, das kernig ist und voller Geschmack. Leider werden bei uns nur ausgemergelte Legehennen als Suppenhuhn angeboten, deren zähes Fleisch keinen Genuß mehr bietet. Es empfiehlt sich deshalb, für dieses Rezept lieber eine Poularde zu verwenden.

Für vier Personen:
das gekochte oder gebratene Brustfleisch einer Poularde, 2 EL Balsamicoessig, Salz, Pfeffer, 3–4 EL Olivenöl, 1 gehäutete gelbe (oder rote) Paprikaschote (Rezept Seite 118), Zitronensaft

Das Fleisch in feine Streifen schneiden und mit einer Marinade aus Balsamessig, Salz, Pfeffer und Olivenöl anmachen. Mit der ebenfalls in feine Streifen geschnittenen Paprikaschote mischen und mit Zitronensaft abschmecken.

3

SUGO DI CARNE BIANCO

NUDELSAUCE MIT HELLEM FLEISCH

Man kann hierfür Reste vom Kaninchen-, Kalbs-, Hähnchen-, Putenbraten verwenden, aber ebensogut auch frisches Fleisch nehmen. In jedem Fall wird es natürlich durch den Wolf gedreht. Übrigens: Im »Il Centro« werden die Tajarin mit 30 Eigelb auf ein Kilogramm Mehl zubereitet, hinzu kommen zur besseren Bindung noch etwa zwei bis drei Eiweiß.

Für vier bis sechs Personen:
1 kleine weiße Zwiebel,
3–4 Knoblauchzehen, 1 Bund Petersilie,
1 Chilischote, 2 EL Butter,
1 EL Olivenöl, ca. 300 g Fleisch
(siehe oben), Salz, Pfeffer, 1 Thymianzweig, 1 Tasse Tomatenwürfel oder
passiertes Tomatenfleisch,
1 Glas Weißwein,
eventuell 1 Glas Brühe

Zwiebel, Knoblauch, die Hälfte der Petersilie und die Chilischote fein hacken und in Butter und Öl andünsten. Das Fleisch zufügen und unter Rühren einige Minuten braten. Salzen, pfeffern, den Thymianzweig dazulegen. Das Tomatenfleisch schließlich unterrühren und mit Wein aufgießen. Die Sauce etwa eine halbe Stunde im offenen Topf sanft köcheln, dabei immer wieder umrühren, damit nichts ansetzt. Falls zuviel Flüssigkeit verkocht, mit etwas Brühe verdünnen. Zum Schluß die restliche Petersilie fein hacken und darüberstreuen.

1

2

3

1

BAVARESE DI CIOCCOLATO

SCHOKOLADENCREME

Für sechs Personen:
1/4 l Milch, 1 Tütchen Vanillezucker, 200 g Bitterschokolade, 2 Blatt Gelatine, 2 Eigelb, 200 g Zucker

Die Milch aufkochen, mit Vanillezucker würzen und die Schokolade darin auflösen. Die Gelatine in kaltem Wasser einweichen, ebenfalls in der Milch auflösen. Eigelb und Zucker im Wasserbad oder einem dickwandigen Topf schlagen, bis eine dicke, fast weiße Creme entstanden ist. Die heiße Schokoladenmilch zufügen und unter stetem Rühren erhitzen, einmal aufwallen und schließlich kalt werden lassen. Sobald die Creme fest zu werden beginnt, die steifgeschlagene Sahne unterziehen.

Die Creme in Portionsförmchen füllen und erstarren lassen. Zum Anrichten aus den Förmchen lösen, stürzen und auf Vanillesauce (Rezept Seite 210) servieren.

2

1

2

SPUMA DI TORRONE CON SALSA DI NOCCIOLE

HALBGEFRORENES VON TORRONE MIT HASELNUSS-SAUCE

Die Masse für das Halbgefrorene ist hier ein wenig komplizierter und gehaltvoller als bei »Violetta« (Rezept Seite 57), dafür schmilzt das Eis dann auf der Zunge.

Für sechs bis acht Personen:
3 Eier, 1 Prise Salz, 400 g Sahne,
3 EL Zucker, 1 TL Honig,
250 g Torrone
Haselnußsauce:
75 g Haselnüsse, 1/4 l Milch,
1 TL Kakaopulver, 2 Eigelb,
2 EL Zucker

Zuerst die Eiweiß mit der Salzprise zu Schnee schlagen. Als zweites die Sahne steif schlagen. Schließlich die Eigelb mit Zucker und Honig zur dicken, hellen Creme schlagen. Unter die Eiermasse Eischnee und Sahne ziehen, sowie den zerbröselten Torrone. Die Masse in Förmchen füllen und gefrieren lassen.
Für die Sauce die Haselnüsse im Ofen rösten, dann im Mixer zerkleinern. Die Milch aufkochen, die geriebenen Nüsse und Kakao unterrühren. Eigelb und Zucker zur dicken, hellen Creme schlagen, die Nußmilch zufügen, zurück in den Topf schütten, unter Rühren heiß und dick werden lassen und abkühlen.

3

PANNA COTTA

SAHNEDESSERT

Eine besondere Variante des im Prinzip simplen Desserts: Die Förmchen werden mit Karamel ausgegossen, bevor die Sahne eingefüllt wird.

Für vier bis sechs Personen:
1/2 l Sahne, 150 g Zucker, 1 Tütchen
Vanillezucker, 2–3 Blatt Gelatine

Sahne aufkochen, 100 g Zucker, Vanillezucker und eingeweichte Gelatine darin auflösen. Den restlichen Zucker mit einem Löffel Wasser so lange kochen, bis der Karamel die gewünschte dunkle Färbung hat. In Portionsförmchen gießen und fest werden lassen. Dann die Sahne einfüllen und mindestens 15 Stunden – lieber noch länger – kalt stellen.
Zum Servieren die Förmchen kurz in heißes Wasser tauchen, die Creme rundum mit einem Messer vom Rand lösen und stürzen. Der Karamel hat sich nunmehr aufgelöst und umfließt das Dessert als bittersüße Sauce.

3

Alessi: Design und gute Küche

Der Hausherr rührt mit Hingabe. Leuchtendgelb, safranduftend schwingt der Risotto im Topf, *all'onda*, wie es sich gehört. Er läßt seine Frau rufen, damit sie probiert. »*Perfetto*«, sagt Daniela. Alberto rührt großzügig Butterflöckchen und Käse hinein. »Nicht zuviel!« warnt sie. »Ein Risotto ohne Butter geht nicht!« ruft Alberto und wirft rasch ein Stückchen nach. Auch Daniela kocht gern und gut, achtet aber stets auf diätetisch korrekte Kost. Kein Wunder, daß sie gertenschlank ist. Alberto hingegen liebt butterschwere Saucen, üppige Speisenfolgen und dazu den passenden Wein – er kocht mit Lust.

Natürlich ist die Küche im Hause Alessi ein Traum. Ausgerüstet mit allem, was schön und praktisch ist. Die Arbeitsflächen aus Veroneser Marmor glänzen wie frisch gebohnert; tatsächlich werden sie regelmäßig gewachst, damit Zitronensäure keine Flecken frißt!

Im Stronatal hat die metallverarbeitende Industrie Tradition. Das Wasser der kraftvoll herabstürzenden Bergbäche lieferte immer schon die dafür nötige Energie. Und so sind in Crusinallo, einem kleinen Städtchen am Nordende des Ortasee, eine ganze Reihe von Topfproduzenten zu Hause. Wo der Großvater einst mit einer kleinen Werkstatt begonnen hatte, steht heute das große Werk. Generaldirektor, verantwortlich für Design, Marketing und Strategie: Alberto Alessi. Eigentlich hätte er lieber Psychologie und Philosophie oder Architektur studiert. Aber er war der erste in der dritten Alessigeneration; und so hat er sich nolens volens mit einem Jurastudium auf den Vorsitz im Familienunternehmen vorbereitet. Vater und Onkel sind heute mit 79 und 68 Jahren nicht mehr ganz so aktiv im Tagesgeschäft, dafür die beiden Brüder und zwei Cousins. Und in der nächsten, der vierten Generation stehen schon zwölf Familienmitglieder zur Nachfolge bereit.

Alberto hat dem Unternehmen, das immer schon für klares, gutes Design berühmt war, seinen ganz persönlichen Stempel aufgedrückt. Sein Ziel war das in Form und Funktion perfekte Kochgeschirr. Und so wurden zusammen mit

Designern, Köchen und Historikern Kochgeräte entwickelt, deren Form und Material nicht allein ästhetischen Prinzipien folgen, sondern vielmehr die jeweiligen Kochprozesse unterstützen, sogar verbessern. Zum Beispiel der Risottotopf: Der flache, weite Topf, dessen plane Fläche den Reiskörnern viel Bodenkontakt bietet, ist aus schwerem Kupfer, das die Hitze rasch und gleichmäßig leitet. Er ist mit Edelstahl ausgekleidet, daher innen mühelos zu reinigen, unverwüstlich und geschmacksneutral. Und der Kirschholzlöffel (von der Tochterfirma Twergi), mit dem gerührt wird, ist so geformt, daß er genau in die Ecke der Topfwand paßt und jedes einzelne Reiskorn erwischt.

TORTA DI MELE

VERSUNKENER APFELKUCHEN

Für eine Form von 26 cm Durchmesser:
2 Eier, 150 g Zucker, 200 g Mehl, 1 Tütchen Backpulver, ca. 1/8 l Milch, 1 Zitrone, 1 kg Äpfel
Außerdem:
3–4 EL Zucker, 75 g grob gehackte Walnüsse, Butterflöckchen

Die Eier mit dem Zucker schaumig rühren, Mehl und Backpulver zufügen und so viel Milch, daß der Teig zäh vom Löffel reißt. Mit abgeriebener Zitronenschale würzen.
Die Äpfel schälen, vierteln, vom Kerngehäuse befreien. Die Viertel in Spalten schneiden. Sofort mit Zitronensaft beträufeln, damit sie sich nicht braun verfärben. Den Teig in eine ausgebutterte Form füllen. Die Apfelspalten akkurat dicht an dicht hineinsetzen, so daß sie ein hübsches Muster bilden. Mit Zucker und Nüssen bestreuen. Butterflöckchen gleichmäßig auf die Oberfläche setzen. Den Kuchen bei 180 Grad 30 Minuten backen. Er schmeckt am allerbesten ganz frisch, also noch lauwarm!

Zuerst werden Zwiebeln angedünstet

Dann kommt der Risottoreis hinzu

Inzwischen wird eine Brühe angesetzt

Sie wird kellenweise an den Reis gegossen

Safranpulver färbt den Reis leuchtend gelb

Ein Risotto muß ständig gerührt werden!

Drei Töpfe für einen einzigen Risotto, das mag vielleicht übertrieben erscheinen. Ist es aber nicht: Ein Topf für die Brühe, die kochendheiß angegossen werden muß, damit die Reiskörner nicht abgeschreckt werden. Nur so kann sich die Reisstärke gleichmäßig auflösen und den Risotto cremig machen. Und im dritten Topf werden die Steinpilze zubereitet. Sie waren getrocknet und ergeben daher ein besonders intensiv duftendes Ragout, das mit dem Safranparfum eine verblüffend harmonische Ehe eingeht. Weil man beides erst auf dem Teller mischt und nicht bereits im Kochtopf, läßt sich die Vermählung auf der Zunge mit größtem Vergnügen verfolgen

Unten: Die Familie um den Tisch. Die Küche ist gleich nebenan, so sind die Wege kurz. In den Vitrinen, die rundum in die Wände eingelassen sind, eine schöne Sammlung alter Tisch- und Eßgeräte. Daneben natürlich auch das Neueste und alles Schöne aus der eigenen Produktion

RISOTTO AI FUNGHI PORCINI

STEINPILZRISOTTO

Für vier Personen:
1 Zwiebel, 70 g Butter, 200 g Reis (Carnaroli), 1 Glas Weißwein, ca. 1,2 l Gemüsebrühe, Salz, Pfeffer, 1 Döschen pulverisierter Safran, 50 g frisch geriebener Parmesan
Außerdem:
50 g getrocknete Steinpilze, 1 Zwiebel, 1 Knoblauchzehe, 2 EL Olivenöl, Salz, Petersilie

Die Zwiebel sehr fein würfeln und in 2 EL Butter andünsten. Den Reis zufügen und mitdünsten. Wenn alle Körnchen von Fett überzogen glänzen, den Wein angießen. Dann schöpfkellenweise nach und nach die kochende Brühe angießen, dabei immer wieder rühren, damit sich die Reiskörner nicht am Topfboden festsetzen. Gleich zu Beginn salzen, pfeffern und, aber erst wenn der Reis fast gar ist, den Safran zufügen. Schließlich die restliche Butter und den Parmesan unterrühren und so viel Flüssigkeit, daß der Risotto sanft und cremig ist.

Die Pilze bereits einige Stunden vor dem Essen mit Wasser überbrühen und einweichen. Fein gewürfelte Zwiebel und Knoblauch im Öl andünsten. Die gehackten Pilze mitdünsten. Die durch ein Sieb gefilterte Einweichflüssigkeit angießen. Salzen und reichlich gehackte Petersilie unterrühren. Zum Servieren den Risotto auf einer Platte anrichten und die Pilze obenauf betten.

Einsame Täler und trutzige Burgen

Einst endete das Aostatal vor den ungeheuren Wänden und Gletschern des Montblanc. Seit 1965 gibt es jedoch den Tunnel ins savoyische Chamonix: Das Aostatal ist sozusagen über Nacht zu einer der Hauptachsen Europas geworden. Unablässig braust der Verkehr. Das ehemals mondäne Courmayeur, wo sich die ersten mutigen Bergsteiger und Wintersportler ein Stelldichein gaben, hat sich dem Massentourismus ergeben. Alle paar Kilometer münden von rechts wie von links enge, teilweise steil in die Höhen führende Seitentäler in das von Gletschern weit gerundete Haupttal. Sie zeigen alle einen eigenen Charakter, keines gleicht dem anderen – einige sind wild, andere eher lieblich, alle still und wie verwunschen: Die Zeit scheint stehengeblieben zu sein . . . Die Eingänge zu diesen Tälern, vor allem wenn sie zu einem Paß führen, sind wie alle Felssporne und Engstellen des von der Dora Baltea durchrauschten Haupttals von stolzen Burgen bewacht, von gewaltigen Festungsanlagen abgeriegelt. Selbst wer auf der Autobahn mühelos vorbeigleitet, kann sich vorstellen, wie heftig hier einst um die Vormachtstellung gerungen wurde.

Die bescheidenen Bauernhäuser ducken sich an die Hänge, Esel sind noch Arbeitstiere

Die mächtige Burg von Verrès bewacht den Eingang zum verwunschenen Val d'Ayas

Die Häuser sind mit Granitplatten gedeckt, Haupterwerb ist die Milchwirtschaft

Grandioser Blick und Hausmannskost

Saint Vincent ist ein merkwürdiger Ort: Moderne, ziemlich unschöne Architektur zerfleddert die nach Süden gerichtete Flanke des Monte Zerbion. Die hübschen Turmspitzen des Grandhotels Billa in der Mitte verheißen ein Flair, das sich in dem zum Kur- und Konferenzzentrum grotesken Formats ausgebauten Komplex nicht findet. Attraktion sind die heilenden Wasser des Kurbads – sie sollen Magen- und Leberleiden lindern – und eine Spielbank, die die Gäste sogar aus dem gut eine Autostunde entfernten Turin lockt.

Wunderschöne Ausflüge bieten sich von hier aus an: zum Beispiel zum Col de Joux. Herrliche Gebirgswälder gibt es da oben, die sich im Herbst spektakulär verfärben, vom Scheitelpunkt sind grandiose Ausblicke sogar nach beiden Seiten möglich – weit ins Aostatal hinein, das, von einem Hufeisenkranz schneebedeckter Bergspitzen umsäumt, dem Betrachter zu Füßen liegt, und ins Val d'Ayas, auf dessen Hängen lohfarbene Lärchen lodern.

Wenn man sich bei Ezio und Bruna Juglair in ihrem Gasthaus »Da Ezio« in Salirod niederläßt, sollte man wenigstens einen längeren Spaziergang hinter sich haben. Die Portionen sind gewaltig, bereits nach den Vorspeisen sind zwei Mann satt, obwohl nur für eine Person geordert wurde. Man serviert die handfesten Gerichte der landestypischen Küche, ehrlich, herzhaft, bodenständig und voll Geschmack! Besonders köstlich das luftgetrocknete Fleisch. Und im Herbst, wenn Ezio, Jäger aus Leidenschaft, das Jagdglück hold war, kann es sogar sein, daß Rebhühner oder der legendäre *fagiano di monte*, der Auerhahn, auf der Speisenkarte stehen.

1
ANTIPASTI MISTI
VORSPEISENPLATTE

Wie fast überall im Aostatal beginnt auch hier die Speisenfolge mit verschiedenen luftgetrockneten Würsten und Schinken. *Mocetta* (getrocknetes Gemsenfilet), *Lardo* (mit Kräutern gereifter fetter Rückenspeck) und *Budino* (eine Art Blutwurst) sowie andere Würste unterschiedlichen Alters und Geschmacks, jeweils hauchdünn aufgeschnitten, dazu gibt es ein wunderbares, herzhaftes Bauernbrot und die nie fehlenden, hier besonders köstlich knusprigen Grissini.

2
CARNE CRUDA
TATAR

Diesmal wird das selbstverständlich auch hier von Hand gehackte Fleisch in völlig naturbelassenem Zustand serviert. Jeder Gast würzt sich seine Portion mit Salz, Pfeffer sowie einigen Tropfen Zitronensaft. Olivenöl stellt Bruna Juglair erst auf ausdrückliche Nachfrage auf den Tisch – sie hält es für eine neumodische Sitte. Tatsächlich bedarf das kernige Fleisch dessen überhaupt nicht, entwickelt sogar ganz pur, nur mit ein paar Salzkörnchen, seinen vollen Geschmack!

3
VOL AU VENT DI FONTINA
BLÄTTERTEIGPASTETCHEN MIT FONTINAKÄSE

Eine ebenso einfache wie hübsche Vorspeise: fertige Pastetenhäuschen (vom Bäcker) mit einigen Käsewürfeln füllen und im Ofen backen, bis sie geschmolzen sind. Wer mag, gibt unter den Käse ein paar Tomatenwürfel – das macht die Sache frischer und leichter.

1

2

3

1

POMODORI RIPIENI

GEFÜLLTE TOMATEN

Eine Vorspeise, die hübsch aussieht und erfrischend leicht ist. Die ausgehöhlten Tomaten sind mit einer grünen Sauce gefüllt (Rezept Seite 126 o. 225). Daneben marinierte Paprika (Rezept Seite 118).

2

POLENTA CONCIA

POLENTA AUF GERBERART

Die Polenta ist hier nicht als feste Schnitte Basis für den geschmolzenen Käse, sondern vielmehr ein noch cremig weicher, frisch gekochter Maisgrießbrei. Man nimmt dafür ein Drittel Flüssigkeit mehr als im Rezept auf Seite 240.

3

UOVA ROSA E CAPRINO MARINATO

ROSA EI UND MARINIERTER ZIEGENFRISCHKÄSE

Eine Eierhälfte ist mit einer leichten Mayonnaise bedeckt, die mit einem Löffel Tomatenmark rosa eingefärbt wurde. Der milde Ziegenfrischkäse ist mit Olivenöl überzogen, das mit feingehacktem Chili, Petersilie und grob gestoßenem Pfeffer gewürzt ist. Dazu kräftiges Brot.

4

SALSICCIA E FAGIOLI

WURST UND BOHNEN

Für sechs Personen:
200 g große weiße Bohnenkerne,
1 TL Natron, 1/2 TL Salz, 1 Zwiebel,
2 Knoblauchzehen, 1 EL Olivenöl,
2 EL Butter, 1 Rosmarinzweig,
2 gehäufte EL Tomatenmark, Pfeffer,
1 Tasse Gemüse- oder Fleischbrühe,
6 frische, grobe Schweinsbratwürste

Die Bohnen über Nacht einweichen, dann in frischem Wasser mit Natron und Salz weich kochen. Zwiebel und Knoblauch fein hacken und in Öl und Butter andünsten, dabei die feingehackten Rosmarinnadeln zufügen. Die Bohnen nur kurz abtropfen und in den Topf mit der Zwiebel-Knoblauch-Mischung füllen, Tomatenmark unterrühren, pfeffern und die Brühe angießen. Auf sanftem Feuer eine halbe Stunde schmoren. Für die letzte Viertelstunde die Würste zufügen.

5

ZUPPA VALPELLINESE

KÄSESUPPE VALPELLINER ART

Eine Variante zur Suppe nach Art des Aostatals (Seite 78) – hier jedoch mit mehr Wirsing und eher Gratin, also Auflauf, als eine flüssige Suppe.

Für vier bis sechs Personen:
1 Wirsingkopf von ca. 1 kg, Salz,
1 Zwiebel, 4 EL Butter,
Pfeffer, Muskat,
6 Scheiben entrindetes Weißbrot,
200 g Fontinakäse in Scheiben,
1/2 l Fleischbrühe

Den Wirsing in Blätter teilen – dicke Rippen entfernen – und in Salzwasser blanchieren, damit die leuchtendgrüne Farbe erhalten bleibt. Die Blätter ausdrücken und in breite Streifen schneiden. Die Zwiebel fein würfeln und in der heißen Butter weich dünsten. Wirsing zufügen, mit Pfeffer und Muskat würzen, einige Minuten dünsten.
Eine Auflaufform mit der Hälfte der Brotscheiben auslegen, die Hälfte des Gemüses darauf verteilen und die Hälfte des Käses. Die restlichen Zutaten ebenso einschichten. Schließlich alles mit der Brühe übergießen. Im 250 Grad heißen Backofen etwa 20 Minuten backen, bis alles brodelt und der Käse eine goldene Kruste gebildet hat und glänzt.

6

CARBONADA DI VITELLO

KALBSRAGOUT

Für vier bis sechs Personen:
1,5 kg Kalbsschulter,
Mehl zum Wenden,
3 EL Butter, Salz, Pfeffer,
3 große Zwiebeln, 2 Knoblauchzehen,
1 Lorbeerblatt, 2 Rosmarinzweige,
1 Nelke, 1 Flasche Rotwein
(z. B. aus dem Aostatal)

Das Fleisch in knapp drei Zentimeter große Würfel schneiden, in Mehl wenden, so daß ein hauchzarter Film das Fleisch überzieht, und schließlich in der Butter rundum anbraten, dabei salzen und pfeffern. Zwiebeln würfeln, Knoblauch hacken, in den Topf streuen und mitschmoren. Die Kräuter und Gewürze zufügen, mit Wein auffüllen. Zugedeckt auf kleiner Hitze etwa zwei Stunden sanft schmoren, bis die Zwiebeln geradezu geschmolzen sind und das Fleisch weich ist. Als Beilage paßt Polenta.

7

CONIGLIO ALLE ERBE

KANINCHENRAGOUT MIT KRÄUTERN

Für vier bis sechs Personen:
1 Kaninchen von ca. 1,2 kg,
2 EL Olivenöl, 2 EL Butter,
Salz, Pfeffer, je 1 Möhre, Lauch- und Selleriestange, Zwiebel,
2 Knoblauchzehen,
ein Sträußchen Rosmarin-,
Thymian- und Petersilienzweige,
1/2 l Weißwein

Das Kaninchen in möglichst kleine Portionsstücke schneiden – wenn Sie ihn nett bitten, macht das für Sie vielleicht der Händler. Die Stücke in einem Bräter in Öl und Butter schön golden anbraten, dabei salzen und pfeffern. Das gewürfelte Gemüse danebenstreuen und zunächst kräftig mitrösten. Dann die Kräuter zufügen, den Wein angießen und nunmehr zugedeckt auf sanfter Hitze eine knappe Stunde gar schmoren. Die empfindlichen Rückenstücke bereits nach einer halben Stunde herausfischen, damit sie nicht zu trocken werden. Die Fleischstücke auf eine Platte betten, die Kräuter herausfischen und wegwerfen. Die Sauce im Mixer pürieren, wenn nötig mit einem Schuß Brühe verdünnen. Die Kaninchenstücke in dieser Sauce bei milder Hitze sanft erwärmen.

8

PESCHE RIPIENE AL FORNO

GEFÜLLTE, GEBACKENE PFIRSICHE

Wenn keine frischen Pfirsiche zur Verfügung sind, kann man auch selbst eingemachte Früchte verwenden oder erstklassige ganze Dosenfrüchte.

Für vier bis sechs Personen:
4 gleich große, reife Pfirsiche,
100 g Amaretti, 50 g geriebene
Schokolade, 2 Eigelb, 2 EL Zucker,
200 g Mascarpone

Die Pfirsiche halbieren, den Stein herauslösen. In diese Höhlung die zerbröselten, mit der Schokolade vermischten Amaretti füllen. Die Hälften nebeneinander in eine flache Form setzen.
Die Eigelb mit dem Zucker zu einer dicken, weißen Creme schlagen, erst dann den Mascarpone einarbeiten. Diese Creme über die gefüllten Pfirsiche gießen. Im 180 Grad heißen Ofen etwa 20 Minuten backen. Sofort servieren.

1

2

3

4

5

6

7

8

Ein gemütlicher Berggasthof. Und mit dem Helikopter zur Skipiste

Die Fahrt von Arvier im Aostatal durch das schluchtartig enge Valgrisenche, das sich erst für den Lago di Beauregard an seinem Ende ein wenig weitet, ist abenteuerlich. Die gewaltige Staumauer, die den See zum Tal hin abschließt, hat ihren Zweck nie erfüllt. Als sie 1950 fertig wurde, stellte sich heraus, daß der Untergrund, auf dem sie steht, doch nicht stabil genug ist, dem ungeheuren Wasserdruck standzuhalten. So blieb der See eine Idylle und das Tal verwunschen. Dennoch zieht es Gäste an: Im Sommer und Frühherbst Wanderer, die die großartige Natur der Bergwelt genießen wollen. Und schon im Spätherbst kommen mit dem ersten Schnee die fanatischen Skiläufer, die sich per Hubschrauber in die letzten noch nicht von Liften erschlossenen Tiefschneegebiete der Region tragen lassen. Gemütliche Unterkunft mit vielerlei traditionellen Holzschnitzereien und unverfälschte, bodenständige Küche finden Sie oberhalb des Sees, in Bonne, im »Albergo Perret«. Luigi Cerbelle hat in London und Hamburg gearbeitet, bevor er vor 20 Jahren das Gasthaus von seinem Onkel übernommen hat. Seine Gäste kommen aus aller Welt und wissen es zu schätzen, daß er mit ihnen deutsch und englisch sprechen kann.

Die Spezialität von Bruna sind in Essig eingelegte Gemüse – nicht nur von den Wintergästen zum Käse-Fondue, sondern auch von den Einheimischen zur Brotzeit mit vielerlei Würsten, Speck, Schinken und Käse geschätzt. Sie haben nichts mit den üblichen Industrieprodukten zu tun, schmecken intensiv und köstlich und werden glücklicherweise in so verschwenderischer Fülle aufgetragen, daß der Gast beherzt zugreifen und ausgiebig genießen kann.

Das Haus liegt am steilen Hang. Man betritt es von der Straße im obersten Stockwerk, und zu den Gästezimmern geht es treppab. Bruna ist verantwortlich für die Küche, Luigi kümmert sich um die Gäste, Wein und Vorräte. Es muß fast alles aus Aosta herabgeschafft werden. Nur die Milch und manche Käse kommen von den Bauern der Umgebung

1

2

1

TORTA DI SPINACI E INSALATA DI NERVETTI

SPINATKUCHEN UND SCHWEINSKOPFSALAT

Für sechs Personen:
Mürbteig:
300 g Mehl, 100 g Butter, Salz, 1 Ei
Belag:
1 kg Spinat, Salz, 100 g gekochter Schinken, ca. 1/4 l dick eingekochte Béchamelsauce (Rezept Seite 187)
Schweinskopfsalat:
400 g Schweinskopfsülze in zentimeterdicken Scheiben, 1 Bund Petersilie, 2 weiße Zwiebeln, 2 Knoblauchzehen, 3 EL milder Essig, Salz, Pfeffer, 4 EL Olivenöl

Aus den angegebenen Zutaten rasch einen Mürbteig kneten und eine halbe Stunde kalt stellen. Dann ausrollen, ein Backblech damit ausschlagen.
Spinat putzen, verlesen, dicke Stiele entfernen, mehrmals gründlich waschen. In Salzwasser schließlich zusammenfallen lassen, gut ausdrücken und mit einem großen Messer hacken. Den Schinken sehr fein würfeln, mit dem Spinat und der Béchamelsauce mischen. Diese Masse auf dem Teigboden verteilen. Im 220 Grad heißen Ofen bei starker Unterhitze etwa 40 Minuten backen, bis der Teig durch und durch gebräunt ist.
Für den Schweinskopfsalat die Sülze in fingerstarke Streifen schneiden. Mit gehackter Petersilie und Zwiebelringen mischen und mit einer Marinade aus durchgepreßtem Knoblauch, Essig, Salz, Pfeffer und Öl anmachen.
Im »Albergo Perret« serviert man den Kuchen auch gern kalt, in Portionsstücke geschnitten. Zusammen mit dem Salat, Wurstscheiben, Schinken, etwas Käse, frischem Bauernbrot und einem Glas Wein ein wunderbarer Imbiß.

2

SOTT'ACETI

IN ESSIG EINGELEGTES GEMÜSE

In Essig eingelegt, kann man die Gemüse des Sommers in den Winter retten. Das ist besonders in den Bergen wichtig, wo nur wenige Wochen im Jahr Frisches im Garten zu holen ist. Wirtin Bruna Cerbelle legt ihren ganzen Stolz in ihre *sott'aceti* und verfügt über eine reichhaltige Auswahl (auf dem Teller von oben im Uhrzeigersinn):
Grüne Bohnen – sie werden in einem Sud aus halb Essig und Wasser, gewürzt mit Salz, Zucker, Salbei, Rosmarin, Nelken und Lorbeer gegart. In Gläser gefüllt, mit dem durchgeseihten, kochendheißen Sud bedeckt und luftdicht verschlossen.
Für die **Pilze** wird der Sud aus Essig und Wasser mit Wacholder, viel Nelken und Knoblauch sowie Salbei und Lorbeer gewürzt. Die Pilze werden darin gegart, in Gläser geschichtet und mit dem aufgekochten, durchgefilterten Sud bedeckt.
Giardiniera nennt Bruna Cerbelle die Gemüsemischung, für die sie bunte Paprika, Mandeln, Auberginen- und Zucchiniwürfel, Stangenselleriescheibchen, Blumenkohlröschen, Möhrenstükke, Perlzwiebeln und sogar Tomaten mischt. Die Gemüse werden getrennt in einem Essigsud bißfest gegart, dabei mit Salbei, Rosmarin, Thymian, Salz und Pfeffer gewürzt; dann in Gläser geschichtet, mit dem heißen Sud aufgefüllt.
Die **Zucchinischeiben** werden in Öl gebraten, mit Knoblauch, Salz und Pfeffer gewürzt und in ein Glas geschichtet, wobei Bruna viele Salbeiblätter, auch Basilikum und Lorbeerblatt dazwischenpackt und mit heißem Essigsud bedeckt.
Schließlich die feuerroten, kleinen, herzförmigen **Chilischoten** *(peperoncini)*, die mit einer Mischung aus gehackten Sardellen, Kapern, Sellerie, Salbei und Rosmarin gefüllt und dann ebenfalls im Essigsud eingelegt sind.
Alle diese *sott'aceti* halten sich im Keller oder Kühlschrank monatelang, allerdings nur, wenn sie wirklich stets bedeckt sind und man sich ihnen nur mit peinlich sauberem Besteck nähert.

WINTER

Von ausgesuchten Tafelfreuden, bodenständigem Genuß und von der Lust am Wein

Heimelig: Bauernhaus bei Cervinia

Interessant: Weinmuseum

Handarbeit: Agnolotti

Gereift: Bergkäse

Farbenfroh: Sonnige Winterfrische

Duftend: Romano Levis berühmte Grappe

Aufmerksam: Haus-, Hof- und Wachhund

Genußvoll: großer Wein und gute Küche

Aosta: ein Zeugnis der Geschichte

Aosta ist eine freundliche Stadt. Seit die Autobahn für den Transitverkehr fertig ist, kann man sie auch endlich wieder ohne stundenlange Staus erreichen. Die Hauptstadt der Provinz Aostatal ist eine einzigartige Symbiose von römisch, romanisch, französisch und italienisch. Kaum eine andere Stadt Europas ist heute noch so geprägt von den Bauwerken der Antike: Triumphbogen, Stadtmauer mit Toren und Türmen, Theater, Arena, der schachbrettartige Grundriß.
Das Aostatal kam nach dem Zusammenbruch des Weströmischen Reiches 443 an Burgund, geriet im 6. Jahrhundert in fränkische Hand und wurde von den Langobarden nicht unterworfen, blieb als einziger Rest Norditaliens fränkisch und dadurch im französischen Sprachraum. 1033 betraten die Savoyer die Bühne. In kluger Einsicht räumten sie sowohl dem Adel wie der Bevölkerung überaus weitgehende Freiheiten und Rechte ein und machten sich so die Region gewogen. Nur die Challants versuchten einmal vergeblich, die Herrschaft an sich zu reißen: Eine energische Adelsfamilie, die mit Verrès, Fenis und Issogne die schönsten Burgen im Tal besaß. Sie verfügte in Aosta selbst über zwei aus römischen Festungstürmen hervorgegangene Residenzen, die *Torre di Bramafan* und, da sie meist den *Gran Balivo* stellten, den Vizegrafen und Rechtsvertreter der Savoyer in Aosta, den Amtssitz *Torre dei Balivi*.
Die Kunst im Aostatal war, entsprechend der Zugehörigkeit zu Burgund und Savoyen, französisch beeinflußt: Im Kreuzgang von *S. Orso* wird die Verwandtschaft zu *Saint-Trophime* in Arles und *Saint-Lazare* in Autun deutlich.
Auch die Sprache war immer Französisch – wobei die Valdostani politisch mit Frankreich nichts im Sinn hatten, bis die Faschisten Italienisch rigoros durchzusetzen versuchten. Mit dem Erfolg, daß Aosta sich nach dem Krieg zum ersten Mal von Italien lossagen, sich zu Frankreich schlagen wollte. Da besann man sich in Rom auf alte Erfahrungen, gab dem Tal mehr Freiheit und den Status einer selbständigen, zweisprachigen Provinz. Seither ist alles wieder gut.
In den Straßen von Aosta herrscht reges Treiben: Die Schaufenster voller luftgetrockneter Würste und Schinken vom Schwein, Rind, Gemse und Steinbock; Käse, Kräuter und Honig; Wein, Brände und Liköre in Hülle und Fülle – das Aostatal lebt von Landwirtschaft und Tourismus. Mehrmals im Jahr ist großer Markt, der wichtigste am letzten Sonntag im Januar: Da geht es dann nicht nur ums Essen – dann zeigen die Holzschnitzer des ganzen Tals ihre kraftvollen, oft großartigen Arbeiten.
In den Restaurants kann man die überlieferten Gerichte der kräftigen valdostanischen Küche probieren. Zum Beispiel neben dem gewaltigen römischen Stadttor, der Porta Praetoria, im gleichnamigen Gasthaus.

Die Damen auf dem pompösen Hôtel de Ville, weisen den Menschen in den Gassen die Zeit. Die Umgebung lockt zu Ausflügen – etwa der Alpennationalpark des Gran Paradiso oder der Skiort Breuil-Cervinia unter dem Matterhorn, dem Cervino (vorhergehende Seite)

Die romanische Kirche von S. Orso mit ihrem harmonisch gegliederten Turm und dem Kreuzgang mit reich gestalteten Kapitellen ist ein wahres Kleinod. 300 Meter vor der Stadtmauer zeugt der durch ein Walmdach an Stelle einer Attika verunstaltete Augustusbogen von der römischen Vergangenheit

1

ROTOLATO DI SPINACI

NUDELROLLE MIT SPINAT

Für sechs Personen:
400 g Nudelteig (Rezept S. 168), 1 Eiweiß, 250 g gekochter Schinken, 750 g Spinat, Salz, 2 EL Butter, 1 Zwiebel, 2 Knoblauchzehen, Pfeffer, Muskat, 150 g Quark, 2 Eigelb, Cayennepfeffer
Béchamelsauce:
1 EL Mehl, 2 EL Butter, ca. $^{3}/_{8}$ l Milch, Zitronenschale, 150 g geriebener Bergkäse

Den Teig dünn ausrollen, auf ein Küchentuch breiten, mit Eiweiß einpinseln und mit Schinkenscheiben belegen. Den Spinat in kochendem Salzwasser eine Minute zusammenfallen lassen, dann eiskalt abschrecken und schließlich gut ausdrücken. In der Butter feingewürfelte Zwiebel und Knoblauch andünsten, den Spinat zufügen und damit vermischen. Mit Salz, Pfeffer und Muskat würzen und auf dem Schinkenbett verteilen. Quark mit Eigelb glattrühren, salzen, pfeffern, mit Cayenne abschmecken und auf dem Spinat verteilen.
Das Tuch von der Längsseite anheben und die Teigplatte vorsichtig so aufrollen, daß sie schließlich vom Tuch eingehüllt ist. Das Tuch an den Seiten zubinden. Die Rolle in einen großen Topf mit kochendem Wasser setzen und 20 Minuten gar ziehen lassen.
Für die Béchamelsauce das Mehl in der Butter andünsten, mit Milch ablöschen und dicklich einkochen. Mit Salz, Pfeffer, Muskat und Zitronenschale würzen.
Zum Servieren die Rolle auspacken, in fingerdicke Scheiben schneiden und nebeneinander in eine feuerfeste Form setzen. Die Sauce darübergießen, Käse darüberstreuen und im 200 Grad heißen Ofen 15 bis 20 Minuten überbacken.

2

FAGOTTINO VALDOSTANO

FLEISCHTASCHE NACH ART DES AOSTATALS

Im Prinzip handelt es sich um nichts anderes als das mit Käse und Schinken gefüllte Kalbsschnitzel, das in der feinen Küche »Cordon bleu« genannt wird. Ein Gericht, das ein wenig in Verruf geraten ist, obwohl es ein Gedicht sein kann – vorausgesetzt, man verwendet erstklassige Zutaten und bereitet sie akkurat zu:

Für vier Personen:
4 Scheiben aus der Kalbsnuß oder Oberschale, je gut 2 cm dick, Salz, Pfeffer, Muskat, 4 dünne Scheiben gekochter Hinterschinken, 4 Scheiben Bergkäse (3 mm dick), Mehl zum Wenden, 1 Ei, Semmelbrösel, Butterschmalz zum Backen
Möhrengemüse:
500 g Möhren, 2 EL Butter, Salz, Pfeffer, Cayennepfeffer, ca. $^{1}/_{8}$ l Brühe, geriebener Käse

Die Fleischscheiben bereits vom Metzger quer durchschneiden lassen, sie sollen an ihrer Längsseite nicht durchtrennt werden. Auseinanderklappen, mit einem glatten Klopfer bearbeiten, damit das Fleisch sich entspannt, und mit Salz, Pfeffer und Muskat würzen. Mit je einer Schinken- und Käsescheibe belegen. Die Fleischscheiben zusammenklappen und mit einem Zahnstocher zustecken.
Die gefüllten Schnitzel auch außen würzen, dann in Mehl wenden, durch verquirltes Ei ziehen und in Semmelbröseln drehen, bis sie überall davon überzogen sind. In heißem Butterschmalz auf beiden Seiten je etwa drei Minuten sanft goldbraun backen. Auf Küchenpapier gut abtropfen und entfetten lassen.
Für das Gemüse die Möhren schälen und in dünne Scheiben hobeln. In der heißen Butter andünsten, salzen, pfeffern und mit einer Prise Cayennepfeffer würzen. Die Brühe angießen und zugedeckt fünf bis zehn Minuten dünsten. Mit geriebenem Käse bestreut servieren.

3

SALSICCE IN UMIDO

SCHWEINSWÜRSTCHEN IN TOMATENSAUCE

Für vier Personen:
1 Zwiebel, 2 Knoblauchzehen, 2 EL Butter, 1 Dose geschälte Tomaten, Salz, Pfeffer, $^{1}/_{2}$ TL Origano, 1 Lorbeerblatt, 4 frische, rohe, grobe Schweinswürstchen (z. B. Nürnberger)
Kartoffelpüree:
1 kg mehlige Kartoffeln, ca. $^{1}/_{4}$ l Milch, Salz, Pfeffer, Muskat, 50 g Butter

Zwiebel und Knoblauch fein würfeln und in der heißen Butter andünsten. Tomaten samt Saft zufügen, salzen, pfeffern, Origano und Lorbeer zufügen. Etwa 20 Minuten köcheln. Die Würstchen in dieser Sauce weitere 20 Minuten schmoren.
Für das Püree die Kartoffeln gar kochen, noch heiß pellen und durch die Kartoffelpresse oder Gemüsemühle in $^{1}/_{4}$ l heiße Milch drücken. Mit Salz, Pfeffer, reichlich Muskat und einem großzügigen Stück Butter würzen.

4

TORTA DI CIOCCOLATA

SCHOKOLADENSCHNITTE

Für sechs bis acht Personen:
6 Eier, 175 g Zucker, 150 g Mehl, 90 g Butter, Salz, 70 g bittere Schokolade
Schokoladencreme:
200 g Sahne, 130 g bittere Schokolade

Die Eigelb und Zucker mit dem Handrührer dick und schaumig schlagen. Das Mehl auf die Oberfläche sieben, die flüssige, aber nicht mehr heiße Butter zufügen. Die Hälfte davon abnehmen und vorsichtig mit der aufgelösten Schokolade vermischen.
Die Eiweiß steifschlagen, jeweils zur Hälfte unter die zwei Teigmassen ziehen. Jeweils auf einem mit Backpapier ausgelegten Blech so verstreichen, daß sie etwa die Hälfte des Blechs einnehmen. Bei 180 Grad etwa 20 Minuten backen.
Für die Schokoladencreme die Sahne aufkochen, die Schokolade darin auflösen und kalt stellen. Schließlich mit dem Schneebesen wie Schlagsahne aufschlagen. Die Teigplatten jeweils längs halbieren. Mit Schokocreme bestreichen und in den Farben abwechselnd aufeinandersetzen. Die oberste Schicht mit Puderzucker bestäuben, dabei mit Schablonen dicke Streifen erzielen. Die kastenförmige Torte wird quer in Stücke aufgeschnitten und schmeckt am besten frisch!

1
2
3
4

Das Gasthaus am Tanaro

Der einzelne, distinguierte Herr am Nebentisch legt die Zeitung, die er zum Aperitif-Champagner liest, sofort beiseite, als der erste Gang serviert wird. Es ist ein Vergnügen, ihm beim Essen zuzusehen. Konzentriert genießt er jeden Bissen, schmeckt den verschiedenen Eindrücken nach, forscht nach Vergleichen in der Erinnerung, seine Miene bekundet unverhohlene Achtung: Er ist die Inkarnation des aufmerksamen, kultivierten Genießers. Ort des Geschehens: Das »Gener Neuv« am Ufer des Tanaro, vor den Toren von Asti gelegen, eines der angenehmsten Restaurants ganz Italiens!

»Wenn der Tanaro Wein wär'«, ist in piemontesischem Dialekt über dem Kamin zu lesen, »möchte ich ein Fischlein sein.« Hausherr Piero Fassi hat es sich als ehemaliger Schildermaler nicht nehmen lassen, den sinnigen Spruch ein zweites Mal auf die gelb getünchte Wand zu pinseln. Nach der Katastrophe vom 6. November 1994 war eine grundlegende Renovierung notwendig geworden: Der normalerweise träge vor dem Haus dahinziehende Fluß war an jenem Sonntagnachmittag binnen weniger Stunden so hoch gestiegen, daß er die Gasträume bis knapp unter die Decke ausfüllte. Da war es sinnlos, einzelne Sachen außer Reichweite zu schaffen – das schlammige Wasser riß mit unvorstellbarer Kraft alles Bewegliche mit sich, hob auch fest Eingebautes, wie die gesamte Kücheneinrichtung, aus seiner Verankerung und trug es zum Teil davon. Man mag den Photos, die das Ausmaß der Zerstörung und die Mühseligkeit der Aufräumungsarbeiten dokumentieren, kaum glauben. Dennoch präsentierte sich das »Gener Neuv« bereits vier Wochen danach, als wäre nichts geschehen. Am Nikolaustag feierten alle, die mitgeholfen hatten, Schlamm und Dreck zu beseitigen, Freunde, Gäste, Handwerker, mit einem großen Festmenü die Wiedergeburt des Restaurants, dessen Gründungstag sich übrigens nur wenige Tage später zum 24. Mal jährte.

Piero Fassi und seine Frau Pina hatten

damals die Trattoria, die den Namen eines legendären Fischers trug, übernommen und sie »Neuen Gener« genannt. Sie stürzten sich damit in ein Abenteuer, denn von Gastronomie hatten sie absolut keine Ahnung. Piero konnte gerade mal eine Espressomaschine bedienen; Pinas Küche war zwar im Freundes- und Familienkreis hochgeschätzt, aber es ist schließlich ein Unterschied, ob man privat oder professionell für Gäste kocht. Piero, der zunächst weiterhin in seiner Schilderwerkstatt arbeitete, gab seinen Beruf dann doch ziemlich bald auf, um seiner Frau im Restaurant zur Seite zu stehen. Er machte sich die Weine seiner Heimat zur Aufgabe. Seine Liebe gilt vor allem den weniger bekannten Rebsorten. Und wenn er einen besonders interessanten Grignolino gefunden hat (Photo unten rechts), kann er sich wie ein Kind über das Staunen selbst erfahrener Gäste freuen. Inzwischen sind auch die Töchter im Geschäft: Maura (auf dem Bild unten links in der Mitte) hilft in der Küche, Maria Luisa im Saal und ist außerdem für die köstlichen Desserts verantwortlich.

Man fühlt sich sofort wohl in den beiden hellen, freundlichen Gasträumen. Der herzliche und familiäre Empfang, die wenigen rustikalen Elemente, die nicht kitschig-tümelnd sind, sondern wahr, und die mit Sorgfalt und Geschmack ausgesuchten Geschirre, Stoffe, Dekorationen schaffen Wohlbehagen. Dazu Pinas Küche, die einfach glücklich macht! Weil die Rezepte und Ideen bodenständig sind, die Ausführung jedoch professionell, präzise und akkurat.

1

LUMACHE FRITTE

GEBACKENE SCHNECKEN MIT KRÄUTERSAUCE

Für vier Personen:
24 große, küchenfertige Schnecken (Rezept Seite 85), Semmelbrösel, Olivenöl zum Fritieren

Die Schnecken in Semmelbröseln wenden und in heißem Öl schwimmend ausbacken, bis sie goldbraun sind.
Nach Belieben mit einem Klecks grüner Sauce (Rezept Seite 225) servieren.

2

ANGUILLA IN CARPIONE

MARINIERTER AAL

Für vier bis sechs Personen:
1 Aal von ca. 1 kg, Salz, Mehl zum Wenden, 3–4 EL Olivenöl zum Braten
Marinade:
1/4 l Weißweinessig, 1/4 l Wasser, 1/4 l Weißwein, 1 Orange, 2 EL Rosinen, 1 TL Pfefferkörner, 2 Lorbeerblätter, Salz

Den bereits vom Fischhändler ausgenommenen Aal mit Salz abreiben und waschen, um den Schleim auf der Haut zu entfernen. In Portionsstücke schneiden, in Mehl wenden und in heißem Öl rundum anbraten.
Essig, Wasser und Wein aufkochen. Die Orangenhaut dünn abschälen und in feine Streifen schneiden (oder mit einem sogenannten Zestenreißer abziehen). Mit Rosinen und Gewürzen in den Sud rühren. Etwa zehn Minuten köcheln und heiß über die Aalstücke gießen. Abkühlen lassen und mindestens drei Tage kalt stellen.
Zum Servieren auf Tellern anrichten, mit Zucchinistreifen und Friséeblättern dekorieren. Mit etwas Marinade und Olivenöl beträufeln.

3

GIRELLA DI VITELLO

KALBS-CARPACCIO

Natürlich steht und fällt dieses Gericht mit der Qualität des Fleisches. Weil man bei uns leider nicht das phantastische Piemonteser Fleisch bekommen kann, muß man den Metzger bitten, wenigstens erstklassiges Färsenfleisch zu besorgen, also von einem jungen, weiblichen Tier, das besser mit Fett marmoriert und deshalb aromatischer schmeckt als ein Bulle.

Für vier bis sechs Personen:
400 g bestes Kalbfleisch (aus der Nuß oder Rose), Olivenöl zum Einpinseln, Salz, Pfeffer, Bleichsellerie, junger Parmesan

Das Kalbfleisch mit Öl einpinseln und in Klarsichtfolie wickeln, dabei schön rund formen. Auf der Aufschnittmaschine in nicht zu dünne, etwa 3 mm starke Scheiben schneiden und auf einem mit Öl eingepinselten Teller anrichten. Die Folienstreifen, die die Scheiben in Form gehalten haben, vorsichtig abziehen. Das Fleisch mit Öl einpinseln, salzen, pfeffern, mit hauchfeinen Scheibchen vom Sellerie und mit dünn gehobelten Käsespänen bestreuen.

4

CAPUNET ALLE VERZE

GEFÜLLTE WIRSING-BÄLLCHEN

Für vier bis sechs Personen:
12 schöne, gelbe Wirsingblätter, Salz, 1 Tasse gekochter Reis, 100 g gekochter Schinken, 100 g gebratene Schweinswurst, 100 g rohes Kalbfleisch, 1 Bund Petersilie, 1 Thymianzweig, Salz, Pfeffer, Muskat, 4 EL Olivenöl, 1/8 l Fleischbrühe
Linsensalat:
200 g Berglinsen, 1 kleine Möhre, 1 kleiner Zucchino, 1 Schalotte, 3 EL Essig, 1 TL scharfer Senf, 4 EL Olivenöl, Salz, Pfeffer, Petersilie

Die Wirsingblätter in Salzwasser eine Minute blanchieren und eiskalt abschrecken, damit sie ihre schöne Farbe behalten. Für die Füllung Reis mit feingewürfeltem Schinken und Schweinswurst mischen. Das rohe Fleisch mit Petersilie und abgezupften Thymianblättchen, etwas Salz, Pfeffer, Muskat und einem Löffel Öl im Zerhacker pürieren und mit der Reismischung innig verarbeiten. Diese Füllung in die Wirsingblätter wickeln. Die Päckchen mit ihrer Nahtstelle nach unten in das heiße Öl in einen Topf setzen, damit sie sich nicht wieder öffnen. Auf allen Seiten schön anbraten, mit Brühe benetzen und zugedeckt etwa eine halbe Stunde schmoren. Die gefüllten Wirsingbällchen auf einem Linsensalat servieren: dafür die Linsen weich kochen. Für die letzten zehn Minuten ebenso klein gewürfelte Möhren in den Kochsud streuen und für die letzten fünf Minuten winzige Zucchiniwürfelchen zufügen. Die Gemüse gut abgetropft mit einer Marinade aus Essig, Senf, Salz, Pfeffer, Olivenöl, feingehackter Schalotte und Petersilie anmachen.

1

FETTUCCINE CON LE VERDURE D'INVERNO

BANDNUDELN MIT WINTERGEMÜSE

Pina Fassi vom »Gener Neuv« nimmt für ihre hausgemachten Nudeln auf ein Kilo Mehl 15 Eigelb und 7 bis 8 ganze Eier. Die Sauce bereitet sie so:

Für vier bis sechs Personen:
1 Zwiebel, 2–3 Knoblauchzehen, 4 EL Olivenöl, 3–4 lila Artischocken, 1 Möhre, 2 kleine Zucchini, Salz, Pfeffer, glatte Petersilie

Zwiebel und Knoblauch fein würfeln und in zwei Löffeln Öl andünsten. Die Artischocken rigoros bis auf ihr Herz entblättern, alle harten und holzigen Stellen wegschneiden. Die Artischockenherzen längs in Streifen schneiden und zwei Minuten mitdünsten. Inzwischen Möhren und Zucchini längs in feine Streifen hobeln, quer auf Streichholzlänge kürzen. Zuerst die Möhren einige Minuten mitdünsten, zum Schluß die Zucchini zufügen. Mit Salz und Pfeffer würzen.
Schließlich eine kleine Schöpfkelle Nudelkochwasser und das restliche Öl in den Topf gießen, sprudelnd aufkochen, damit sich die Flüssigkeiten zu einer Emulsion verbinden. Gehackte Petersilie und die frisch gekochten, tropfnassen Nudeln untermischen.

2

MALTAGLIATI CON I FAGIOLI

NUDELFLECKEN MIT BOHNENKERNEN

»Schlecht geschnitten« nennt man diese Nudelform, weil der Teig nicht sehr dünn ausgerollt wird und die Nudeln eine ganz unregelmäßige Form haben.

Für vier bis sechs Personen:
250 g braune Bohnenkerne (Borlotti), 2–3 Knoblauchzehen, 2 Stengel Bleichsellerie, 1 Tasse passiertes Tomatenpüree, 1 Lorbeerblatt, 3–4 Petersilienstengel, Salz, Pfeffer, 250 g frische Nudeln, Olivenöl zum Abschmecken

Die Bohnen über Nacht einweichen, dann in eineinhalb Litern frischem Wasser aufsetzen. Die geschälten Knoblauchzehen, in Scheibchen geschnittenen Sellerie, das Tomatenpüree, Lorbeerblatt und die Petersilienstengel zufügen. Salzen und pfeffern. Aufkochen und auf leisem Feuer sanft ein bis zwei Stunden gar ziehen lassen. Sobald die Bohnen weich sind, die Hälfte davon herausheben und im Mixer fein pürieren. Wieder zurück in den Topf gießen, die Petersilienstiele und das Lorbeerblatt wegwerfen, jetzt auch die ungekochten Nudeln zufügen und im sanft köchelnden Bohnentopf garen. Dabei ab und zu umrühren, damit nichts ansetzt. Mit Pfeffer und mit frischem Olivenöl würzen.

3

PETTO DI FARAONA DISOSSATO

ENTBEINTE PERLHUHNBRUST

Für vier Personen:
2 Perlhuhnbrüste, 150 g durchwachsener Speck in hauchdünnen Scheiben, 4 Rosmarinzweige, Salz, Pfeffer, 4 EL Olivenöl, 1 Glas Weißwein, ca. $^{1}/_{8}$ l konzentrierter Geflügelfond, 2 EL Butter

Die Brustfilets auslösen und häuten (aus Haut und Knochen einen Fond kochen). Die Speckscheiben in vier Portionen teilen und jeweils als Fläche ausbreiten. Die Brustfilets darauf betten und jedes mit einem Rosmarinzweig bedecken. Außerdem salzen und pfeffern. Die Speckscheiben um die Brustfilets wickeln, dabei die Päckchen schmal und rund formen. Sorgfältig mit Küchenzwirn verschnüren.
Im heißen Öl in einem Schmortopf rundum anbraten, mit Wein ablöschen und mit dem Fond begießen. Zugedeckt etwa 20 Minuten sanft schmoren. Die Päckchen zum Servieren aufschneiden und auf Tellern hübsch anrichten. Den Bratenfond mit der Butter aufmixen und als Sauce dazu reichen.
Im »Gener Neuv« wird dazu Möhrengemüse (Seite 196) und eine gebratene Polentaschnitte serviert. Dafür wird Polenta (Grundrezept Seite 240) mit etwas weniger Flüssigkeit zubereitet und auf einem mit Backpapier ausgelegten Tablett glattgestrichen. Zum Servieren wird die abgekühlte Polenta in Scheiben oder Rauten geschnitten und in Öl gebraten oder auf dem Grill auf beiden Seiten knusprig gebräunt.

1

2

4

SORBET DI POMERANZE E GELATO DI ARANCE

SORBET AUS BITTERORANGEN UND ORANGENEIS

Für sechs bis zwölf Personen:
Bitterorangensorbet:
4 Bitterorangen (Pomeranzen),
150 g Zucker, $^{1}/_{2}$ l Wasser
Orangeneis:
3 Eigelb, 150 g Zucker, $^{1}/_{4}$ l frisch gepreßter Orangensaft, 200 g Sahne

Für das Sorbet die Früchte, die auf keinen Fall behandelt sein dürfen, mit Schale in Stücke schneiden, mit dem Zucker mischen und mit Wasser bedecken. Zugedeckt eine halbe Stunde weich kochen. Im Mixer pürieren und schließlich in der Eismaschine gefrieren.

Für das Eis die Eigelb mit dem Zucker im Wasserbad heiß und dick schlagen, den Saft zufügen und noch einmal unter Rühren erhitzen. Erst unter die abgekühlte Creme ganz vorsichtig die steifgeschlagene Sahne ziehen. Diese Masse in Portionsförmchen verteilen und gefrieren. Zum Stürzen ganz kurz in heißes Wasser tauchen und trocknen.

5

LA CUPOLA DI MARRON GLACÉ

KUPPEL VON GEEISTER KASTANIENCREME

Für vier bis sechs Personen:
1 Dose gesüßtes Maronenpüree,
50 g Butter, 1 gebackene Schokoladenbiskuitplatte (Rezept Seite 196),
$^{1}/_{8}$ l Sahne, 100 g Bitterschokolade

Das Maronenpüree mit der zimmerwarmen Butter innig vermischen und für eine halbe Stunde kalt stellen, damit beides ein wenig fester wird.

Aus der Teigplatte vier oder sechs runde Portionsböden ausstechen. Die Maronencreme auf die Böden verteilen und zu Halbkugeln formen, dabei mit einer Palette absolut glatt streichen. Im Gefrierfach fest werden lassen.

Für den Schokoladenüberzug die Sahne aufkochen, die Schokolade darin schmelzen. Sobald sie abgekühlt ist, aber noch dickflüssig, die Maronenhalbkugeln damit überziehen: sie auf ein Gitter setzen und den Schokoguß gleichmäßig darübergießen. Dazu paßt eine Vanillesauce (Rezept Seite 210), die mit Cognac oder Whisky gewürzt ist.

3

4

5

GIORNALI
LA STAMPA

Alba: Kapitale der Genießer

Das hübsche Städtchen Alba am Ufer des Tanaro bietet eine besondere Atmosphäre: schmale und gewundene Straßen, lauschige Plätze, schützende Arkaden, die durch eine offene Tür manchen idyllischen Blick in einen verträumten Hinterhof zulassen. Allerdings zeugen zum Teil prachtvolle Fassaden auch von der einstigen Größe der Stadt im Mittelalter, als Alba freie Stadtrepublik und wegen seiner Lage von eminenter Bedeutung für den Handel war: Die Loggia dei Mercanti mit ihrem großartigen Terracottafries (siehe Bild links) und die stolzen Geschlechtertürme, mit denen die wohlhabenden Kaufmannsfamilien ihren Rang dokumentierten; es sind heute zwar nur noch wenige übriggeblieben – man nannte Alba einst die »Hunderttürmige« –, aber sie prägen immer noch die Silhouette.

Für den Feinschmecker liegt das Paradies im Herzen der Stadt. In der Via Vittorio Emanuele sind wie auf einer Perlenschnur aufgereiht die schönsten Delikatessenläden zu finden: Bei »Cignetti« gibt's köstliches Schokoladen- und Torronekonfekt, die »Panetteria Tarable« bietet knusprige, natürlich von Hand gezogene Grissini täglich frisch. Dann die Feinkostläden: »Ratti«, berühmt für bestes Geflügel, »Aldo Martino«, wo man Trüffeln und andere Pilze sowie erlesene Gemüse kauft und schließlich gegenüber »Tartufi Ponzio«, das feinste und älteste Trüffelgeschäft der Stadt. »Pettiti« mit dem originalen Jugendstildekor auf den Fensterscheiben ist sicher die schönste, »Calissano« an der Piazza Duomo die älteste Café-Bar. Den besten Kaffee für zu Hause kauft man in der Rösterei »Vergnano«, Ecke Via Cavour und Via Macrino.

All das tröstet hoffentlich darüber hinweg, daß der legendäre Trüffelmarkt, der zwischen Oktober und Januar am Samstagmorgen abgehalten wird, enttäuscht, weil er so gar nichts Pittoreskes hat, seit er in die Passage vor dem Tourismusbüro umgezogen ist. Interessant ist er ohnehin nur für die Beteiligten – Fremde sehen die teuren Knollen nie: Sie wechseln heimlich den Besitzer!

»Dell'Arco« in Alba: Von Slow Food, gutem Wein und Tafelfreuden

Die »Osteria dell'Arco« ist weitaus mehr, als man gemeinhin unter einer Osteria versteht, ein Weinlokal mit kleiner Speisekarte: Sie ist ein mit verblüffendem Erfolg in die Realität umgesetztes Programm! Und dieses Programm heißt »Slow Food«.
Angefangen hat das Ganze in der ländlich gemütlichen Stadt Bra einige Kilometer westlich von Alba. Dort hatte Carlo Petrini Anfang der achtziger Jahre mit einigen Freunden genug von der aufdringlichen, jede Individualität verdrängenden amerikanischen Schnellküche, dem »Fast Food«. Mit Gleichgesinnten rief er zur Aktion dagegen auf. Der unsinnliche, jedoch das Ziel klar beschreibende Begriff »Slow Food« wurde ergänzt durch »Arcigola«, eine Wortschöpfung, die in etwa Oberfeinschmeckertum und Erzschlemmerei bedeutet, die Schnecke nahm man als Symbol der Langsamkeit zum Logo. Die Idee setzte sich durch und gewann rasch viele Anhänger: Gastronomen und deren Gäste, Liebhaber guter Produkte, vor allem Lebensmittelproduzenten jeder Art – Winzer, Metzger und Wurstmacher, Milchbauern und Käser, Bäcker und Konditoren, Brauer und Safthersteller, Fischzüchter und Geflügelmäster, Getreide- und Obstbauern, Gemüsegärtner und Pilzsammler. Die Schnecke errang vor allem deshalb leicht die gesellschaftliche Anerkennung, weil sie sich nicht weltanschaulich grünen Ideologien und der Verteufelung des technischen Fortschritts verpflichtete, sondern im Gegenteil die Förderung des Genusses und das kulturelle Erbe in den Vordergrund stellte, also positive Identifikation anbot. Arcigola setzt auf traditionelle Qualität, ermuntert aber ausdrücklich dazu, neueste Erkenntnisse der Wissenschaft, moderne Hygiene und Tierhaltungsmethoden, technische Hilfsmittel und Verfahren zur Verbesserung der Qualität einzusetzen – im genußverständigen Italien hat man Gott sei Dank sonnigere Vorstellungen als im ideologisch vernebelten Norden. Dennoch: Schon bald gründeten sich in anderen Ländern ebenfalls Slow-Food-Vereine – auch in Deutschland.
Um dem anfangs natürlich nicht leicht zu vermittelnden Konzept Anschaulichkeit zu verleihen, hatte Petrini eine als Genossenschaft geführte Trattoria eröffnet, das »Bocondivino« in Bra, dessen Ableger, eben die »Osteria dell'Arco«, die Albeser im Nu eroberte. Kein Wunder: Das Restaurant, in zartem Apricot gehalten, strahlt Ruhe und Gemütlichkeit aus, und die Küche bietet in Perfektion, was die Tradition der Langhe ausmacht – appetitanregende und raffinierte Vorspeisen, vorzügliches Geflügel, Fleisch und Wild, konzentrierte Saucen und köstliche Desserts. Die Gerichte sind von beispielhafter Akkuratesse bis ins kleinste Detail, Schlampereien gehen hier nicht durch! Nicht nur die Qualität der Speisen, auch ein phantastisch bestückter Weinkeller lockt Gäste. Der Vorrat für den kurzfristig benötigten Bedarf liegt nicht, wie sonst nur zu oft üblich, einfach irgendwo herum, sondern in Klimaschränken; nicht nur die Weißweine, auch die Roten! So kann man sie, absolut perfekt temperiert, mit den heute als korrekt erachteten 16 bis 18 Grad Temperatur genießen. Das weiß die Gruppe »Langa in« besonders zu schätzen: Unter diesem Namen haben sich einige der ambitioniertesten Winzer der Langhe, des Monferrato von Asti und des Roero zusammengetan. Die Entsprechung zu »Arcigola Slow Food« liegt auf der Hand, auch in der

Unten: Das Ende des einen Gastraumes der »Osteria dell'Arco« ist ein riesiger Klimaschrank, in dem die Schätze der Region in perfekter Temperatur gelagert werden – es gibt alles, was Rang und Namen hat zu erstaunlich günstigen Preisen. Um den Wein kümmert sich Firmino Buttignol (sitzend), der Service obliegt Lolla Dotto. In der Küche herrschen ausnahmsweise keine Frauen, sondern zwei Männer, Davide Testa und Daniele Sandri. Ihre Küche entspricht natürlich den Vorstellungen von Slow Food: Nur aus guten Zutaten kann man Gutes zubereiten und dabei auf jeden Firlefanz verzichten

1

CARNE CRUDA

TATAR

In der »Osteria dell'Arco« serviert man einen Zitronenschnitz dazu. So kann man sich das Fleisch selbst nach Gusto damit würzen. Ansonsten ist es selbstverständlich von Hand gehackt und wunderbar geschmeidig angemacht.

Für vier Personen:
400 g schieres Fleisch aus der Kalbsnuß, Salz, Pfeffer, etwas Muskatnuß, 2 EL Olivenöl extra vergine

Das Fleisch sehr fein hacken. Mit Salz, Pfeffer, Muskatnuß und Olivenöl würzen. Unverzüglich servieren.

2

TESTINA DI MAIALE IN CARPIONE

SCHWEINSKOPFSALAT

Bei einem guten Metzger kann man die Schweinskopfsülze fertig kaufen. Und dann ist der Salat schnell zubereitet:

Für vier Personen:
350 g Schweinskopfsülze in 3 mm starken Scheiben, 1 Möhre, je $^{1}/_{2}$ rote und gelbe Paprikaschote, 1 milde Gemüsezwiebel, 5 EL Weißweinessig, 5 EL Weißwein, 6 Pfefferkörner, 2 Wacholderbeeren, Salz, Petersilie

Die Sülze in fingerbreite Streifen schneiden. Möhre und Paprika mit dem Kartoffelschälmesser schälen und auf dem Gemüsehobel in feine Streifen, die Zwiebel in Ringe schneiden.

Essig, Wein und Gewürzbeeren aufkochen, salzen und über die Gemüsestreifen gießen. Erst wenn diese Marinade abgekühlt ist, über die Sülze verteilen und etwas durchziehen lassen. Vor dem Servieren reichlich gehackte möglichst glattblättrige Petersilie darüberstreuen.

Ganz oben: Marco Parusso vom gleichnamigen Barolo-Weingut (Monforte d'Alba). Sein Sauvignon wächst auf einem hochgelegenen Weinberg, wo früher Dolcetto stand – das garantiert die ansprechend frische Säure. Darunter: Roberto Damonte vom Weingut Malvirà in Canale. Spezialität sind frische, aber gehaltvolle Arneis-Weine aus Einzellagen, Favorita und fruchtig-elegante, relativ leichte und säurebetonte Roero aus Nebbiolo

1

TOPINAMBUR IN BAGNA CAUDA

TOPINAMBUR IN SARDELLEN-KNOBLAUCH-SAUCE

Es herrschen durchaus verschiedene Ansichten über diese Grundsauce der piemontesischen Küche. Siehe auch Seite 242! Hier eine mildere, feinere Variante. Die urwüchsigen Topinamburknollen – auch bei uns in manchen Gegenden, vor allem in Süddeutschland –, ein wiederentdecktes, inzwischen beliebtes Gemüse, sind mit ihrem ausgeprägten Aroma vielleicht nicht jedermanns Geschmack. Man kann sie für dieses Rezept auch durch Kartoffeln ersetzen.

Für vier Personen:
500 g Topinamburknollen
Für die Sauce:
10 Knoblauchzehen, $^1/_4$ l Milch, 10 Sardellenfilets, $^1/_8$ l Olivenöl

Die Topinamburknollen wie Kartoffeln in Wasser gar kochen, abgießen, pellen und in dünne Scheiben schneiden. Dachziegelartig in Portionsförmchen oder in einer großen Gratinform verteilen.
Für die Sauce die Knoblauchzehen schälen, in der Milch eine halbe Stunde sanft köcheln, bis sie absolut weich sind. Die Sardellenfilets zufügen und darin unter Rühren auflösen. Schließlich das Olivenöl zufügen und alles mit dem Mixstab zu einer cremigen Sauce aufschlagen. Über die Topinamburscheiben verteilen und bei 220 Grad im vorgeheizten Backofen etwa 10 bis 15 Minuten überbacken, bis die Oberfläche gebräunt ist und der Gratin brodelt.

2

AGNOLOTTI AL CONIGLIO

TEIGTÄSCHCHEN MIT KANINCHENFÜLLUNG

Der Teig wird immer nach demselben Rezept hergestellt (Seite 168) – wie viele Eigelb Sie nun nehmen, bleibt Ihnen überlassen ... Hier also die Zutaten und Zubereitung für die Füllung:

Für 12 Portionen:
2 Kaninchenkeulen (à ca. 400 g), 2–3 EL Olivenöl, Salz, Pfeffer, 2 Rosmarinzweige, 1 Thymianstengel, 3 Knoblauchzehen, 1 Zwiebel, 500 g Spinat, 2 EL Butter, Muskat, 3 Eier, 100 g Parmesan, Cayennepfeffer
Außerdem:
75 g Butter, 1 Händchen Salbeiblätter, 3–4 EL geriebener Parmesan

Die Kaninchenkeulen im heißen Olivenöl rundum kräftig anbraten, dabei salzen und pfeffern. Gewürze, Knoblauchzehen und die nur geviertelte Zwiebel zufügen. Das Fleisch auf sanftem Feuer zugedeckt ganz langsam etwa 50 Minuten mehr dünsten als braten, dabei immer wieder wenden, damit keine Seite zu dunkel wird.
Den Spinat sorgfältig verlesen und waschen, dicke Stiele abknipsen. Die Blätter in der Butter zusammenfallen lassen, mit Salz, Pfeffer und Muskat würzen.
Das Fleisch von den Knochen lösen und zusammen mit dem gut ausgedrückten Spinat durch den Fleischwolf drehen oder in der Küchenmaschine zerkleinern. Die Eier und den Käse untermischen. Die Masse schließlich mit Salz, Pfeffer, Muskat und Cayennepfeffer kräftig abschmecken.
Die Agnolotti wie im Grundrezept (Seite 218) fertigstellen und kochen. Mit zerlassener Butter, in der Salbeiblätter geröstet wurden, übergossen und mit geriebenem Parmesan bestreut sofort servieren.

3

FARAONA AL ROSMARINO

PERLHUHN MIT ROSMARINDUFT

Für vier bis sechs Personen:
1 Perlhuhn (ca. 1400 g), 3 EL Olivenöl, 3 Rosmarinzweige, 2 Knoblauchzehen, 1 Zwiebel, Salz, Pfeffer, ca. $^1/_4$ l Rotwein, 2 EL Butter

Das Huhn in acht Portionsstücke teilen: zuerst längs des Rückgrats und des Brustbeins halbieren, die Schenkel abtrennen und im Gelenk in Ober- und Unterschenkel teilen, schließlich die Flügel schräg zur Brust abschneiden. Die Stücke in einem Bräter im heißen Öl rundum golden anbraten, dabei die Rosmarinzweige zufügen und die geschälten, unzerteilten Knoblauchzehen sowie die grob gehackte Zwiebel daneben streuen. Erst wenn die Stücke überall Farbe angenommen haben, salzen, pfeffern und mit Rotwein ablöschen. Das Perlhuhn zugedeckt etwa 15 Minuten sanft schmoren. Zuerst die Bruststücke herausheben und warm stellen, nach weiteren 10 Minuten auch die Keulen. Die Rosmarinzweige aus dem Topf fischen und wegwerfen. Zum Schluß die eiskalte Butter mit einem Pürierstab unter den Bratenfond mixen, dabei auch Knoblauch und Zwiebel fein zerkleinern – oder alles im Mixer zu einer cremigen Sauce pürieren.

Spielerei mit dem amerikanischen »in«. Tatsache aber ist, daß die Gruppe *in* ist: Die meisten Winzer, die in den letzten Jahren Furore gemacht haben, sind darin vertreten. Aber die Jungen sind mächtig stolz, daß auch einer der Altmeister des Barolo, Giovanni Conterno, vom nach seinem Vater benannten Weingut Giacomo Conterno zu ihnen gehört. Sein tiefer, tanninreicher und gewiß traditionell gemachter »Monfortino«, der schon vor 30 Jahren höchstes Ansehen genoß, in den Achtzigern aber durch die aufsehenerregenden neuen Weine in den Hintergrund gedrängt wurde, erfreut sich heute wieder aller Wertschätzung. Giovanni lächelt fein, doch mit sichtlichem Stolz über die Anerkennung, die gezollt wird: »Ich mach' doch alles genauso wie früher . . . Jaja, das Kommen und Gehen der Moden!« Elio Grasso bringt es auf den Punkt: »Was die Weintester da so alles schreiben . . . nein! Objektiv zu sein, geben sie vor, als ob unsere Sinne mathematisch organisiert sind! Natürlich ist *Wine-Tasting* ein Beruf«, lacht er verschmitzt, »und den üben nicht nur Journalisten, sondern vor allem wir Winzer jeden Tag aus. Aber Laune und Wetter spielen eine Rolle, die Tageszeit, die Stimmung in

Fortsetzung auf Seite 212

Rechts oben: Mit dem »Vigna Larigi«, seinem im Barrique ausgebauten Barbera, hat Elio Altare aus La Morra Maßstäbe gesetzt – ein Wein von ungemeiner Dichte, strahlender Kraft, markanter Frucht, gut eingebundenem Holzton, dabei angenehm wenig säurereich. Altare erreicht dies durch extremen Rückschnitt auf einen Ertrag von nur 20 Hektoliter/Hektar, Abschneiden der säurebildenden Traubenspitzen und schonendes Quetschen der Beeren per Hand. Alles Maßnahmen, die sich natürlich im Preis niederschlagen: Der »Vigna Larigi« und der burgunderähnliche, frisch-fruchtige, durch das Reifen im Barrique geschmeidige Barolo »Vigneto Arborina« sind nicht billig, aber jede Lira wert.
Mitte: Der junge Giorgio Pelissero aus Treiso hat mit seinem feinen, geradezu anmutigen, dennoch ausgeprägten Barbaresco »Vanotu« in den letzten Jahren überraschend schnell zu den Spitzenerzeugern aufgeschlossen – von ihm ist noch viel zu erwarten!
Unten: Elio Grasso aus Monforte d'Alba war Bankdirektor in Turin, hat erst mit 40 Jahren umgesattelt, als sein Vater starb und die Weinberge brachzuliegen drohten. Innerhalb von wenigen Jahren hat er es mit seinen besonders schlank und stählern wirkenden Barolo-Lagenweinen geschafft, in die Gruppe der besten Barolisti zu kommen. Hervorragend auch der Barbera »Vigna Martina«

Vigna Larigi
Elio Altare Viticoltore
1

QUINA
PUY
FRANCE

Vanotu 1991
BARBARESCO
DENOMINAZIONE DI ORIGINE CONTROLLATA E GARANTITA
2

VENDEMMIA
1989
BAROLO
3

1

STRACOTTO AL BAROLO

SCHMORBRATEN IN BAROLO

Für sechs bis acht Personen:
2 kg Rindfleisch aus der Schulter (z. B. Schulternaht), 3 EL Olivenöl, 50 g Butter, Salz, Pfeffer, 1 dicke Möhre, 1 Lauchstange, 2 Zwiebeln, 3–4 Knoblauchzehen, 3–4 Selleriestengel, Salz, Pfeffer, 2 Flaschen Rotwein

Das Fleisch sollte eine kompakte Form haben – andernfalls mit Küchenzwirn in Form binden. In einem Bräter – er sollte das Fleisch gerade eben bequem aufnehmen – Öl und Butter erhitzen, das Fleisch darin von allen Seiten kräftig anbraten, dabei salzen und pfeffern.
Inzwischen das Gemüse putzen, würfeln und schließlich rund um das Fleisch streuen und kurz mitbraten. Mit dem Rotwein ablöschen. Sobald dieser aufkocht, den Bräter mit einem Deckel verschließen und in den 170 Grad heißen Backofen stellen. Das Fleisch etwa drei Stunden schmoren. Danach herausheben. Die Sauce auf ihre gewünschte Konsistenz und Menge einkochen. Durch eine Gemüsemühle passieren und mit einem Mixstab cremig aufschlagen.
Den Braten in knapp fingerdicke Scheiben schneiden, mit Sauce übergießen.

2

CONIGLIO ALL'ARNEIS

KANINCHEN IN WEISSWEIN

Für vier bis sechs Personen:
1 kleines Kaninchen (ca. 1,8 kg), 6 EL Butter, 2 EL Olivenöl, Salz, Pfeffer, 2 Rosmarinzweige, 2 Selleriestengel, 2 Möhren, 1 Zwiebel, 1 Flasche Arneis, Petersilie

Das Kaninchen in Portionsstücke schneiden und in einem Gemisch aus zwei Eßlöffeln Butter und Öl rundum anbraten, dabei salzen, pfeffern und die Rosmarinzweige daneben legen. Das Gemüse putzen und kleinschneiden, um das Fleisch herum in den Topf streuen und mitrösten. Erst wenn alles Farbe angenommen hat, mit dem Wein ablöschen. Das Kaninchen zugedeckt 50 Minuten schmoren. Die Rückenstücke, die schneller gar sind, zuerst herausfischen. Schließlich den Bratenfond durch eine Gemüsemühle passieren, eventuell noch etwas einkochen und mit der restlichen Butter aufmixen. Über das Fleisch gießen, mit Petersilie bestreuen.

3

FAGOTTO DI MELE

APFELTASCHEN

Für vier bis sechs Personen:
1 Paket tiefgekühlter Blätterteig, Mehl für die Arbeitsfläche, 1 Ei, 50 g Rosinen, 2 EL Grappa, 500 g Äpfel, 50 g gestiftelte Mandeln, 2 gehäufte EL Zucker, 2 EL Sahne

Die Teigplatten aus der Packung etwas antauen lassen, dann einzeln auf bemehlter Arbeitsfläche messerrückendünn ausrollen. In sechs bis acht gleich große Stücke schneiden (je nach Größe der gewünschten Taschen). Jeweils mit verquirltem Ei einpinseln.
Die Rosinen in Grappa einweichen. Inzwischen die Äpfel schälen, entkernen und dann in Scheibchen schneiden. Sofort mit dem Grappa, den Rosinen, Mandeln und Zucker vermischen. Diese Füllung auf die Teigflecke verteilen. Den Teig zusammenschlagen und zu Taschen formen, an den Seiten zukniffen, damit nichts herauslaufen kann.
Die Oberfläche mit dem restlichen Ei, das mit der Sahne verrührt wurde, einpinseln. Die Taschen bei 200 Grad etwa 20 Minuten lichtbraun backen.
Am besten schmecken sie lauwarm, mit Puderzucker bestäubt und in einer Vanillesauce angerichtet (siehe Rezept in der rechten Spalte).

4

BAVARESE DI ARANCE

ORANGENBAVAROISE

Für sechs Personen:
4 Eigelb, 75 g Zucker, 1/4 l Orangensaft (frisch gepreßt), 3 Blatt Gelatine, 1/4 l Sahne, 1 Tütchen Vanillezucker, 2 Orangen
Vanillesauce:
3 Eigelb, 3 EL Zucker, 1/4 l Milch, 1 Vanillestange

Die Eigelb mit dem Zucker im Wasserbad heiß und dicklich schlagen. Bevor sie ins Kochen geraten, den Orangensaft zufügen. Erneut so lange unter Rühren erhitzen, bis die Creme aufzuwallen droht. Die in kaltem Wasser eingeweichte Gelatine darin auflösen. Die Rührschüssel dann in einen Topf mit Eiswasser stellen, dabei immer wieder umrühren, damit die Creme gleichmäßig abkühlt.
Erst wenn sie bereits zu Gelieren begonnen hat – das heißt, daß »Straßen« sichtbar bleiben, wenn man eine Gabel hindurchzieht –, die Sahne steif schlagen, dabei mit dem Vanillezucker würzen, und behutsam unter die Creme ziehen.
Die Orangen mit einem Messer so schälen, daß keinerlei weiße Haut mehr daran bleibt, und in dünne Scheiben schneiden. Portionsförmchen mit je einer Scheibe auslegen. Die Creme einfüllen und fest werden lassen. Zum Servieren stürzen, auf Vanillesauce anrichten und mit Orangenfilets schmücken.
Für die Vanillesauce Eigelb und Zucker im Wasserbad heiß und dicklich rühren. Die heiße, mit Vanille gewürzte Milch zufügen und erneut unter stetem Rühren erhitzen. Beim Abkühlen umrühren, damit sich keine Haut bildet.

Rechts oben: Valentino Migliorini erzeugt auf »Rocche dei Manzoni« opulente Barolo-Weine, die er nur in besten Jahren abfüllt. Mitte: Giovanni Conterno setzt mit seinem »Monfortino« immer wieder neue Maßstäbe. Unten: Giorgo Rivetti – über ihn auf Seite 166

3

ROCCHE DEI MANZONI®
BAROLO
RISERVA
1989
75 cl e
1

CONTERNO
BAROLO
RISERVA
Monfortino
PRODOTTO IN ITALIA
2

LA SPINETTA
BRIC LAPASSOT
MOSCATO D'ASTI
LOW ALCOHOL WHITE WINE
PRODUCT OF ITALY
5,5% ALC/VOL
4

Fortsetzung von Seite 208

der Gruppe. Der Wein ist derselbe, aber er schmeckt jedesmal anders!« Um zu illustrieren, was er meint, nimmt er ein Bild und dreht es auf den Kopf: »Nun? Das Bild ist dasselbe, aber der Eindruck doch ein anderer!«

»Unsere Vorstellung vom Barolo kann revidiert werden«, sagt Guido Fantino in seinem neuen Keller hoch über Monforte: »Ein Barolo muß keineswegs ein schwerer, alles niedermachender Wein sein!« Sein »Sorì Ginestra« beweist das: Er ist von schlanker Eleganz und verhaltener Kraft. Voller Frucht, Wucht und gleichzeitiger Heiterkeit dagegen die Barrique-Cuvée aus Nebbiolo und Barbera, der *Vino da Tavola* »Monprà«.

Wieder anders die Baroli von Domenico Clerico, die durch ihre Komplexität begeistern, deren reiche Tannine durch das Holzlager gemildert, deren Frucht aber unglaublich präsent ist. »Arte« hat er seine Barrique-Création aus Barbera und Nebbiolo vielsagend genannt.

Valentino Migliorini, der aus Piacenza in der Emilia stammt, hat mit dem Gut »Rocche dei Manzoni« beste Lagen erstanden, er kauft auch heute noch ständig Weinberge zu. Da er keinerlei Traditionen verhaftet ist, war es für ihn vielleicht leichter, Pionierarbeit zu leisten, neue Wege zu gehen und mehr als andere mit Barriques zu arbeiten. Daß viele andere ihm folgten, erfüllt ihn mit Genugtuung. Die Dichte und Wucht seiner stets als *riserva*, also mit längerer Reife, ausgebauten Lagen-Baroli gehören zu den besten. Dazu Valentino in aufmüpfiger Bescheidenheit: »Wer in Monforte keinen guten Wein hinkriegt, muß schon ein Depp sein . . .«

Focaccia – Pizza ohne Belag. Mit einem Stück Käse immer ein köstlicher Happen zum Glas Wein! Hefeteig mit Olivenöl kneten, dünn ausrollen. Die Oberfläche dick mit Olivenöl einpinseln, mit den Fingerspitzen Dellen hineindrücken, damit das Öl darin stehen kann. Mit grobem Salz bestreuen und bei größter Hitze knusprig backen

Unten: Faßprobe mit Guido Fantino von Conterno-Fantino in der neuen Kellerei. Rechts: Domenico Clerico mit seinem Vater

Taransaud
Taransaud

»Antica Torre«: einfach ist gut

Die gut acht Zentimeter breite Klinge, scharf wie ein Rasiermesser, teilt die leuchtendgelbe Teigrolle in haarfeine, absolut gleichmäßige Streifen, und zwar mit unglaublicher Geschwindigkeit. »35 Schnitte ergeben eine Portion«, sagt Giacinto Albarello und schüttelt das Nudelbündel, das sich dadurch zu einer bildschönen, akkurat geschnittenen Quaste öffnet. »Tajarin muß man mit der Hand schneiden!« mahnt er und blickt streng über den Rand seiner Brille, »die Nudelmaschine hinterläßt eine viel zu glatte Schnittfläche, und dann kann sich kein Geschmack entwickeln.« Er fügt mit einer wegwerfenden Geste hinzu: »Da könnte man ja dann gleich gekaufte Nudeln essen.«

Die Nudelherstellung, zweimal am Tag, ist Chefsache in der Trattoria »Antica Torre«. Ansonsten ist jedoch in dem sympathischen Gasthaus mitten in Barbaresco, gleich unterhalb der Kirche, die ganze Familie am Werk. Die Rollen sind natürlich genau verteilt: in der Küche wirken Vater Giacinto und Mutter Teresa; sie werden inzwischen von der quirligen Tochter Stefania unterstützt. Den Saal betreuen die Geschwister Paola und Maurizio. Bruder Alessandro arbeitet als einziger außerhalb, als Önologe. Allerdings hilft auch er gern mit, vor allem im Winter, wenn die großartigen Würste, Spezialität des Hauses, produziert werden. Das Fleisch dafür wird mit einem Sud aus Dolcetto und Barbera aromatisiert und mit Knoblauch, Nelken, Zimt und Rosmarin gewürzt; auch ein Glas Marsala kommt hinzu, dessen Süße ein besonderes Aroma gibt. Die *salame crude*, luftgetrocknete, also rohe Würste, oder *salame cotte*, Kochwürste, die daraus werden, sind köstlich.

Überhaupt ist es ein Vergnügen, hier zu essen! Kein Wunder, daß Nachbar Angelo Gaja die Trattoria sozusagen zur Kantine erkoren hat. Freilich sitzt er mit Geschäftsfreunden oder seiner Familie lieber im Nebenzimmer. Denn im eigentlichen Gastraum geht es meist hoch her. Da wird an langen Tischen und oft in großer Runde munter schnabuliert, Kinder tollen umher, und es herrscht ein fröhliches Getöse. Genießen ist halt das volle Leben, nicht stille Andacht.

TAJARIN AL COLTELLO
SCHNITTNUDELN

Im Piemont wird geradezu ein Wettstreit ausgetragen, wer wohl am meisten Eigelb in seinen Nudelteig verarbeitet. 20 sind es in der Regel, bis zu 60 hat man schon gehört. Manche lehnen Eiweiß überhaupt ab, andere schwören darauf, daß etwas Eiweiß die Nudeln zarter

macht. Viele nehmen daher noch fünf bis zehn ganze Eier. Tajarin gehören von Hand mit einem großen Messer geschnitten, denn nur dann bekommen die Nudeln die griffige Oberfläche, die nötig ist, um viel Geschmack zu bieten und die beigefügte Sauce richtig aufzunehmen. Die gesamte Teigmenge in zwei Portionen teilen: für Agnolotti und für Tajarin, die mit Fleisch- oder Pilzsugo serviert werden – Rezepte Seite 47 und 56.

Für jeweils sechs Portionen
Tajarin und Agnolotti:
1 kg Mehl, 20 Eigelb, 5 ganze Eier,
2 EL Olivenöl, ca. 1/2 TL Salz

Das Mehl auf die Arbeitsfläche häufen, in eine Vertiefung in der Mitte Eigelb und Eier setzen. Öl und Salz zufügen. Mit einer Gabel die Eier verquirlen und mit Mehl mischen. Dann mit den Händen zu einem weichen Teig verarbeiten.

Die berühmten hausgemachten Würste der »Antica Torre«: Die rohen reifen im Weinkeller, die gekochten ißt man frisch. In dünne Scheiben geschnitten sind beide ein Gedicht!

Den Teig zwischen den Walzen der Nudelmaschine zu Bändern ausrollen. Zu Agnolotti verarbeitet man sie sofort. Für Nudeln müssen sie etwas antrocknen

Wenn man die Teigbänder mit Eiweiß einpinselt, halten die Agnolotti besser zusammen. Die vorbereitete Füllung in Häufchen auf den Teig setzen

Die Füllung mit einem Teelöffel in gleichmäßigen Abständen voneinander jeweils den Rand entlang plazieren, in der Mitte die Bahn frei lassen

Jetzt den Teig von beiden Seiten zur Mitte hin umklappen. Dabei darauf achten, daß die Häufchen der Füllung in der Mitte Raum für die Naht lassen

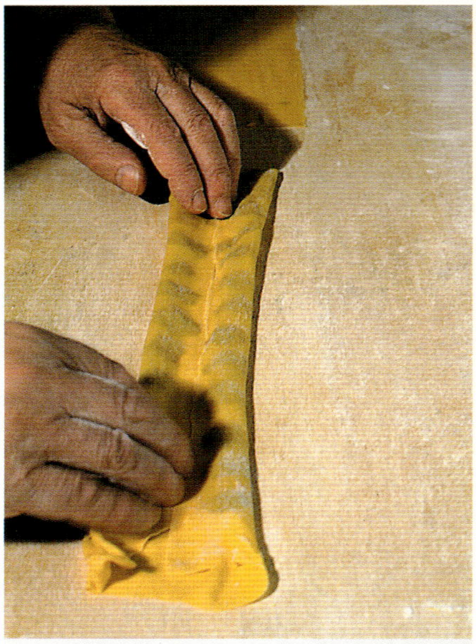

Mit den Fingerspitzen die Teigflächen behutsam aneinanderdrücken; vor allem auch jeweils rund um die Füllung, damit sich die Täschchen nicht öffnen

Jetzt kommt der Trick, der den agnolotti al plin *ihren Namen gibt: zwischen Daumen und Zeigefinger wird jedes einzelne Täschchen geknifft – sie bekommen eine Falte, den* plin

Zum Auseinanderschneiden nimmt man ein Teigrädchen. Die Zackenlinie, mit der es schneidet, sieht nicht nur hübsch aus, sondern drückt die Naht noch einmal zusammen und sorgt dafür, daß wirklich nirgendwo Füllung herausquellen kann

Die Arbeitsfläche muß dabei stets leicht gemehlt sein, damit die Agnolotti nicht ankleben. So lassen sie sich übrigens auch gut einfrieren – am besten einzeln auf einem Tablett

1

AGNOLOTTI AL PLIN

TEIGTÄSCHCHEN MIT FALTE

Hier erst einmal das Grundrezept, wie die oft nur männerdaumennagelgroßen Täschchen angefertigt werden, ohne die kaum eine Mahlzeit im Piemont denkbar ist. Füllungen kennt man viele (Rezepte dafür auf den Seiten 56, 208 und 226). Am liebsten serviert man Agnolotti mit lichtbrauner Butter, in der Salbeiblätter angeröstet wurden, und mit frisch geriebenem Parmesan bestreut. Man kann sie auch mit einem leichten Sugo (Seite 101) anrichten, mit etwas Bratenjus, den man vom Schmorbraten abzweigt. Im Sommer paßt auch eine warme Gemüsesauce (Seite 202) oder eine erfrischende, mit wenig Essig und etwas Jus bereitete Vinaigrette, mit natürlich geschälten Tomaten- und Paprikawürfeln.

Für vier bis sechs Personen:
1/2 Portion Nudelteig, 1 Eiweiß zum Einpinseln, Füllung nach Gusto

Den Nudelteig mit dem Nudelholz oder mit Hilfe der glatten Walze der Nudelmaschine zu hauchdünnen, ca. 9 Zentimeter breiten Bändern auswellen. Mit Eiweiß einpinseln. Wie auf den vorigen Seiten gezeigt verarbeiten.

1

2

2

POLLO IN CARPIONE

MARINIERTES HÜHNERFLEISCH

Für vier bis sechs Personen:
2 ausgelöste Hähnchenbrüste (4 Filets à 120 g), Salz, Pfeffer, 2 Eier, 100 g Semmelbrösel, 1 Tasse Olivenöl, Kapern, Salbeiblätter
Marinade:
1 Zwiebel, 2 Knoblauchzehen, 2 Bleichselleriestengel, ein Händchen voll Salbeiblätter, 1 Rosmarinzweig, 4 EL Olivenöl, $^1/_8$ l Weinessig, $^1/_8$ l Weißwein, Salz, Pfeffer

Das Fleisch schräg in flache Schnitzelchen schneiden. Salzen, pfeffern, in verquirltem Ei und schließlich in Semmelbröseln wenden. Überschüssige Brösel abschütteln. Die Schnitzel in heißem Öl sanft auf beiden Seiten goldbraun braten. Auf Küchenpapier sorgfältig abtupfen und in eine Schüssel betten.
Für die Marinade Zwiebel, Knoblauch, Sellerie und Salbeiblätter fein hacken. Im Öl andünsten, Rosmarin zufügen, mit Essig und Wein ablöschen. Fünf Minuten köcheln, salzen und pfeffern. Dann über die Schnitzelchen gießen. Mindestens einen Tag marinieren lassen und schließlich mit Kapern und Salbeiblättern garniert mit frischem Brot servieren.

3

SALSA CUNJA

EINGEKOCHTE TRAUBENSAUCE

Man liebt sie heute vor allem zum jungen oder gereiften Murazzanokäse (Photo). Früher, in den armen Zeiten vor dem Krieg, hatte man auf dem Land gar nichts dazu, höchstens Brot. Man kocht diese marmeladenartige Sauce aus allen Früchten, die im Herbst reif werden – und zwar nur in der Woche nach Neumond. Denn nur dann, so heißt es, bleibt die Sauce bis zum nächsten Jahr frisch.

Für 6 Einmachgläser:
2 kg rote Trauben (am besten nimmt man Dolcetto), 1 kg Äpfel, 1 kg Birnen, 1 Quitte, 500 g Feigen, 200 g Haselnüsse, 200 g Walnüsse, 100 g Zucker

Die Trauben im Entsafter auspressen. Den frischen Most in einen großen, möglichst kupfernen, wenigstens aber Edelstahltopf gießen. Äpfel, Birnen und Quitten schälen, vom Kerngehäuse befreien, in Scheiben schneiden und zum Most geben. Ebenso die Feigen, die Nüsse und den Zucker. Langsam zum Kochen bringen und auf kleinem Feuer mindestens sechs Stunden zu einem dunkelbraunen aromatischen Sirup einkochen. Heiß in Gläser abfüllen, verschließen und kühl stellen.

3

Angelo Gaja: Wein für die Welt oder das Wunder von Barbaresco

Das 1859 gegründete Weingut Gaja galt schon immer als Spitze in Barbaresco, seine Weine erzielten die höchsten Preise. Angelo Gaja ist stolz darauf: »Der Verbraucher bestimmt den Preis! Der Produzent ist zwar für die Qualität verantwortlich, aber erst der Preis gibt Auskunft über die Wertschätzung. Wir haben offenbar alles richtig gemacht . . .«
Ohne Angelo Gaja wäre die rasante Entwicklung des Weinbaus rund um Alba gewiß anders verlaufen! Die Winzerkollegen wissen das: Sie sehen in Gaja ihre Galionsfigur, das unerreichbare Vorbild. Auch alle Wein-Journalisten der Welt bestätigen ihm und seinen Weinen die einzigartige Stellung.
Alles begann mit Angelos Ärger: Die Weinwelt schwärmte von Bordeaux und Burgund, die Weine seiner Heimat ignorierte sie völlig. Das ließ sein Stolz auf die Produkte seines Landes, seine *italianità*, nicht zu. Andererseits wurde ihm beim Probieren der großen Châteaux und Grand Crus klar, daß sein Barbaresco deren Niveau nicht erreichte. Die Art der Vinifikation basierte auf

Piemonteser Traditionen und Weingeschmack, war auf internationaler Ebene aber hinderlich. »Tradition«, erkannte Angelo, »ist an sich noch kein Wert. Traditionen müssen ständig in Frage gestellt, überprüft, erneuert werden.«

1961 hat Angelo das Gut von seinem Vater übernommen, der – als Landvermesser kannte er sich gut aus – einige erstklassige Lagen dazugekauft hatte. »Im Piemont gibt es keine großen Güter, man hat hier mal eine Lage, dort einige Rebzeilen. Mein Vater und ich haben versucht, größere Flächen zusammenzulegen, nur beste Lagen – man brauchte sich ja nur umzusehen, wo gute Trauben herkommen. Das Piemont ist nicht vermessen und katalogisiert wie Burgund oder Bordeaux, hier ist alles noch im Fluß . . .« Angelo redet sich warm, erzählt von dem Weinberg, den er im Barolo-Gebiet gekauft hat. Der erste, mit Spannung erwartete Gaja-Barolo seit 30 Jahren – *Sperss* genannt, piemontesisch für Nostalgie. Damals hatte Angelo nämlich beschlossen, nur noch aus eigenen, nicht auch aus zugekauften Trauben Wein zu machen: Er wollte alles im Griff haben, alles selbst steuern.
Zum Beispiel die Ertragsbegrenzung. Schon sein Vater erntete relativ wenig, Angelo ging noch viel weiter, unter 30 Hektoliter pro Hektar: »Die Leute von

Barbaresco haben mich für verrückt erklärt! Wußte doch jeder, daß man um so mehr Geld einnahm, je mehr Trauben es gab. Das Verhältnis von Qualität zu Quantität war noch nicht erkannt.« Ein starker Anschnitt und das Ausdünnen im Sommer; der Verzicht auf Stickstoffdüngung, um weniger Laub, konzentriertere Moste und mehr Farbe in die Schalen zu bekommen; die Begrünung der Weinberge, um Erosion vorzubeugen und Nützlinge anzusiedeln; schließlich ein ökologisch sinnvoller Umgang mit Spritzmitteln gegen Pilzkrankheiten und Schädlinge – das waren die Grundlagen im Weinberg.

Ab 1970 wurde mit dem jungen Kellermeister Guido Rivella nach und nach auch die Kellerarbeit umgestellt: Entrappen der Trauben; vorsichtigeres Quetschen; Erwärmen des Kellers in der oft schneidenden Oktoberkälte, um die Gärung rasch in Gang zu bringen. »Am Anfang fluchten die Leute, weil der Keller zur Sauna wurde. Aber das haben wir mit Technik inzwischen im Griff, alles läuft automatisch«, auch die anschließende Kühlung, um die Gärtemperatur niedrig zu halten.

Die Moste werden heute ausschließlich mit den natürlichen Hefen vergoren, die sie aus dem Weinberg mitbringen: »Sie helfen mit, die individuelle Art eines jeden einzelnen Weines herauszuarbeiten!« Angelo setzt weiterhin auf mittellange Maischegärung von 21 bis 25 Tagen; sanftes Abpressen; schnelle Einleitung der malolaktischen Gärung, wie man die Umwandlung der spitzen Apfelsäure in die weichere Milchsäure nennt; Schönung (Klären) mit Gelatine; extrem vorsichtiges Filtern; Abkühlen unter null Grad, um den Weinstein auszufällen. »Das alles sind heute Selbstverständlichkeiten«, erzählt Gaja, »aber jede dieser Maßnahmen war vor 25 Jahren eine kleine Revolution!«

Eine große Revolution freilich war die Einführung von Barriques, kleinen Eichenholzfässern. »Zuerst haben wir es mit gebrauchten Fässern versucht, weil wir dachten, der tanninreiche Nebbiolo verträgt nicht auch noch die Tannine von neuem Eichenholz. Das Ergebnis hat uns nicht befriedigt. Dann riet der Kellermeister der Domaine Romanée Conti, deren Vertrieb ich für Italien übernommen hatte, es mal mit einem neuen Faß von ihnen zu probieren – schauerlich: Der Wein stank nach Sägemehl, keine Frucht war mehr zu erkennen!« Gaja versuchte es weiter, denn er war überzeugt, daß kleine Fässer durch besseren Sauerstoffaustausch seine Weine feiner machen würden. Nun wurden die Fässer ausgedampft, damit nur noch die weichen Tannine übrigbleiben: »Jetzt erklärte mich Robert Mondavi für verrückt, der kalifornische Weinpionier, der seine Erfolge der neuen Eiche verdankte. Zu Unrecht: Wir haben das Problem damit gelöst!« Angelo Gaja reibt sich die Hände: »Wir haben einen Typ von Barbaresco geschaffen, der weich und rund ist, den auch die Liebhaber von Bordeaux-Weinen mögen. Und wir haben ihm dabei seine Frucht, die vollen Aromen, seinen Rosenduft, seine Würze gelassen . . .«

Angelo holt ein paar Riedel-Gläser – deren Vertrieb er so erfolgreich übernommen hat, daß in Piemont kein Winzer von Rang auf den Gedanken käme, andere zu nehmen –, schenkt seinen dunklen, elegant-intensiven *Cabernet Sauvignon Darmagi* ein, der die Piemonteser Weinwelt in schweren Streit stürzte – eine französische Rebsorte im Land des Nebbiolo! Nicht anders erging es dem *Chardonnay Gaia & Rey*. Inzwischen haben viele Winzer mit neuen Rebsorten große Weine gemacht. »Als ich auf einem hochgelegenen, ehemaligen Rapsfeld *Sauvignon* pflanzte und als *Alteni di Brassica* herausbrachte, hat sich schon keiner mehr gewundert«, schmunzelt Angelo, denn er ist sich durchaus bewußt, daß er immer für eine Überraschung gut ist . . .

Barbaresco mit seinem Wahrzeichen, dem Turm. Im Vordergrund der dreistöckige Kellerbau von Angelo Gaja

Unter einer Schicht von Schimmelpilzen, die sich vom Alkohol in der Kellerluft ernähren, dem sogenannten Kellertuch, lagern Flaschen aus vergangenen Jahrzehnten – Schätze!
Unten: 1200 Barriques liegen in den Kellern von Gaja, jedes Jahr werden 500 davon durch neue ersetzt, so daß sie im Schnitt alle 2 1/2 Jahre ausgetauscht werden – eine gewaltige Investition. Freilich kann Angelo die gebrauchten Fässer gut verkaufen, in ganz Italien reißen sich ehrgeizige Weinmacher um sie. »Am liebsten hätten sie es, wenn auch noch groß Gaja darauf stünde!«

Ordnung und Sauberkeit gehören zu den Grundprinzipien von Angelo Gaja: »Das habe ich von meiner Großmutter geerbt«, meint Angelo, »Clotilde Rey, die war auch so pingelig.« Das kleine Kellereimuseum mit altem Werkzeug und Ersatzteilen zeugt davon

Das Holzlager vor dem Keller: Slowenische und österreichische, vor allem französische Eiche kauft Angelo auf Auktionen, lagert die bereits gespaltenen Dauben selbst drei bis fünf Jahre in Wind und Wetter und läßt erst dann seine Barriques daraus machen

Die Etiketten von Gaja und seine mit Motiven von altem Kellergerät bedruckten Holzkisten fallen unverwechselbar ins Auge. Unten: In kleinen Edelstahltanks und einigen Barriques werden die Erträge bestimmter Rebstöcke getrennt vinifiziert. Gaja arbeitet mit der Uni Turin an einem Programm, das sieben verschiedene Klone in verschiedenen Weinbergen auf Qualität und Krankheitsanfälligkeit untersucht – eine aufwendige Angelegenheit. Aber praxisnahe Versuche sind unbedingt notwendig, ehe die Klone für ganze Anlagen empfohlen werden können

Die Osteria »dell'Unione«

Nichts weist von außen darauf hin, daß dies ein Gasthaus ist. Die Fenster sind zugehängt, nirgendwo ein Schild. »Wozu?« lacht Giuseppina Bongiovanni, die Wirtin, »man kennt uns doch!« Vor dreizehn Jahren hat sie auf Anregung der Leute von Arcigola (siehe Seite 206) im einstigen Versammlungsraum der Gewerkschaft diese Kneipe eingerichtet, deshalb auch der Name. Es sollte ein Ort sein, wo man die großen Weine der Gegend probieren konnte und höchstens Wurst und ein Stück Brot dazu verspeisen. Aber Pina kocht einfach zu gern, als daß sie das befriedigt hätte.
Es ist ein gemütlicher, kleiner Raum mit Holzbalken und gewölbter Decke. Die Einrichtung ist schlicht: ein Bartresen, ein Regal für Rotweine, die acht Holztische sind nur dann weiß gedeckt, wenn sich Gäste zum Essen angemeldet haben. Das Menü ist für alle gleich. Dafür kann man aus einer Weinkarte wählen, die buchstäblich alles auflistet, was gut und hier erfreulicherweise nicht einmal teuer ist. Oder man sucht sich seine Flasche einfach im Regal aus.
Es werden verschiedene Antipasti aufgetischt, wie im Piemont gewohnt. Aber hier sind sie von einer Präzision und Qualität ohnegleichen! Das Fleisch und die Saucen so zart und so leicht, wie sonst allenfalls im Luxusrestaurant. Die Pasta: der Teig duftig und durchscheinend dünn

wie nirgendwo. Auch das Kaninchen ist unvergleichlich saftig und voller Geschmack . . . Pina kocht nichts anderes als die anderen auch, aber sie tut es in einer absolut ungewöhnlichen Perfektion!

1

FRITTELLE DELLE ERBE

KLEINE KRÄUTER-PFANNKUCHEN

Für sechs Personen:
6 Eier, Salz, Pfeffer,
je 3 gehäufte EL frisch geriebener Parmesan und Mehl, 2 großzügige Handvoll Kräuter, 3–4 Knoblauchzehen, Butter für die Pfanne

Die Eier verquirlen, salzen und pfeffern, den Käse und das Mehl unterrühren. Die Kräuter im elektrischen Zerhacker zerkleinern und mit den Eiern mischen. Mit durch die Presse gedrücktem Knoblauch würzen. In einer beschichteten Pfanne etwas Butter erhitzen, jeweils einen Eßlöffel Eiermasse hineinsetzen und zu einem kleinen flachen Küchlein auseinanderstreichen. Zunächst auf der einen Seite stocken lassen, bis kaum mehr Flüssiges an der Oberseite sichtbar ist, dann wenden und auch auf der anderen Seite sanft bräunen.
In der »Osteria dell'Unione« werden die Küchlein zusammen mit dünnen Salamischeiben serviert.

1

Pina Bongiovanni betreibt die Osteria mit ihren beiden Schwiegertöchtern Claudia und Rezi; ihre Männer arbeiten anderswo

2

VITELLO TONNATO

KALBFLEISCH IN THUNFISCHSAUCE

Das Fleisch sollte unbedingt einen halben Tag (oder länger) kalt gestellt sein, bevor man es auf der Aufschnittmaschine aufschneidet, nur dann geraten die Scheiben schön dünn.

Für sechs Personen:
ca. 1 kg Kalbfleisch (Oberschale),
1 Bund Suppengrün, 1 Lorbeerblatt,
6 Pimentkörner, 1 TL Pfefferkörner,
Salz
Thunfischsauce (Mayonnaise):
1 Eigelb, 1 TL scharfer Senf,
ca. 1/4 l mildes, ligurisches Olivenöl,
100 g Thunfisch in Olivenöl (Dose),
2 EL Kapern, 1/2 Zitrone, Salz, Pfeffer

Das Fleisch mit dem geputzten Suppengrün und den Gewürzen in einen Topf füllen. Mit Wasser bedecken und langsam zum Kochen bringen. Zugedeckt etwa eine Stunde ganz leise gar ziehen und im Sud abkühlen lassen.
Für die Sauce Eigelb und Senf mit dem Handrührer dick und cremig schlagen, dabei wie für eine Mayonnaise langsam das Öl hinzufließen lassen.
Thunfisch und Kapern im Mixer oder elektrischen Zerhacker fein pürieren und mit Zitronensaft würzen. Mit der Mayonnaise mischen und mit Salz und Pfeffer abschmecken.
Zum Servieren das Fleisch in dünne Scheiben schneiden und hübsch auf Vorspeisentellern oder einer Platte anrichten. Mit etwas Sauce dekorativ bekleckssen, den Rest getrennt dazu reichen.

3

LINGUA DI VITELLO CON SALSA VERDE

KALBSZUNGE MIT GRÜNER SAUCE

Für sechs Personen:
1 Kalbszunge, 1 Bund Suppengrün,
je 1/2 TL Pfefferkörner, Piment und
Wacholderbeeren, 1 Lorbeerblatt, Salz
Grüne Sauce:
2 Tassen gemischter Kräuter:
glattblättrige Petersilie, Basilikum, Dost
(Origano), 2–3 Knoblauchzehen,
3 Anchovisfilets, 2 EL Kapern,
1 Scheibe altbackenes Weißbrot,
1/8 l mildes Olivenöl, 2 EL Essig,
Salz, Pfeffer

Die Zunge mit dem Wurzelwerk und Gewürzen und mit Wasser bedeckt aufsetzen und zwei Stunden langsam weich kochen. Im Sud erkalten lassen, dann die ledrige Haut abziehen und die unschönen Teile wegschneiden. Die Zunge im durchgesiebten Sud kalt stellen.
Dies alles läßt sich praktischerweise bereits am Vortag bestens erledigen.
Für die Sauce die Kräuter (Stiele entfernen!) mit den geschälten Knoblauchzehen, Sardellen, Kapern und Weißbrot sowie Öl und Essig im Mixer zu einer leuchtendgrünen Sauce mixen. Mit Salz und Pfeffer abschmecken. Nach Belieben mit einem Schuß Brühe verdünnen.
Die Zunge auf der Aufschnittmaschine in sehr dünne Scheiben schneiden und auf Tellern hübsch anrichten. Mit der Sauce teilweise überziehen.

2

3

1

AGNOLOTTI ALLE VERZE

TEIGTÄSCHCHEN MIT WIRSING

Dieses Rezept läßt sich natürlich jeweils mit den Gemüsen der Jahreszeit abwandeln – im Frühling nimmt man statt Wirsing Spinat oder Löwenzahn, im Sommer Borretsch und im Herbst Radicchio- oder Endiviensalat. Für den Teig gilt das Grundrezept Seite 168 oder 215.

Für sechs bis acht Personen:
je 300 g Kalbs- und Schweineschulter, 3 EL Olivenöl, 3–4 Knoblauchzehen, 2 Rosmarinzweige, Salz, Pfeffer, 1 Glas Weißwein, 1 kleiner Wirsingkopf von ca. 500 g, 100 g frisch geriebener Parmesan, 3 Eier, Muskat, Cayennepfeffer

Das Fleisch in große Würfel schneiden und im heißen Öl von allen Seiten anbraten. Dabei die Knoblauchzehen und Rosmarinzweige zufügen, außerdem salzen und pfeffern. Schließlich mit Wein ablöschen und zugedeckt auf kleinem Feuer eineinhalb Stunden gar schmoren, bis es zart und weich ist.
Inzwischen den Wirsing vierteln, die dicken Strünke herausschneiden, die Blätter in Salzwasser fünf Minuten (falls sie nicht sehr zart sein sollten, auch länger) kochen, dann eiskalt abschrecken, damit die schöne Farbe erhalten bleibt.
Das abgekühlte Fleisch und die Wirsingblätter durch den Fleischwolf drehen oder im Mixer zu einer Farce zerkleinern. Mit dem Käse und den Eiern mischen, mit Salz, Pfeffer, Muskat und Cayennepfeffer abschmecken.
Die Agnolotti mit dieser Farce nach dem Grundrezept (Seite 218) zubereiten. Mit frisch geriebenem Käse oder duftender Salbeibutter servieren.

2

TAJARIN AL RAGÙ

SCHNITTNUDELN MIT FLEISCHSAUCE

Pina Bongiovanni schneidet ihre Nudeln selbstverständlich mit der Hand! Sie nimmt für den Teig auf ein Kilo Mehl 5 ganze Eier und 10 Eigelb, außerdem 2–3 EL ligurisches Olivenöl und etwas Salz. Für die Fleischsauce braucht sie:

Für sechs Personen:
je 150 g durchgedrehtes Kalb- und Schweinefleisch, 2 EL Olivenöl, 1 Zwiebel, 1 Möhre, 2 Knoblauchzehen, 1 Rosmarinzweig, 2 reife Fleischtomaten, je $^{1}/_{2}$ rote und gelbe Paprikaschote, Salz, Pfeffer, $^{1}/_{8}$ l Fleischbrühe

Das Hackfleisch im Olivenöl scharf anbraten, dann gewürfelte Zwiebel, winzig fein gehackte Möhre und Knoblauch sowie Rosmarin zufügen. Die Hitze herunterschalten und alles sanft dünsten.
Die Tomaten häuten, entkernen und fein hacken. Paprika mit einem Kartoffelschälmesser schälen und ebenfalls winzig würfeln. Beides zum Fleisch geben, salzen, pfeffern und mit Brühe ablöschen. Eine halbe Stunde köcheln, bis sich alles gut vermischt hat.

3

3

CONIGLIO BRASATO

GESCHMORTES KANINCHEN

Für sechs Personen:
1 Kaninchen à ca 1,8 kg, 3 EL Olivenöl, 1 Zwiebel, 3–4 Knoblauchzehen, 3 Fleischtomaten, je 2 rote und gelbe Paprikaschoten, je 1 Rosmarin- und Thymianzweig, 1 Lorbeerblatt, Salz, Pfeffer, $^{1}/_{2}$ l Weißwein

Das Kaninchen in Portionsstücke schneiden (Keulen in zwei Teile, Vorderläufe, Rücken quer in drei Stücke) und im heißen Öl in einem Schmortopf rundum bräunen. Gehackte Zwiebel und Knoblauchzehen, Tomatenwürfel (zuvor geschält) und Paprika in großen Stücken (mit dem Sparschäler gehäutet) sowie Rosmarin, Thymian und Lorbeerblatt zufügen. Salzen, pfeffern und den Wein angießen. Zugedeckt auf mildem Feuer eine halbe Stunde schmoren. Die Rückenstücke herausfischen, sie werden sonst zu trocken, und beiseite stellen. Nach einer weiteren halben Stunde, wenn auch die anderen Fleischteile gar sind, die Kräuter entfernen, die Fleischstücke wieder im Ragout erwärmen und am besten im Schmortopf zu Tisch bringen.

4

BONÉT DI CIOCCOLATA

SCHOKOLADENFLAN

Das klassische piemontesische Dessert, das es in vielerlei Abwandlungen gibt.

Für sechs bis acht Personen:
4 Eier, 6 EL Zucker, 2 gehäufte EL Kakaopulver, 2 EL Rum, 50 g Amaretti (Mandelmakronen), $^{1}/_{2}$ l Milch

Die Eier mit dem Schneebesen des Handrührers schaumig rühren, dabei vier Eßlöffel Zucker zufügen. Sobald er sich aufgelöst hat, Kakaopulver, Rum, die fein zerbröselten Amaretti und schließlich die Milch unterrühren.
Den restlichen Zucker in einem kleinen Topf schmelzen und zu kaffeebraunem Karamel kochen. In eine passende Puddingform gießen (zum Beispiel eine kleine Kastenform), diese drehen und wenden, damit Boden und Wände überall von Karamel überzogen werden. Die Flanmasse einfüllen und mit Alufolie abdecken. Die Form für etwa 30 Minuten im Wasserbad in den auf 180 Grad vorgeheizten Ofen stellen, bis der Flan gestockt ist. Sobald er ausgekühlt ist, stürzen und in Portionsscheiben schneiden.
Pina Bongiovanni serviert jeweils eine Scheibe Bonét und eine Scheibe Panna cotta, die sie ebenfalls in einer Kastenform zubereitet hat (Rezept Seite 179).

1

2

4

Neive: Kleinod in den Reben

Stolz thront das Winzerstädtchen Neive über den Weinbergen des Barbaresco-Gebietes, hübsch anzuschauen, wenn man sich von Süden oder Westen nähert. Der alte Ortskern auf der Hügelkuppe ist ein Idyll, verschont geblieben von häßlichen, einfallslosen Neubauten – die stehen alle im Tal und auf den Hängen im Norden und Osten. Über die heimeligen Dächer der Häuser, die sich um das *castello* und die Kirchen scharen, schweift der Blick weit über Langhe und Roero auf die majestätische Kette der Alpen, darunter erkennt man den Weinberg von Santo Stefano, von dem der begehrte, mächtige und tiefgründige Barbaresco des berühmtesten Winzers in Neive, Bruno Giacosa, stammt.
Die Stöcke der Reben zeichnen die winterlichen Hänge in geometrischen Mustern um die kleinen Weinberg-

häuschen, die auf piemontesisch *ciabot* heißen: So manche erstklassige Weinbergslage wurde nach ihnen benannt – es sind sozusagen die rührend kleinen Châteaux der Langhe . . .
In Neive geht das Leben seinen geruhsamen Gang. Der wachsame Hund hat für jeden Vorbeikommenden Zeit, ihn entlang seines Weges in freudiger Wut zu verbellen. Die schönere der beiden Barockkirchen ist seit einigen Jahren wegen Baufälligkeit geschlossen – nun, meint man gelassen, es gibt ja eine zweite. Betrieb ist in der einzigen Hauptstraße und auf dem Dorfplatz nur am späten Vormittag und am frühen Abend, wenn die Leute zum Einkaufen kommen und in einer der Café-Bars ihren Aperitif trinken. Und natürlich am Sonntag nach der Messe!

Romano Levi in Neive: Legende, Künstler, Grappabrenner

Der Blick durchs Fenster zeigt ein trautes Bild: Romano Levi sitzt an seinem Schreibtisch und malt mit jener Ernsthaftigkeit und Konzentration, zu der eigentlich nur Kinder fähig sind, hingebungsvoll seine Etiketten. Mit dem Federhalter und schwarzer Tusche zieht er Hügellinien, setzt ein Häuschen auf die Kuppe, läßt Blumen daneben blühen. Prüfend schaut er auf die unzähligen Tuschefäßchen mit den verschiedenen Farben im Chaos auf seinem Tisch, überlegt, greift zielstrebig eins heraus. »Als ich ein kleiner Junge war«, lächelt er, während er es aufschraubt, »da hab ich so gerne gelbe Häuschen gemalt. Heute bin ich 66 Jahre alt, male wieder ein gelbes Haus, und es schauen lauter erwachsene Menschen zu. Ist das nicht ulkig?« Und er lacht darüber mit solch unverstellter Freude und solchem Charme, daß einem das Herz aufgeht.

Romano Levi, der kauzige Grappabrenner aus Neive, ist längst Legende. Seine Grappe sind weltberühmt. Zum einen wegen der unverwechselbaren Etiketten: Jedes einzelne aus einem speziellen Papier zurechtgerissen, nie geschnitten, alle nötigen Angaben mit Tusche sorgfältig gemalt, viele mit bunten Zeichnungen versehen und immer senkrecht an der linken Seite ganz klein mit Jahreszahl signiert. Jedes einzelne ein kleines Kunstwerk, ein Unikat! Luigi Veronelli, der italienische Gourmetverleger, hat letzthin ein Buch herausgegeben, in dem mehr als 350 verschiedene Etiketten Levis gesammelt sind – keines gleicht dem anderen!

Aber auch der Flascheninhalt ist unverwechselbar. Levis Grappa würde man in jeder Blindprobe herausschmecken, so wie sie ist keine! Es ist die beste Grappa der Welt, schwärmen die einen, einzigartig, kraftvoll, einfach groß! Als zu rauh, zu derb, zu wenig sauber verwerfen sie die anderen. Vielleicht ist es die Ehrlichkeit, die seine Grappa prägt, ihr entschiedener Charakter – Eigenschaften, die auch sonst im Leben nicht einfach zu ertragen sind, was die Geister so energisch in zwei Lager teilt.

Es ist ja noch gar nicht lange her, daß Grappa – als italienisches Wort übrigens weiblichen Geschlechts – Einzug in die höheren Ränge der Erlesenen unter den geistigen Getränken gehalten hat, schließlich wird sie nicht wie Cognac aus Wein, sondern vielmehr aus »Abfall« hergestellt, oder was ist Trester, also die Schalen und Stiele der ausgepreßten Trauben, sonst? Meist war es ja auch ein eher ungeschlachter Schnaps, den man gemeinhin daraus brannte, allenfalls eine gute Medizin, um nach derber Kost die Verdauung anzuregen. Daß Grappa Kultgetränk geworden ist und exorbitante Preise erzielt, kann Romano Levi nicht verstehen. Er schüttelt den Kopf, wenn er hört, daß seine Flaschen in den Delikatessengeschäften der großen Welt ein Vielfaches dessen kosten, was er dafür verlangt, oder daß man für ein Gläschen davon in einem feinen Restaurant mehr bezahlen muß als bei ihm für eine ganze Flasche. »Auch ein armer Mensch«, sagt er, »soll sich eine Grappa leisten können.« Und

Wer eine Flasche mit persönlich gewidmetem Etikett besitzt, kann sich glücklich schätzen

selbstverständlich muß es eine gute sein, denn schlechter Fusel, das weiß Levi schließlich besser als jeder andere, ist ungesund. Eigentlich verrückt, wenn man bedenkt, daß es gerade seine Flaschen waren, die den Grappakult überhaupt erst begründet haben. Daß viele wegen ihrer Etiketten als Preziosen gesammelt und nie geöffnet werden, ist durchaus nicht in Levis Sinn! Vollends grotesk findet er, daß man versucht hat, sie nachzumachen: Plötzlich waren Flaschen in Umlauf, die genauso aussahen, dieselbe Form hatten und sehr geschickt nachgeahmte Etiketten trugen; allerdings wies das Papier andere Reißspuren auf als sein Bütten. Vor allem aber erkannte man die Fälschung daran, daß der Korken bündig mit dem Flaschenrand abschloß. Da hatten die Kopisten nicht aufgepaßt: Levi läßt seine Korken stets ein paar Millimeter aus dem Hals herausschauen. »So verschließen sie die Flaschen besser, weil sie über dem Rand dicker sind«, erklärt Levi den Sinn der Sache, »außerdem gelangt der Leim von der Steuerbanderole nicht auf das Glas.«

Seit mehr als fünfzig Jahren brennt Levi Tresterschnaps. Er liebt seine Arbeit, sie ist sein Lebensinhalt. Seine Brennanlage ist älter als er selbst; Vater Serafino hatte sie sich 1925 von einem Turiner Spezialisten nach eigenen Erkenntnissen und auf seine Bedürfnisse hin konstruieren lassen. Man hat den Eindruck, daß sich seither in der Brennstube der Distilleria Serafino Levi in Neive absolut nichts geändert hat. Würde man sie als Kulisse für einen Film verwenden, müßte sich der Ausstatter vermutlich gegen Vorwürfe wehren, er habe sich von jeglicher Wirklichkeit weit entfernt und mit der Idylle, die er hier geschaffen hat, weit übertrieben. Zu pittoresk wirken die Schleier von Spinnweben, die ehrwürdigen Holzfässer, das Durcheinander, die verwegenen Typen, die hier bei der Arbeit sind.

Wer Levi besuchen will, kann sich nur schriftlich anmelden – er hat kein Telephon. Bis er am grün gestrichenen Eisentor läuten kann, ist der Besucher bestimmt schon ein paarmal an dem unscheinbaren Haus vorbeigefahren, das hinter einer undurchsichtigen Hecke in einem verwunschenen Garten etwas unterhalb der Hauptstraße liegt. Nichts deutet darauf hin, daß hier die berühmteste Grappa des ganzen Landes destilliert wird. Meist öffnet Levi selbst und mustert den Gast sehr genau, bevor er entscheidet, ob er Zeit hat oder nicht.

Fortsetzung Seite 235

Levis berühmte Etiketten: manche erklären den Inhalt in Worten, aber stets voll Poesie, andere sind mit Zeichnungen geschmückt, mit den Hügellinien der Langhe, auf deren Kuppen kleine Häuschen sitzen und bunte Blumen blühen, mit blutroten Sonnen, der Mondsichel oder vielen Sternen; Levis häufigstes Motiv sind »le donne selvatiche«, seine geheimnisvollen wilden Frauen, die, wie er sagt, über den Hügeln schweben und in den Wolken zu Hause sind. Sie sorgen dafür, daß die Natur im Einklang bleibt. Die steinernen Figuren im Garten und die Ziegelbilder stammen von befreundeten Künstlern. Aus den kleinen Fläschchen kosten die Besucher Grappa: Levi läßt sie an der Schnur ins Faß hinab und zieht sie gefüllt wieder herauf

Fortsetzung von Seite 230
Vor der Brennstube lagert unter einem riesigen Dach ein gewaltiger, höchst merkwürdiger Haufen: Mehrere Meter hoch gestapelt rätselhaftes, zu Quadern geformtes, bröseliges, schwarzes Zeug, das ein bißchen wie Torf aussieht (Bild rechts unten). Es sind die Rückstände des Tresters, aus denen eine Presse unmittelbar nach dem Brennen diese praktischen Würfel fertigt (Bild unten links). Nach einem Jahr, wenn sie gut durchgetrocknet sind, dienen sie Levi als Brennmaterial. Ihre Asche schließlich, die dann als einziges noch übrigbleibt, geht zurück an die Tresterlieferanten: Das mineralstoffreiche Material ist ein hervorragender Dünger. Ein genialer Kreislauf – angewandte Ökologie!
Von Oktober bis März haben Levis Tage denselben Rhythmus: Zweimal täglich schürt er den Kessel an. Diese Arbeit ist besonders wichtig, denn von der exakten Hitzeführung hängt später die Qualität des Brandes ab. Besonders prekär ist die Dosierung, wenn das Destillat über die Kupferschlangen durch die Kolonne läuft. Da springt Levi ständig zwischen Ofen und Brennstube hin und her. Denn einerseits muß er das Destillat überprüfen und entscheiden, wann er Vorlauf, das eigentliche Herzstück und Nachlauf voneinander trennt – andererseits das Feuer im Auge haben und in einem bestimmten Augenblick mit einer großen Schippe soviel Glut aus dem Ofen holen, bis die Temperatur wieder stimmt. Er wirft sie mit Schwung an die hintere Wand des Raums, wo bereits ein großer Haufen davon liegt. »Dort ist eine Heizschlange installiert, deren Wasser durch diese Glut erwärmt wird«, erklärt er und freut sich, »dadurch ist mein Büro dahinter immer schön warm.« Es ist nicht zu fassen, was dieser Öko-Kreislauf alles einschließt!
Levi lehnt seine Schaufel an die Stelle an der Wand, wo eine Vertiefung zeigt, daß sie dort immer lehnt, und eilt nach vorn. Vor dem Kessel sind seine beiden Helfer damit beschäftigt, den ausgebrannten Trester aus dem Kessel zu räumen. Schwerstarbeit! Fauchend ist nach dem Öffnen der Dampf entwichen, man konnte für Minuten die Hand nicht vor den Augen sehen (Bild auf der vorigen Seite). Und welch ein Geruch schwebt durch den Raum: wunderbar intensiv, kraftvoll und würzig, nach Rotwein und Grappa zugleich.
Und sobald die Würfel gepreßt und nach draußen geschafft sind, beginnt der Kreislauf wieder von vorn.

»La Contea«: zu Gast bei einem wahren Wirt

»Heute abend gibt es Bagna cauda, morgen dafür nichts als Salat und eine kleine Kräuterfrittata«, sagt unser Wirt mit fester Stimme: »Heute also trinkt ihr viel Wein, morgen nur Wasser! Dann gleicht sich alles wieder aus!« Tonino Verro hat zwar seine eigenen Vorstellungen von einer vernünftigen Diät, aber er sorgt sich nun einmal gerne um das Wohl seiner Gäste. Er sorgt sich überhaupt gerne, legt seine Stirn häufig in Falten, muß die Zeitläufte, das Wetter, die ewig steigenden Preise und die Unvernunft der heutigen Jugend beklagen. Hat er allen Grund zur Zufriedenheit, klagt er kurzerhand darüber, daß es nichts zu klagen gibt. Er tut es so unterhaltsam, daß seine Gäste auch deshalb gerne zu ihm kommen!

Denn der so leidenschaftlich die Rolle eines pessimistischen Philosophs spielende Mann hat ein großes Herz für seine Freunde, ist ein wahrer, weil kritischer Genießer, ein profunder Kenner seiner Region, leidenschaftlicher Gastwirt und cleverer Geschäftsmann. Er liebt sein Land und will seine Schönheit mit allen teilen. Er ist von der Qualität der hiesigen Produkte überzeugt und möchte sie jedem nahebringen. Er versteht es blendend, Fremde mit Piemont vertraut, zu Fans seiner Heimat – und sich selbst – zu machen. Und er kann gut davon leben.

Während er sich um seine Gäste kümmert, mit ihnen schwatzt und trinkt, sorgt seine Frau Claudia dafür, daß das Unternehmen funktioniert, alles wie am Schnürchen läuft. Sie kocht, bestellt die Waren, macht die Abrechnungen, teilt das Personal ein. Sie ist der eigentliche Motor, die Seele des Hauses.

Ihre Küche fängt den Geschmack des Landes ein, basiert auf den traditionellen, bäuerlichen Rezepten, kommt mit den Produkten der Region aus, hält sich an das Angebot der Jahreszeit. Fast alle Gemüse, Kräuter und Salate kommen aus dem eigenen Garten – die Ernte von 3000 Tomatenpflanzen steht eingemacht bereit, Trüffeln bringen die Bauern aus Neive, ein Freund versorgt sie mit Würsten und Schinken, ein anderer mit Käse, die Kräuter für den Wildsalat werden selbst gesammelt . . .

»La Contea«, die Grafschaft, ist das ehemalige Wohnhaus der ortsansässigen Adligen, der Conti Cociti di Neive. Die Räume sind deshalb prächtiger als in anderen Landgasthöfen, harmonisch und mit Geschmack eingerichtet. In den Kaminen prasselt immer ein gemütliches Feuer, Kerzen verbreiten sanftes Licht, schönes Silbergerät, feine Tischwäsche und ein aufmerksamer Service machen das Haus zu einem der angenehmsten Piemonts. Es stehen auch einige einfache Gästezimmer zur Verfügung – nach einem weinreichen Abendessen empfiehlt es sich, hier zu logieren: Die Weinkarte ist verführerisch! In der Enoteca schräg gegenüber kann man alle Weine auch kaufen, bei Tonino selbst: »Kultur«, verkündet er dann vielleicht mit Nachdruck, »Kultur kann man nicht kaufen. Kultur ist das einzige, was man für Geld nicht haben kann. Kultur muß man erleben, erlernen, erfahren, ersehen, erschmecken . . . Nehmen Sie das nur alles buchstäblich: Fahren Sie herum, lernen Sie das Land kennen, riechen Sie an der Erde und den Trüffeln, beißen Sie in unsere herrlichen Früchte, trinken Sie unseren Wein und essen Sie unsere Gerichte . . . Leben Sie!« Tonino hat sich an seiner eigenen Begeisterung gesteigert: Er ist, ganz ohne Zweifel, der beste Botschafter seines Landes!

VITTORIO AMEDEO II.

1

SALMERINO MARINATO

MARINIERTER SAIBLING

Für sechs bis acht Personen:
1 Bachsaibling von ca. 600 g, 1 gehäufter TL Salz, 1 EL Zucker, 1/2 TL Pfeffer, einige Zweige Fenchelgrün (oder Dill) und Sellerieblätter, junge Wirsingblätter, Salz, Pfeffer, Fenchelgrün, 2 EL Essig, 4 EL Olivenöl, Trüffeln

Den Fisch sorgfältig filieren, die Haut jedoch dran lassen. Mit einer Pinzette alle Gräten herauszupfen. Die Filets mit einer Mischung aus Salz, Zucker und Pfeffer einreiben, die Kräuter darauf betten, die beiden Filets mit der Innenseite aufeinanderlegen und in einen Gefrierbeutel packen. Gut verschließen und im Kühlschrank zwei bis drei Tage marinieren. Dabei immer wieder den Beutel drehen, damit die Filets von allen Seiten in der Lake, die sich jetzt bildet, baden.
Den Wirsingkohl in haarfeine Streifen schneiden, mit einer Marinade aus Salz, Pfeffer, gehacktem Fenchelgrün, Essig und Öl mischen und eine halbe Stunde durchziehen lassen. Die Fischfilets zum Servieren mit einem scharfen Messer sehr schräg in hauchdünne Scheiben schneiden und auf einem Bett von Wirsing anrichten. Mit Trüffeln überhobeln.

2

TRIPA ALL'ARANCIA

KUTTELN MIT ORANGENDUFT

Für sechs Personen:
1 kg Kalbskutteln (vom Metzger bereits geputzt und vorgekocht), 2 große Zwiebeln, 2 Knoblauchzehen, 2 EL Olivenöl, 1 EL Butter, 1 Möhre, 2 Selleriestangen, 1 Bund Petersilie, 1 Tasse passiertes Tomatenpüree, 1 Glas Weißwein, 1 Orange, Salz, Pfeffer

Die Kutteln in schmale Streifen schneiden. Zwiebeln und Knoblauch fein würfeln und im Öl andünsten, dabei die Butter zufügen. Möhre, Sellerie und Petersilie ebenfalls fein hacken und mitdünsten. Schließlich Tomatenpüree unterrühren und mit Wein ablöschen. Die Orangenschale so dünn abschneiden, daß nichts von der inneren weißen Haut mehr daran haftet. In sehr feine Streifen schneiden, die Hälfte davon zum Garnieren zurückbehalten, den Rest in die Sauce geben. Die Kutteln in dieser Sauce zwei Stunden butterweich köcheln. Mit Salz und Pfeffer würzen.
Claudia Verro richtet die Kutteln auf einem Bett von Kartoffelpüree an (Rezept Seite 196) und hobelt auch hier großzügig weiße Trüffeln darüber.

3

CAPUNET

WEISSKOHLRÖLLCHEN

Man kann diese Röllchen aus allen möglichen Gemüseblättern herstellen (siehe auch Seite 201). Im Frühling nimmt man auch gerne Mangold und im Sommer die Blüten von Kürbis oder Zucchini.

Für vier bis sechs Personen:
10–12 schöne Weißkohl- oder Wirsingblätter, Salz, 200 g gebratenes Kalbfleisch oder Geflügel, 100 g Brühwurst, 1 Bund Petersilie, 2 Knoblauchzehen, 50 g geriebener Parmesan, 2 Eier, Salz, Pfeffer, 3 EL Olivenöl

Die Kohlblätter in Salzwasser blanchieren und kalt abschrecken. Zwischen Küchentüchern gut abtrocknen.
Für die Füllung Fleisch, Wurst, Petersilie und Knoblauch durch den Fleischwolf drehen oder im Mixer zerkleinern. Mit Käse und Eiern mischen sowie mit Salz und Pfeffer würzen. Jeweils einen Eßlöffel davon in ein Blatt wickeln, aufrollen, die Seiten nach unten klappen. Mit der Nahtstelle nach unten in heißes Öl setzen und sehr langsam rundum golden braten. Im Restaurant »La Contea« serviert man die Röllchen auf einem Bett von geschmorten Zwiebeln und, solange der Vorrat noch reicht, natürlich ebenfalls mit weißen Trüffeln. Als eßbare und hübsche Dekoration streut Claudia durch ein Sieb passiertes, hartgekochtes Eigelb rundum auf den Tellerrand.

4

SFORMATO ALLE ERBE SELVATICHE

WILDKRÄUTERFLAN

Für sechs bis acht Personen:
400 g Sahne, 1/8 l Milch, 1 Lorbeerblatt, je 1 Rosmarin-, Petersilien- und Salbeizweig, 1 Zwiebel, 3 EL Butter, 200 g Wildkräuter (oder Spinat, Borretschblätter, Dost), Salz, 4 Eier, 50 g Parmesan, Pfeffer, Cayennepfeffer, Muskat

Sahne und Milch aufkochen, die Kräuter einlegen, kalt stellen und einen Tag lang darin ziehen lassen. Die Zwiebel fein würfeln, in zwei Eßlöffeln Butter andünsten. Die Kräuter aus der Milch fischen, von den Stielen zupfen und mitdünsten. Die Wildkräuter verlesen, in Salzwasser zusammenfallen lassen und eiskalt abschrecken. Gut ausdrücken und mit der Zwiebel fein pürieren, die gewürzte Sahnemilch, Eier und Käse dabei untermischen. Mit Salz, Pfeffer, Cayenne und Muskat würzen. Diese Masse in mit Butter ausgestrichene Portionsförmchen verteilen. In ein Wasserbad setzen und im 150 Grad vorgeheizten Backofen in etwa 40 Minuten stocken lassen.

Die Flans werden warm gegessen. Claudia richtet sie auf einem Kirschbaumblatt und mit einer Trüffelsauce an, die sie aus dunklem und Geflügelfond, etwas Marsala und Cognac sowie – sie hat so etwas im Vorrat – mit etwas Trüffelsaft einkocht und mit Butter aufmixt.

1

TAJARIN TARTUFATI

NUDELN MIT WEISSEN TRÜFFELN

Claudia Verro bereitet Nudelteig mit 25 Eigelb und einigen ganzen Eiern zu. Werden die Nudeln mit Trüffeln serviert, soll ihr Eigengeschmack nicht durch eine Sauce beeinflußt werden. Claudia läßt sie ganz pur: Einfach mit einer Schaumkelle aus dem Kochwasser gehoben, werden sie in heißer Butter geschwenkt, die mit einigen Salbeiblättchen gewürzt ist, und gleichzeitig mit etwas geriebenem Parmesan bestreut. Dabei ist ganz wichtig, daß die Nudeln *nicht* abgetropft sind, sondern tropfnaß in die Butter gelangen. Schon in der Küche vermischt Claudia die Nudeln mit einer Portion weißer Trüffelscheibchen. Bei Tisch kann jeder, dem das zu wenig ist, noch mehr von dem feinen Gewürz darüberhobeln.

2

ANATRA AL BARBARESCO CON POLENTA DI FUNGHI

ENTE IN ROTWEIN MIT PILZPOLENTA

Für sechs Personen:
1 gut gemästete Ente (ca. 2 kg),
1 Zwiebel, 3 Knoblauchzehen, 1 Möhre,
3 Selleriestengel, 1 Lauchstange,
3 EL Olivenöl, 5 EL Butter, Salz,
Pfeffer, 2 EL getrocknete Steinpilze,
2 Lorbeerblätter, 1 Flasche Barbaresco
Pilzpolenta:
200 g Polentagrieß, ca. $^{1}/_{2}$ *l Wasser,*
$^{1}/_{2}$ *l Milch, 1 Zwiebel, 1 Knoblauchzehe,*
2 EL Butter, 500 g Pfifferlinge, Salz

Die Ente in Portionsstücke schneiden. Das Gemüse würfeln. Zuerst die Entenstücke in einem Bräter – in einem Gemisch aus Öl und zwei Löffeln Butter – anbraten. Das Gemüse zufügen, salzen und pfeffern, Pilze und Lorbeerblatt zufügen, schließlich mit dem Rotwein auffüllen und aufkochen. Die Ente zugedeckt bei 180 Grad in knapp zwei Stunden sehr langsam gar schmoren. Das Gemüse durch ein Sieb passieren, die Sauce einkochen, abschmecken und mit der restlichen Butter aufmixen.
Den Polentagrieß in das kochende Wasser rieseln lassen und auf mittlerem Feuer eine halbe Stunde köcheln, dabei nach und nach die Milch angießen und immer wieder rühren. Inzwischen Zwiebel und Knoblauch fein würfeln und in einem zweiten Topf in der Butter andünsten. Die geputzten, wenn nötig kleingeschnittenen Pfifferlinge zufügen und einige Minuten mitdünsten. Schließlich salzen und mitsamt dem Pilzsaft unter die Polenta rühren – sie sollte so weich wie ein cremiges Kartoffelpüree sein.

3

PIATTO DI FORMAGGIO

KÄSETELLER

Natürlich darf auf einem Käseteller in den Langhe niemals ein Stück Murazzano fehlen (links). Tonino Verro reicht auch ein Stück Bra (oben) und eine Scheibe vom »wahren« Gorgonzola, wie er betont, einem kräftigen Käse, dessen dunkles Grün in der Marmorierung anzeigt, daß er besonders würzig schmeckt.

4

PIATTO DEI DOLCI

DESSERTTELLER

Dreierlei Desserts auf einem Teller, allesamt typische Klassiker der piemontesischen Küche: Links **Bonét**, der beliebte **Schokoladenflan** (Rezept Seite 226), daneben **Bonét di caffè** (nach demselben Rezept, nur mit Espresso statt mit Schokolade) und **Semifreddo di Torrone** (Rezept Seite 57 oder 179). Dekoriert ist der Teller mit Krümeln von Torrone, mit Granatapfelperlen und Kakaopulver.

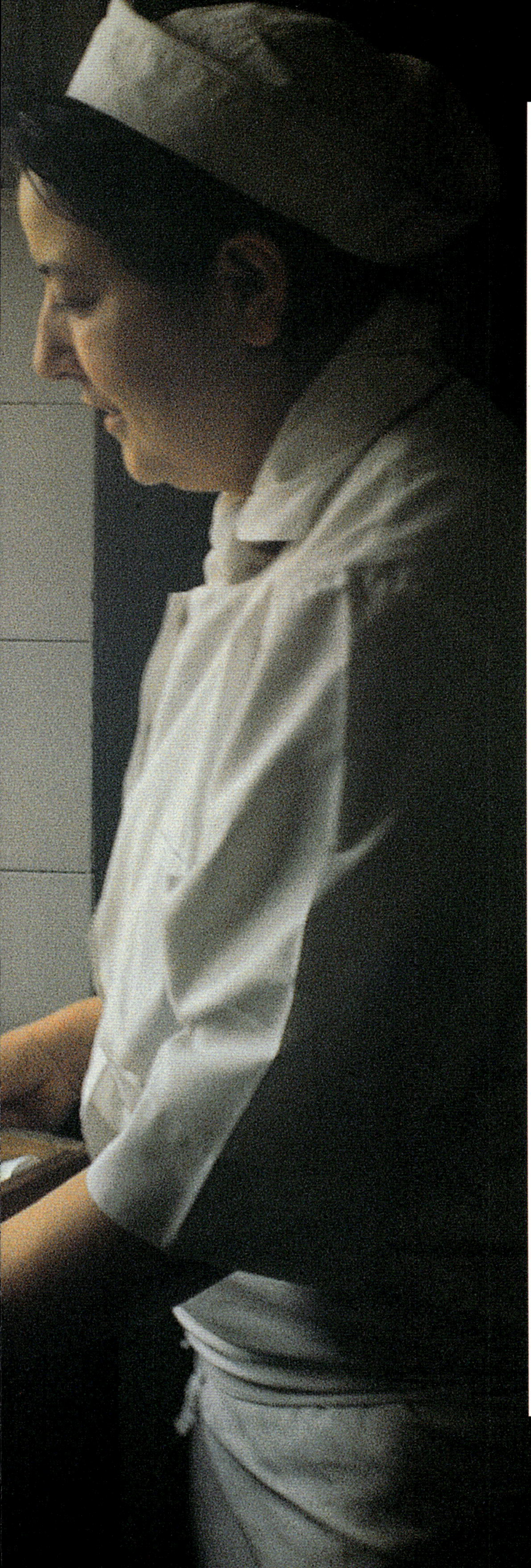

1

2

3

4

LA BAGNA CAUDA

GEMÜSE MIT KNOBLAUCHSAUCE

Eigentlich heißt bagna cauda nichts anderes als »warme Sauce«. Gemeint ist aber ein ganzes Gericht: Alle Sorten von Gemüse, wenn möglich roh, meist natürlich gekocht, stehen dann auf einer großen Platte auf dem Tisch. Jeder Gast bekommt ein kleines Schüsselchen mit Sauce, die auf einem Stövchen die ganze Mahlzeit über leise köchelt. Man nimmt sich vom Gemüse, was man mag, und würzt Bissen für Bissen mit der knoblauchduftenden, gehaltvollen Sauce. Ein fröhliches und geselliges Essen, für das man sich vor allem an einem kalten Wintertag gern in großer Runde um einen Tisch versammelt. Claudia Verro bevorzugt die herzhafte, bäuerliche Variante dieser Sauce (siehe auch Seite 208) und rümpft die Nase über die feinere, durch Milch gemilderte Version.

Für sechs bis acht Personen:
20 Knoblauchzehen, $^{1}/_{2}$ l Olivenöl,
20 Sardellenfilets
Außerdem:
gekochtes Gemüse: Blumenkohl, Möhren, rote Bete, Artischockenherzen, Kartoffeln, Mangoldstiele, im Ofen gebackene, ganze Gemüsezwiebeln, rohe Paprikastreifen in allen Farben, pro Person 1 Ei

Die geschälten Knoblauchzehen im Öl eine gute Stunde leise simmern lassen. Die Sardellenfilets zufügen, nach wenigen Minuten bereits alles mit dem Mixstab fein pürieren.
Zusammen mit dem Gemüse auf den Tisch stellen. Die Gäste bedienen sich selbst. Ganz zum Schluß kann sich jeder, falls er noch Hunger hat, im verbliebenen Öl ein Spiegelei auf seinem Stövchen braten. Daß größere Mengen Brachetto, Grignolino, Barbera oder sogar Barbaresco nötig sind, um das Essen zu verdauen, versteht sich.

Fast das ganze Jahr über ist Trüffelzeit in der »Contea«: Im Sommer und frühen Herbst gibt es die außen schwarzen, innen hellen Sommertrüffeln (Bild Seite 11, oben Mitte), die eher zurückhaltend im Geschmack sind. Vom späten Herbst bis in den ausgehenden Winter aber kommen die edlen, intensiv riechenden, weißen Alba-Trüffeln (großes Bild) auf den Tisch. Ihr Duft erschließt sich meist nicht beim ersten Kennenlernen. Wie vieles Gute sind sie für Unerfahrene gewöhnungsbedürftig, nur nach feuchter Erde, Knoblauch und verdorbenem Eiweiß stinkende Knollen. Wer sie aber kennen und lieben gelernt hat, kann süchtig nach ihnen werden. Sie sind es, die Tausende von Feinschmeckern aus aller Welt im Herbst hierher locken! Tonino Verro hat natürlich beste Kontakte zu Trüffelsuchern und -händlern, er hobelt seinen Gästen die rohen Pilze großzügig über die Gerichte. Wie viel er verbraucht, darüber spricht er jedoch nicht – über Trüffeln im allgemeinen, über ihre Qualität und ihre Herkunft, ihren Geschmack und ihre Verwendung darf man zwar immer reden, über Trüffeln im besonderen, ihren Preis, den Finder, Fundort und den ganzen komplizierten Handel aber schweigt auch der Gesprächigste!

»Trüffeln sind«, führt Tonino mit Emphase aus, »das Konzentrat der Erde. Wer sie genießt und den richtigen Wein dazu trinkt, also einen Barbaresco oder Barolo, dessen Reben aus demselben Boden ihre Kraft zogen, in dem die Trüffel gedieh, der schmeckt das Land, verleibt es sich im Sinne des Wortes ein, wird also zu einem Teil von Piemont!«

In Piemont hat man noch ein ausgeprägtes Bewußtsein für die Verwendung von Wildpflanzen als Heilmittel und zur Vorbeugung aller möglicher Beschwerden. Jeder weiß, daß die wilden Vorfahren unserer nur auf Aussehen, Größe und Gleichmäßigkeit gezüchteten Kulturpflanzen nicht nur intensiver schmecken, sondern durch den höheren Gehalt an Mineral- und Wirkstoffen auch diätetisch wertvoller und gesünder sind. Deshalb sammeln Claudia und Tonino gerne, was Wiesen, Felder und die nicht mit Herbiziden behandelten Weinberge bieten. Sie lieben die herzhaften, bitteren Salate, die mit viel Knoblauch und Pfeffer, wenig Weinessig, Salz und Olivenöl zu einem erfrischenden Salat angemacht werden, der die Magensäfte und die Verdauung anregt und vor Husten und Schnupfen schützt. In den nach Süden ausgerichteten Weinbergen finden sie auch im Winter Löwenzahn, Rauke, Hirtentäschel, Mangold, Mohnrosetten, Pimpinelle, Weinraute, wilden Broccoli und Rapskohl

FRITTATA ALLE ERBE

KRÄUTERFRITTATA

Zusammen mit einem Salat ist sie eine ganze kleine Mahlzeit, pur und in mundgerechte Bissen geschnitten ein Häppchen zum Aperitif.

Für sechs Personen:
2 großzügige Handvoll Kräuter,
3–4 Knoblauchzehen, 8 Eier, Salz,
Pfeffer, 3 gehäufte EL frisch geriebener
Parmesan, Butter für die Pfanne

Kräuter und Knoblauch im Mixer pürieren, dabei nach und nach einzeln die Eier zufügen. Schließlich mit Salz, Pfeffer und Käse würzen. In einer beschichteten Pfanne (Durchmesser 20 cm) etwas Butter erhitzen, die Eier hinzugießen und zunächst auf der einen Seite stocken lassen, bis kaum mehr Flüssiges an der Oberseite sichtbar ist, dann wenden und auch auf der anderen Seite bräunen.

Rezeptregister

VORSPEISEN

SUPPEN, NUDELN, REIS

FISCH UND MEERESFRÜCHTE

FLEISCH UND GEFLÜGEL

SAUCEN UND KONSERVEN

GEMÜSE

KÄSE

DESSERTS, GEBÄCK UND KUCHEN

Ricette

ANTIPASTI

MINESTRE, PASTE E RISOTTI

PESCE E FRUTTI DI MARE

CARNI E POLLAME

SALSE E CONSERVE

VERDURE

FORMAGGI

DOLCE E PASTE DOLCE

Restaurants, Hotels und Gasthäuser

Hotel
AL CASTELLO
Piazza G. Marconi, 4
I -12060 Novello
Tel. 01 73/73 11 44,
Fax 73 12 50

Ristorante
AL RHODODENDRO
San Giacomo
I - 12012 Boves
Tel. 01 71/38 03 72
Ruhetag: So abends, Mo.
Nur auf Vorbestellung!

Hotel Ristorante
AL SORRISO
I - 28018 Soriso
Tel. 03 22/98 32 28,
Fax 98 33 28
Ruhetag: Mo, Di mittags

Trattoria
ANTICA CORONA
REALE DA RENZO
Via Fossano, 17
I - 12040 Cervere
Tel. 01 72/47 41 32
Ruhetag: Mi

Trattoria
ANTICA TORRE
Via Torino, 8
I - 12050 Barbaresco
Tel. 01 73/63 51 70
Ruhetag: Mi

Ristorante
BALBO
Via Andrea Doria, 11
I - 10123 Torino
Tel. 0 11/8 12 55 66,
Fax 8 12 75 24
Ruhetag: Mo

Caffè
BARATTI & MILANO
Piazza Castello, 27
I - 10123 Torino
Tel. 0 11/5 61 30 60,
Fax 5 61 26 66

Hotel
BARBABUC
Via Giordano, 35
I - 12060 Novello
Tel. und Fax 01 73/73 12 98

Caffè, Bar, Torrefazione
BECCUTI
Via Pietro Micca, 10
I - 10100 Torino
Tel. 0 11/51 17 04
Ruhetag: So

Ristorante
CENTRO
Via Umberto I, 5
I - 12040 Priocca
Tel./Fax 01 73/61 61 12
Ruhetag: Di

DA CESARE
Via San Bernardo, 9
I - 12050 Albaretto della Torre
Tel. 01 73/52 01 41,
Fax 52 01 47
Ruhetag: Di und Mi

Trattoria
DELLA POSTA
Piazza XX Settembre, 9
I - 12065 Monforte d'Alba
Tel. 01 73/7 81 20
Ruhetag: Do

Osteria
DELL'ARCO
Piazza Savona, 5
I - 12051 Alba
Tel. 01 73/36 39 74
Ruhetag: So, Mo mittags
(außer wenn Trüffelmesse)

Osteria
DELL'UNIONE
Via Alba, 1
I - 12050 Treiso
Tel. 01 73/63 83 03
Ruhetag: So abends, Mo, Di.
Nur auf Voranmeldung!

Ristorante
GENER NEUV
Lungo Tanaro, 4
I - 14100 Asti
Tel. 01 41/55 72 70, Fax 43 67 23
Ruhetag: So abends, Mo

Trattoria
I BOLOGNA
Via N. Sardi, 4
I - 14030 Rochetta Tanaro
Tel. 01 41/64 46 00
Ruhetag: Di

Ristorante Albergo
IL CASCINALENUOVO
Strada Statale Asti-Alba
I - 14057 Isola d'Asti
Tel. 01 41/95 81 66, Fax 95 88 28
Ruhetag: So abends, Mo

Locanda Ristorante
LA CLUSAZ
Valle del Gran San Bernardo
I - 11010 Gignod
Tel. 01 65/5 60 75
Ruhetag: Di, nur abends.
August: auch mittags, kein Ruhetag

Ristorante
LA CONTEA
Piazza Cocito, 8
I - 12057 Neive
Tel. 01 73/6 71 26, Fax 6 73 67
Ruhetag: So abends,
Mo (Herbst ohne Ruhetag)

Locanda
LA POSTA
Via dei Fossi, 4
I - 10061 Cavour
Tel. 01 21/6 99 89, Fax 6 97 90
Ruhetag: Fr

Trattoria
LA SUSTA
Via Pietro Viano, 8
I - 12020 Campo Molino-Castelmagno
Tel. 01 71/98 62 42
Ruhetag: Di; geöffnet von 8 bis 24 Uhr!

Ristorante
LO SCOIATTOLO
Casa del ponte 3/B
I - 13026 Carcoforo Valsesia
Tel. 01 63/9 56 12, Fax 9 56 23
Ruhetag: Mo - Anmeldung erforderlich!

Ristorante
LOU SARVANOT
Via Nazionale, 51
I - 12020 Bassúra Stroppo
Tel. 01 71/99 51 59
Ruhetag: Mo und Di;
Juli/August/September nur Mo

Caffè
MULASSANO
Piazza Castello, 5
I - 10123 Torino
Tel. 0 11/54 79 90, Fax 53 77 70

Albergo
PERRET
Bonne 2
I - 11010 Valgrisenche
Tel. 01 65/9 71 07,
Fax 9 72 20
Ruhetag: keiner

Caffè
PLATTI
Corso Vittorio Emanuele, 72
I - 10128 Torino
Tel. 0 11/5 62 15 07

Trattoria
PRAETORIA
Via S. Anselmo, 9
I - 11100 Aosta
Tel. 01 65/4 43 56
Ruhetag: Do

Azienda Agrituristica Antico
Borgo di RIONDINO
Via dei Fiori
I - 12050 Trezzo Tinella
Tel. 01 73/63 03 13,
Fax 63 03 15
Nur für angemeldete
Privatgäste

Ristorante
SALIROD DA EZIO
Strada Col di Joux
I - 11027 Saint-Vincent
Tel. 01 66/51 23 22
Ruhetag: Mi, Di abends

Caffè, Confetteria, Pasticceria
STRATTA
Piazza San Carlo, 191
I - 10123 Torino
Tel. 0 11/54 79 20,
Fax 5 62 44 26

Trattoria
VASCELLO D'ORO
Via S. Giuseppe, 9
I - 12061 Carrù
Tel. 01 73/7 54 78
Ruhetag: Mo

Ristorante
VIOLETTA
Valle San Giovanni, 1
I - 14042 Calamandrana
Tel. 01 41/7 51 51
Ruhetag: Mi, So abends

Produzenten und Geschäfte

Officina
ALESSI
I - 28023 Crusinallo
Tel. 03 23/65 11,
Fax 64 16 05

Weingut/Viticoltore
ALTARE ELIO
Fraz. Annunziata
I - 12064 La Morra
Tel. 01 73/5 08 35

Torrone/Dolciaria
BARBERO DAVIDE
Via Brofferio, 84
I - 14100 Asti
Tel. 01 41/59 40 04,
Fax 59 92 81

Weingut
BRAIDA GIACOMO BOLOGNA
Via Roma, 94
I - 14030 Rocchetta Tanaro
Tel. 01 41/64 41 13,
Fax 64 45 84

Schafskäse/Azienda Agricola
CALARESU PECORINO
San Rocco Cherasca, 92
I - 12051 Alba
Tel. 01 73/61 23 46

Weingut
Antichi Vigneti di
CANTALUPO
Via Buonarroti, 5 (Tangenziale)
I - 28074 Ghemme
Tel. 01 63/84 00 41,
Fax 84 15 95

Pilze und Pilzprodukte
CARLOTTO
Via Romita, 22
I - 12073 Ceva - Regione Piana
Tel. 01 74/70 12 37

Weingut/Azienda Agricola
CLERICO
Loc. Manzoni Cucchi, 67
I - 12065 Monforte d'Alba
Tel. 01 73/7 81 71

Weingut/Azienda Agricola
CONTERNO-FANTINO
Via Ginestra, 1
I - 12065 Monforte d'Alba -
Loc. Bricco Bastia
Tel. 01 73/7 82 04,
Fax 78 73 26

Weingut/Azienda Vitivinicola
CONTERNO GIACOMO
Loc. Ornati, 2
I - 12065 Monforte d'Alba
Tel. 01 73/7 82 21

Bäckerei/Panetteria
CRAVERO
Piazza Castello, 3
I - 12060 Barolo
Tel. 01 73/5 61 34

Weingut
GAJA
Via Torino, 36/a
I - 12050 Barbaresco
Tel. 01 73/63 51 58,
Fax 63 51 58
Keine Proben, kein Verkauf!

Weingut/Azienda Agricola
GRASSO ELIO
Via Garibaldi, 17
I - 12065 Monforte d'Alba
Tel./Fax: 01 73/7 84 91

Bäckerei
IL PANATE
Via Gioacchino Sardi, 54
I - 14030 Rocchetta Tanaro
Tel. 01 41/64 41 73, Fax 64 46 04

Cooperativa Agricola
LA POIANA
Piazza Caduti, 1
I - 12020 Castelmagno
Tel. 01 71/98 61 90

Weingut/Azienda Agricola
LA SPINETTA
Via Annunziata, 17
I - 14054 Castagnole Lanze
Tel./Fax: 01 41/87 75 96

Distilleria di Grappa
LEVI SERAFINO
Via XX Settembre
I - 12067 Neive

Weingut
MALVIRÀ
Via S. Stefano Roero, 56
I - 12043 Canale, Tel. 01 73/97 80 57

Caseificio Agrinatura s. n. c.
OCCELLI
Via Stazione, 5
I - 12060 Farigliano (Cuneo)
Tel. 01 73/7 67 09, Fax 7 66 95

Caseificio di Gorgonzola
PAL
Via Braia, 1
I - 28077 Prato Sesia
Tel. 01 63/85 02 0,
Fax 85 13 57

Weingut/Azienda Agricola
PARUSSO
Loc. Bussia, 55
I - 12065 Monforte d'Alba
Tel. 01 73/7 82 57,
Fax 78 72 76

Weingut/Azienda Agricola
PELISSERO
Via Ferrere, 19
I - 12050 Treiso
Tel. und Fax: 01 73/63 81 36

Weingut/Poderi
ROCCHE DEI
MANZONI
Loc. Manzoni Soprani, 3
I - 12065 Monforte d'Alba
Tel. 01 73/7 84 21

Coltivatore-Produttore
SANDRONE
Via Alba, 57
I - 12060 Barolo
Tel. 01 73/5 62 39

Il Mulino
SOBRINO
Via Roma, 108
I - 12064 La Morra
Tel. und Fax: 01 73/5 01 18

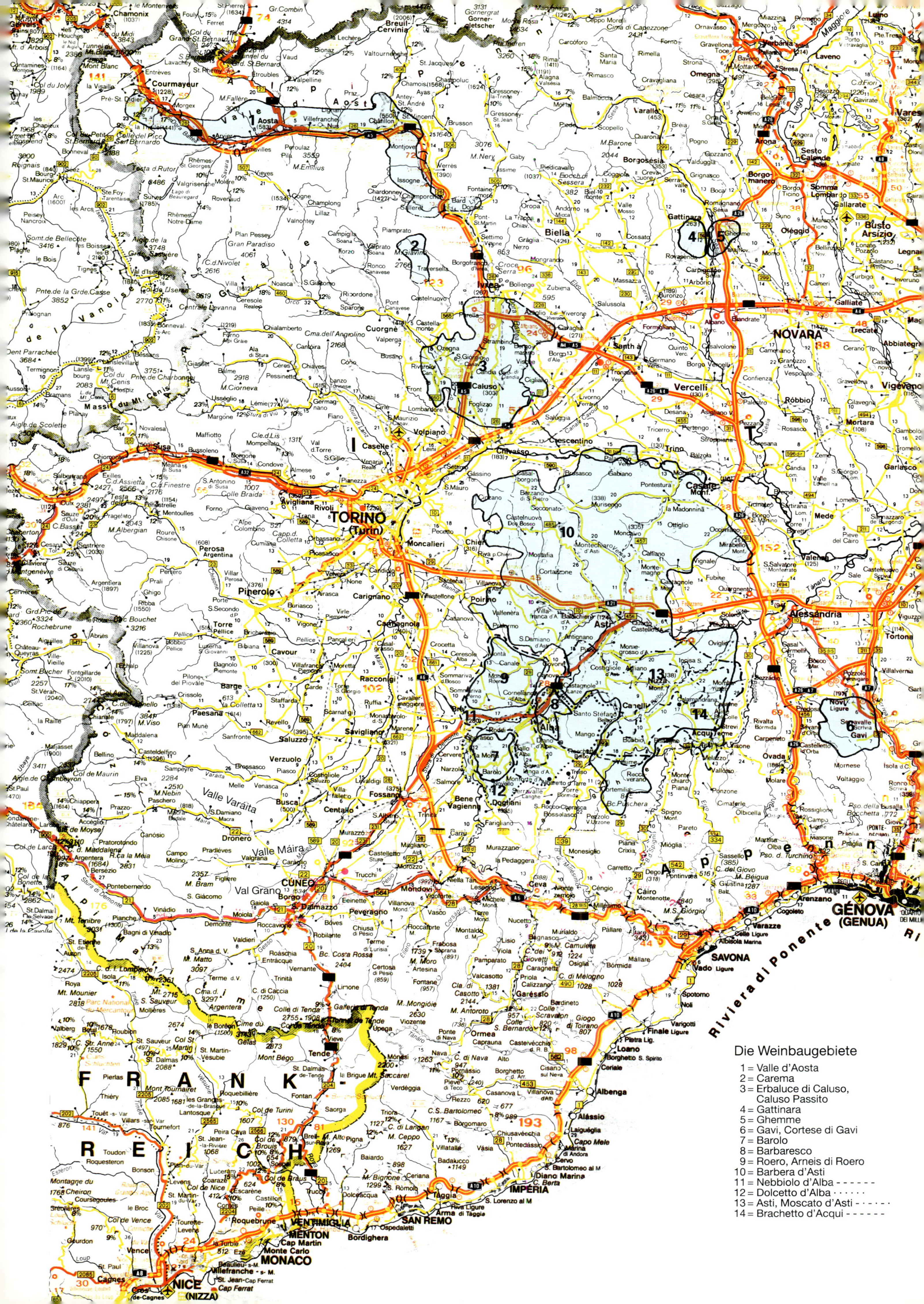

Die Weinbaugebiete
1 = Valle d'Aosta
2 = Carema
3 = Erbaluce di Caluso, Caluso Passito
4 = Gattinara
5 = Ghemme
6 = Gavi, Cortese di Gavi
7 = Barolo
8 = Barbaresco
9 = Roero, Arneis di Roero
10 = Barbera d'Asti
11 = Nebbiolo d'Alba
12 = Dolcetto d'Alba
13 = Asti, Moscato d'Asti
14 = Brachetto d'Acqui
TORINO (Turin)
GENOVA (GENUA)
NOVARA
Alessandria
Asti
CUNEO
SAVONA
Riviera di Ponente
FRANKREICH
NICE (NIZZA)
MONACO
SAN REMO
IMPERIA

Stichwortverzeichnis

Bibliographie

ANDERSON Burton: Atlas der Italienischen Weine – Lagen, Produzenten, Weinstraßen. Hallwag, Bern und Stuttgart 1990

BROWN, Karen: Italia – Locande e albergi di sogno. Passigli, Firenze 1995

CAMPOLMI, Bruno: Piante selvatiche in cucina. Editorialie Olimpia, Firenze 1993

CELANT, Ennio: Valle d'Aosta in Bocca. »Il Vespro«, Palermo 1978

CLARKE, Oz: Knaurs großer Weinatlas – Länder, Landschaften, Lagen, Rebsorten, Klassifikationen. Droemer Knaur, München 1995

CÙNSOLO, Felice: Piemonte, guida gastronomica, itinerari turistici. Istituto Geografico De Agostini, Novara o. J.

EDSCHMID, Kasimir: Italien – zwischen Alpen und Apennin. W. Kohlhammer, Stuttgart 1955

LOY, Rosetta: Straßen aus Staub. Arche, Zürich 1989

MARTINELLI, Massimo: Langhe Cucina Vino. Antoroto, Mondovi o. J.

MASSOBRIO, Paolo, und RASPELLI, Edoardo: Guida critica golosa al Monferrato, Astigiano e Alessandrino, alle Langhe e Roero. I.A.R.P., Torino 1993

MONTALDI, Giancarlo, und BACCINI, Teresa Enrica: Itinerario nella cucina die Langa, Roero e Monferrato. Teo Costa, Castellinaldo (CN) 1995

NINCHI, Ave: Les restaurants et la cuisine du Val d'Aoste. Musumeci, Aosta 1978

PAVESE, Cesare: Werke. Claasen Verlag, Hildesheim o. J.

PIPPKE, Walter, und PALLHUBER, Ida: Piemont und Aostatal. DuMont Verlag, 2. Aufl., Köln 1992

PRIEWE, Jens, und SPANGENBERG, Eberhard (Hrsg.): Weinführer Italien. Edition Priewe, Zabert Sandmann, Steinhagen 1990

PRIEWE, Jens: Reisen in die Welt des Weins Piemont. Zabert Sandmann, München 1992

SCHEIDEGGER, Jürg: Piemont und Aosta, Winzer und Weine. Enolibri Verlag, Luzern 1994

STEINBERG, Edward: Die Weine von San Lorenzo – Angelo Gaja und die neue Kunst des Weinbaus im Piemont. edition spangenberg bei Droemer Knaur, München 1995

VERONELLI, Luigi: Restaurants in Italien. Heyne, 11. Auflage, München 1995

ZÜRCHER, Richard: Piemont und Aostatal. Prestel Verlag, München 1976

ALBA E LA SUA LANGA. AGA, Cuneo 1970

ARTIGIANATO PIEMONTESE. Istituto Geografico De Agostini, Novara 1979

BAROLO. Die Weinstraßen im Herzen Piemonts. edition spangenberg bei Droemer Knaur, München 1996

DER ITALIEN BROCKHAUS. Wiesbaden 1983

l'ESPRESO: La guida d'Italia 1994/5

GAMBERO ROSSO: Vini d'Italia 93/94. Hallwag, Bern 1993

GOURMET. Das internationale Magazin für gutes Essen. Edition Gourmet GmbH, Ahrensburg

ISOLA BELLA, artigrafiche fotostampa, reggiori, Laveno Mombello o. J.

LANGHE E ROERO – STORIA, ARTE, TRADIZIONE. Omega Edizioni, Torino, 1995

MICHELIN: Guida Italia 94/95. Milano 1994

MICHELIN: Reiseführer Italien. Karlsruhe 1989

OSTERIE D'ITALIA, Italiens schönste Gasthäuser. edition spangenberg bei Droemer Knaur, München 1996

A TASTE OF PIEMONT, Daniela Piazza Editore, Turin 1995

LE SOSTE: Guida ai ristoranti. Vimercate (MI) o. J.

Salamelle
Nostrane
12000
PASTA
- DEL -
LAGO D'ORTA
MIELE -

LA NOCE
DEL PROSCIUTTO
SPECIALITÀ DA GINO
£ 23.000
Kg
CAVALLINI
L. 15000
Kg
ASINELLI
L. 16000
Kg
Miele
Purissimo
al chilo Lire 10500
GR. 500
£ 6.000